Una breve historia social del trabajo

La colección Divulgación y Transferencia se crea con la función principal de comunicar los resultados de la investigación científico-técnica a la sociedad, para así acercarla al público general.

Comité científico de la colección

Una breve historia social del trabajo

Antonio J. Pinto Tortosa

EDICIONES COMPLUTENSE

PRIMERA EDICIÓN: DICIEMBRE 2023

© 2023, De los textos: Antonio J. Pinto Tortosa
© 2023, Ediciones Complutense
Pabellón de Gobierno
Isaac Peral s/n
28015 Madrid
913 941127
info.ediciones@ucm.es
http://www.ucm.es/ediciones-complutense

ISBN: 978-84-669-3818-1
Depósito Legal: M-30145-2023

Diseño de cubiertas de la colección: Koln Studio

Ilustración de cubierta: Pixabay

Impresión
Masquelibros
Pol. Ind. Los Olivares
Beas de Segura, 29
23009 Jaén

Ediciones Complutense es miembro de Unión de Editoriales Universitarias Españolas (UNE) y está asociado a Cedro.

Ediciones Complutense garantiza un riguroso proceso de selección y evaluación de los trabajos que publica.

Printed in Spain

Índice

I. INTRODUCCIÓN

La presente obra tiene un origen vinculado a mi profesión como docente de la Universidad Europea en los últimos diez años, hasta mi reciente incorporación a la Universidad de Málaga en el otoño de 2022. En el curso académico 2020/2021 se me ofreció la posibilidad de impartir la materia Historia de las Relaciones Laborales, correspondiente al Grado en Relaciones Laborales y Recursos Humanos, para lo cual era preciso elaborar los materiales didácticos y el temario. Mis circunstancias personales me impidieron acometer la docencia efectiva de la asignatura, dado que en enero de 2021 comencé mi baja de paternidad, que se extendió durante la práctica totalidad del segundo semestre de aquel curso. Sin embargo, sí pude tomarme el tiempo necesario para investigar sobre la evolución histórica de las relaciones sociales y laborales, desde los orígenes de la Humanidad hasta la actualidad. El tema en sí había suscitado mi interés previamente, en el año 2020, cuando tuve ocasión de participar en un libro colectivo sobre los Objetivos de Desarrollo Sostenible de la Agenda 2030. Entonces pude enfocarme en un aspecto concreto de las relaciones laborales contemporáneas: el trabajo no libre, en lo que aspiraba a convertirse en una continuidad histórica hasta el momento presente del tema central de investigación de mi tesis de doctorado, la esclavitud transatlántica entre los siglos XVIII y XIX.

Para elaborar el citado capítulo de la obra colectiva coordinada en 2020 por otros compañeros del Departamento de Ciencias Jurídicas y Políticas de la Universidad Europea, me vi obligado a revisar informes de diferentes instituciones, fuentes primarias e investigaciones de expertos en la materia. En el texto resultante de mi labor de investigación, titulado «El trabajo no libre: las múltiples caras de una lacra del siglo XXI. Del debate conceptual al análisis de sus manifestaciones y de las iniciativas para contrarrestarlo» (Pinto Tortosa 2020, 423-443), pude constatar la fuerte prevalencia del trabajo no libre en la sociedad actual. Y lo que es más importante, las investigaciones e informes que entonces manejé me permitieron alumbrar un aspecto nada menor: el mal llamado «mundo desarrollado», es decir, los países ricos, son también escenario de prácticas abusivas en el contexto laboral, que animarían a hablar de trabajo en condiciones de privación de libertad. De este modo se rompe un tópico tendente a asociar la esclavitud contemporánea a los países pobres, en los cuales sí que es cierto que, de manera general, no existe una legislación que proteja los derechos básicos de la clase trabajadora. Ahora bien, lejos de convertir la dicotomía entre trabajo libre y trabajo no libre en una dialéctica entre países ricos y pobres, respectivamente, ha de concluirse que cada vez más las condiciones de trabajo en privación de libertad parecen ser inherentes a las dinámicas del mercado global y de la lógica capitalista neoliberal.

Tampoco ha de desperdiciarse el peso del hiperconsumo en la consolidación de este tipo de relación laboral, siendo esta una tendencia que puede constatarse en las tres últimas décadas (2000-2020). La inclinación de los consumidores a demandar cada vez más y más productos tiene efectos perniciosos sobre el equilibrio ambiental y la paz social globales, esencialmente por dos motivos: en primer lugar, la alta capacidad de demanda de la ciudadanía genera la necesidad de disponer de un amplio abanico de productos de manera permanente, al margen de imperativos éticos y de consumo responsable, tales como la proximidad o el desarrollo sostenible. Ello no solo obliga a recurrir a redes de distribución mundiales para disponer de productos procedentes de mercados alejados, en perjuicio de la producción local, sino también a desarrollar los mecanismos de transporte hasta límites insospechados, con el consiguiente impacto ambiental negativo. En segundo lugar, a esa misma elevada capacidad de demanda se ha sumado recientemente la cultura de la inmediatez, esto es, la costumbre de disponer de aquello que necesitamos, o creemos necesitar, de manera inmediata. Con frecuencia, dicha inmediatez se traduce en un reducido margen de horas desde el momento en el que ordenamos un producto, casi siempre después de hacer clic en la pantalla de nuestro ordenador, y el día y la hora en que el citado producto llega a nuestro domicilio. Como se puede deducir, esta dinámica incide aún más en la degradación del medio ambiente, pero además implica un factor que no podemos pasar por alto: se sustenta en la sobreexplotación de la mano de obra empleada en los canales de comercialización y redistribución de mercancías, cuyas condiciones de trabajo se precarizan sin cesar para servir la demanda global de manera efectiva.

Lo curioso de los ejemplos presentados hasta ahora radica en que tales tendencias de mercado nacieron en los albores del siglo XXI, como consecuencia del grado de desarrollo del mercado mundial y las redes de conexión asociadas a él. No obstante, habiendo nacido al amparo del capitalismo neoliberal, han acabado convirtiéndose en un eje de sustentación básico para la pervivencia de aquel, que no hace sino consolidar unas dinámicas económicas que claramente operan en detrimento de nuestro medio natural, así como de las relaciones sociales y laborales. Enfrentado, pues, a la presente situación, en el proceso de elaboración del contenido y los materiales didácticos de la asignatura de «Historia de las Relaciones Laborales», me pareció interesante remontarme a la Prehistoria, con el fin de explorar los orígenes mismos de la jerarquización social y, asociada a ella, de la división social del trabajo, recorriendo su evolución hasta el momento presente. El objetivo no era otro que, desde mi perspectiva como historiador, identificar los hitos históricos en la evolución de las relaciones sociales y laborales que permitan recorrer el camino hasta el contexto actual y, de esta forma, responder al interrogante: ¿cómo hemos llegado hasta aquí? Si el punto de partida del libro es el origen de la Humanidad y el periodo Paleolítico, el destino es el año 2022, en el que nos encontramos cuando acabo de escribir estas líneas. Sería preciso también justificar el marco geográfico abordado en esta investigación, pero dejaré esta justificación para más adelante, cuando aborde la metodología asumida en estas páginas, de la que paso a ocuparme a continuación.

Para empezar, he de señalar que la obra que me atañe se concibe como un análisis crítico de las relaciones laborales a lo largo de la Historia. En este sentido, los pilares teóricos sobre los que se apoya son fundamentalmente dos: de un lado, en lo que atañe a la evolución de las vínculos sociales y laborales entre individuos a lo largo de la Historia, asume algunos postulados básicos de la teoría marxista (Marx 1990; Marx y Engels 2015). De otro lado, en lo concerniente a la centralidad de los países occidentales a lo largo de los capítulos que la componen, se asume una óptica basada en la teoría de la dependencia (Prebisch 1950; Cardoso 1973) y la perspectiva postcolonial (Fanon 1961; Bhabha 1994). Comenzando por la influencia marxista en la óptica que aquí adopto, he de señalar que parto de la convicción de que la diversificación de las actividades económicas, ligada al proceso de sedentarización inherente a la Revolución neolítica, trajo consigo la definición de una marcada jerarquización social, cuya complejidad creció a medida que aumentó el tamaño de las ciudades y de los estados. Se configuró así una dialéctica entre dos grandes categorías sociales que engloban a todas las demás subcategorías: los dominantes y los dominados, con objetivos e intereses antagónicos. Precisamente la tensión entre ambos grupos de actores provocó rupturas en momentos clave, que se pueden considerar como el motor del cambio histórico, pero con algunas salvedades. Aquí radica pues un punto discordante entre este libro y la teoría marxista: en los contextos de fractura revolucionaria, los dominados suelen exigir una ampliación del escenario político y de los derechos sociales que resulte inclusivo para ellos. Sin embargo, ha de admitirse que la economía como motor del cambio histórico no funciona con igual efectividad para explicar siempre la transición de una etapa histórica a otra. Por ejemplo, el paso del Antiguo Régimen a la Época Liberal se puede ceñir a este modelo interpretativo, pero no ocurre lo mismo con la transición de la Edad Media a la Edad Moderna, que en lo tocante a la estructura económica y social presentan una cierta continuidad entre sí, sobre todo entre la Baja Edad Media y los albores de la modernidad.

Para continuar, como se señalaba con anterioridad, esta obra aduce de una debilidad innegable: la excesiva atención prestada a los países occidentales y ricos, frente a un tratamiento que podría considerarse secundario del resto de regiones mundiales. Para encontrar una explicación a esta carencia que yo mismo asumo he de recurrir a la teoría de la dependencia y a la teoría postcolonial, complementarias entre sí. Primeramente, si dedico especial atención al espacio occidental se debe a que considero que los procesos políticos, sociales y económicos que constituyen los elementos vectores de mi línea de argumentación se forjan en Occidente, para desde allí exportarse al resto del territorio mundial. Al menos esto es así hasta el final de la II Guerra Mundial, cuando los antiguos dominios coloniales adquieren entidad propia, y aquellos territorios que ya gozaban de una vida independiente desde un siglo atrás se convirtieron ellos mismos en generadores de fenómenos históricos y políticos novedosos, como fue el caso de los populismos en América Latina. En segundo lugar, partiendo del reconocimiento de la limitación de mi análisis, he de subrayar el hecho de que he centrado mi atención en otros enclaves del planeta en partes concretas del libro. Así, el colonialismo en la Edad Moderna, y el imperialismo colonial en el periodo 1870-1914, se analizan en el tercer capítulo, en el epígrafe «Las relaciones laborales contemporáneas», donde dedico un subepígrafe específico al estudio de «El proletariado en el contexto de la Segunda revolución industrial». Lo propio cabe decir de la descolonización, estudiada en el capítulo cuarto, «La historia reciente del trabajo», que incluye un apartado focalizado en «La descolonización y el Tercer Mundo».

Cuando he procedido de esta manera, lo he hecho asumiendo como punto de partida la teoría del sistema-mundo de I. Wallerstein (2004), con la cual comparto la consideración del planeta como un espacio integrado e interconectado mediante rutas comerciales, redes de transporte y vínculos económicos, si es que estos tres elementos pueden considerarse distintos entre sí. Los orígenes de tales redes se remontan a finales del siglo XV, cuando se iniciaron los primeros viajes de exploración que ya entonces sentaron las bases del actual mercado global. Con el tiempo, estos mismos circuitos transnacionales tendidos desde el oeste, que los concibió como puentes hacia otros espacios planetarios, se transformaron en una herramienta de vinculación e interconexión mundial, cuya fortaleza perdura hasta la actualidad. Tal es así que, conforme a los principios del liberalismo político, estas mismas relaciones simbióticas entre países en el plano económico prevalecen sobre cualquier atisbo de disenso político, reproduciéndose y ampliándose hasta la actualidad.

Igualmente, tal y como anticipaba previamente, asumo una postura postcolonial que se inspira en la «teoría de la dependencia» de A. Gunder Frank (1967), R. Prebisch o F.H. Cardoso. Partiendo de las ideas desarrolladas por los tres, constato que la descolonización política de la posguerra no se tradujo en una independencia económica real de los antiguos territorios coloniales con respecto a sus exmetrópolis. Esto es, tanto las antiguas potencias imperialistas como las grandes superpotencias económicas han puesto en juego una amplia panoplia de recursos económicos para garantizar la dependencia absoluta del Tercer Mundo con respecto a ellas. Dicha dependencia suele traducirse, en el terreno de la economía, en la orientación de las economías locales hacia la producción de un único producto que se exporta masivamente, cuyos clientes esenciales son las potencias occidentales. Estas últimas, a su vez, se convierten en cliente preferencial de provisión a los territorios emancipados de todos los demás bienes que precisan para sobrevivir, puesto que su economía no se ha diversificado en absoluto.

Y en el ámbito de la política, la dependencia de los países de la periferia (pobres) hacia el centro (ricos) se traduce también en la vigilancia de este último sobre aquella, para velar porque el régimen que detenta el poder en cada momento no pone en riesgo los beneficios para Occidente derivados de dicha relación de dependencia. Puede argumentarse que, en la medida en que constato esta realidad a lo largo de las secciones del libro dedicados al análisis de esta coyuntura, mi perspectiva es más bien neocolonial que postcolonial, pues ratifico la dependencia de las antiguas colonias respecto al mundo desarrollado, prolongada en el tiempo y sin aparente solución inmediata. No obstante, reivindico la perspectiva postcolonial porque en realidad mi hilo argumental se encamina hacia la reivindicación de la capacidad de los territorios emancipados de Occidente en los últimos dos siglos de administrar sus recursos por sus propios medios, liberándose de una dependencia con respecto a los países ricos que estos se esfuerzan en perpetuar, entre otros motivos, porque su influencia a escala planetaria depende de prolongar la dependencia del mundo subdesarrollado con respecto a ellos.

Pasando ahora a ocuparme de la estructura del libro, su contenido se articula en seis capítulos, incluyendo la introducción y las conclusiones, de los que no me ocuparé en esta primera presentación de la estructura inicial, por lo que comienzo describiendo directamente el contenido a partir del capítulo segundo. En efecto, a la presente introducción sigue un capítulo titulado «Prolegómenos»; en él, siendo fiel a su título, abordo un análisis preliminar de los siguientes elementos: los antecedentes de las relaciones sociales y laborales en la Prehistoria, el marco conceptual esencial para la lectura de la obra, y una breve descripción de las principales corrientes teóricas para el estudio de las relaciones laborales. El estudio de la estructura social y las primeras formas de trabajo desde el Paleolítico se considera preciso para entender la medida en que la sedentarización acarrea una complejidad creciente en la jerarquía social, motivada a su vez por la diversificación de las actividades económicas, lo cual se traduce a efectos prácticos en la aparición de categorías marcadas y estancas. En el camino recorrido hacia la configuración de una estructura social compleja, y por consiguiente de unas relaciones laborales más sofisticadas, resultó esencial el discurso religioso, empleado como primera herramienta de justificación del orden impuesto desde las instituciones de poder en cada caso. Todo ello permite subrayar la relevancia de un proceso peculiar de la historia evolutiva del ser humano: la construcción de un orden imaginado, que vincula y cohesiona a todos los miembros de la comunidad. En lo tocante al marco terminológico del libro, lo he estructurado alrededor de los dos actores antagónicos en la estructura social y laboral que he identificado ya en el periodo propiamente histórico: los trabajadores y los empleadores. Vinculado a los primeros, he añadido elementos de especial interés desde mi perspectiva analítica, como es el caso del trabajo no libre en la sociedad actual; por su parte, en relación con los empleadores he incluido otras realidades conceptuales relativamente novedosas, como la Responsabilidad Social Corporativa (RSC), que señala los esfuerzos de las empresas para manifestar su compromiso con la sociedad y el entorno circundante, desde la conciencia de que la persecución del beneficio no lo es todo.

El capítulo tercero, titulado «Complejidad progresiva», abarca el amplio periodo histórico que parte de la Antigüedad, concretamente con el análisis de las grandes civilizaciones fluviales, para llegar hasta el ocaso de la Edad Moderna. Desde mi perspectiva, sin negar el valor de la Ilustración como corriente intelectual disruptiva, me parece relevante poner en valor la revolución científica a finales del siglo xvii como un antecedente claro de la ruptura con el oscurantismo representado por el Antiguo Régimen. Comenzando con el análisis de Mesopotamia y Egipto, subrayo su relevancia como ejemplo de la elevada sofisticación que la organización social y las relaciones de trabajo alcanzan en contextos estatales más amplios y complejos, cuya soberanía se ejerce además sobre un extenso territorio, fundamentalmente en el caso egipcio. Si las dimensiones del aparato estatal repercuten en una mayor diversificación de la estructura social y económica, ha de notarse que el orden religioso imaginado que legitima la estructura social y política del Estado se torna también mucho más elaborado, sólido y vinculado al poder. Esta dinámica alcanzará su sublimación en la Grecia clásica, pero sobre todo en Roma, que fue capaz de trascender la escala del poder imperial conocida hasta entonces, abarcando otros dominios imperiales pasados, hasta controlar la totalidad de la cuenca mediterránea.

El segundo epígrafe de este tercer capítulo se dedica al estudio de la Edad Media, que ha de iniciarse forzosamente con un breve análisis del debate historiográfico sobre la significación y el alcance del feudalismo. Seguidamente, me dispongo a describir a los actores implicados en las relaciones (laborales) de vasallaje, tanto en el entorno rural como en el ámbito de las nacientes ciudades, que anidaron un ecosistema de hombres libres y capaces de construir un orden económico paralelo al orden feudo-vasallático: la estructura gremial. La conservación de la dinámica opuesta entre dominantes y dominados, y la supervivencia de las relaciones feudales durante casi mil años, fueron posibles gracias una vez más a su legitimación por el orden religioso imaginado que aglutinaba las voluntades de la gente común. Es por ello que subrayo el papel de la Teoría de los tres órdenes como clave sancionadora del orden social y económico feudal, que con pequeñas variaciones se prolongará durante la Edad Moderna. Ni siquiera la ideología ilustrada, cuya aportación a la vida intelectual y cultural europea es innegable, fue capaz de provocar una fractura total y absoluta con el orden heredado desde la Edad Media, que solo se derrumbó cuando las masas parisinas asaltaron la Bastilla en las jornadas de julio de 1789, y aún entonces para reinventarse, sin llegar a desaparecer por completo.

El recorrido histórico hecho hasta ahora, que se puede considerar más o menos apresurado, en la medida en que contiene un estudio comprensivo de más de tres mil años en apenas dos capítulos, se ralentiza a partir del cuarto capítulo, titulado «Relaciones laborales contemporáneas». Los procesos de cambio históricos vividos desde finales del siglo XVIII merecen una atención más detenida por mi parte, dado que las bases sobre las que se aposenta el orden económico y social actual se cimentaron precisamente en el periodo definido por Eric J. Hobsbawm como «*La era de la revolución*» (1962). Continuando la visión crítica que vertebra todo el libro, la descripción de las condiciones materiales que hicieron posible el *take off* industrial de Europa se hace no tanto para medir el alcance de dicho desarrollo económico, cuanto para denunciar la medida en que la construcción de la prosperidad occidental se fundó sobre el esfuerzo y la explotación masiva del proletariado urbano. Sin olvidar, justo es decirlo, que la creciente demanda de productos industriales derivó en una sobreexplotación de la materia prima y las fuentes de energía de las regiones más pobres en lo económico, pero más ricas en lo natural, que de este modo se convirtieron en una suerte de proletariado mundial. A ello se referían Marx y Engels cuando hablaban de la división internacional del trabajo en las páginas de su *Manifiesto Comunista* (2015).

Como no podía ser de otra forma, la precarización creciente de las condiciones de vida y de trabajo del proletariado urbano habría de redundar en su toma de conciencia sobre su miseria, alumbrando así el movimiento obrero, cuya eclosión en Europa y Norteamérica coincidiría con la Segunda Revolución Industrial, en el último cuarto del siglo xix. De hecho, el cierre del capítulo se corresponde con el contraste entre el progreso cuantitativo del mundo desarrollado, al calor de la segunda oleada industrial, y la humillación cualitativa de dos actores: de un lado, las posesiones coloniales, ampliadas por el afán imperialista occidental a finales de la centuria, que no haría sino trazar el camino hacia la I Guerra Mundial. De otro lado, un empeoramiento aún mayor, si cabe, de las condiciones de vida de la clase trabajadora, que dio el paso decisivo hacia su organización global de la mano de la I Internacional. Puesto que España es el país en el que vivo, y cuya historia contemporánea conozco mejor, dedico un espacio de este capítulo a estudiar en detalle el caso español, con el fin de subrayar sus continuidades con el modelo capitalista global, así como las peculiaridades que mueven a volver los ojos hacia él.

El quinto capítulo es el de más compleja factura, pues comprende las dos guerras mundiales, así como la crisis del modelo liberal capitalista en el periodo de entreguerras. Considero esencial destacar una idea que presentaré en dicho capítulo: una vez concluida la I Guerra Mundial, cuando el mundo occidental afrontaba las grandes consecuencias de la Gran Depresión, se hizo popular la idea de que la democracia liberal había fracasado. Concebida teóricamente como un sistema idóneo para gobernar a la gente, puesto que se construía sobre la base de la soberanía nacional, diferentes líderes de opinión cuestionaron su valía, pues había sido incapaz de frenar el estallido económico de 1929 y sus desastrosos efectos sobre la mayoría del mundo desarrollado. La conclusión de aquellos mismos demagogos era sencilla: puesto que la democracia ha fallado, es preciso buscar un régimen alternativo, a ser posible con una orientación autoritaria y conservadora, considerando, pensaban ellos, la incapacidad del pueblo para gobernarse a sí mismo. Como sostengo a lo largo de este capítulo, no hay mayor falacia que este mensaje, que convirtiendo a la democracia en un sujeto agente de la crisis obvia algo esencial: la democracia carece de entidad propia, porque es el gobierno de la ciudadanía. Así pues, sus fracasos son los de la ciudadanía en su conjunto, que ha optado por decisiones incorrectas a la hora de decidir sobre su futuro y gestionar sus recursos. Es decir, argumentos como los esgrimidos por el NSDAP en Alemania, o el Partito Fascista en Italia, no hacen sino buscar el desprestigio de la democracia para justificar un gobierno absoluto en manos de los intereses que ellos mismos representaban. Y lo que es peor, dar salida a la frustración de la población civil en medio de la crisis mediante la reorientación de su ira hacia la represión de un chivo expiatorio; tal fue la suerte de judíos, homosexuales, gitanos, comunistas, etc., en los países que se convirtieron en escenario de regímenes totalitarios en los años de entreguerras.

El argumento recurrente sobre la crisis de la democracia liberal se esgrimió también desde la izquierda, por lo que en el segundo epígrafe de este capítulo enfoco el estudio en el modelo soviético, que cosechó los frutos de la Revolución rusa de 1917. Ahora bien, lo que comenzó siendo un experimento de estado socialista acabó convirtiéndose en otra dictadura totalitaria más, desde el momento en que la élite soviética priorizó su permanencia en el poder sobre la materialización inmediata de la sociedad sin clases. El resultado fue la conversión de la dictadura del proletariado, fase que Marx y Engels consideraban necesaria y transitoria en el camino hacia la construcción de un modelo socialista, en una fase permanente de la historia soviética, y por extensión del bloque del Este en su conjunto, durante la Guerra Fría. En el tercer epígrafe desgrano la coyuntura conducente a la Gran Depresión, así como el programa político de Franklin D. Roosevelt que posibilitó la reconstrucción económica del país en apenas una década. Llegado este punto, me interesa lo que de lección para el futuro encierra la Gran Depresión, que evidenció los vicios internos del modelo capitalista y su tendencia a reproducir las crisis cíclicas, ante la incapacidad de los gobernantes y gestores futuros de aprender del que hasta entonces era el mayor cataclismo económico de Occidente. Decidí cerrar este capítulo con el estudio de la descolonización y el Tercer Mundo, con el fin de subrayar las relaciones de dependencia entre el centro y la periferia que he mencionado con anterioridad, y que explican la perpetuación de las desigualdades sociales a escala planetaria.

El penúltimo capítulo, previo a la conclusión, se titula «Capitalismo y estado del bienestar: (aparente) contradicción en los términos». Su primer epígrafe se concibe para valorar la medida en que capitalismo y bienestar ciudadano constituyen términos compatibles, sobre todo durante el esfuerzo de reconstrucción europea y occidental subsiguiente a la II Guerra Mundial. En el segundo, en cambio, centro el análisis en los dos *shocks* del petróleo de la década de 1970 como punto de inflexión, a partir de los cuales se implantan en el mercado global los imperativos de la Chicago School of Economics, baluarte de la teoría neoliberal, cuyos máximos exponentes fueron Margaret Thatcher en el Reino Unido y Ronald Reagan en Estados Unidos. Aportando una descripción pormenorizada de las Políticas de Ajuste Estructural (PAEs), sugeridas por la Escuela de Chicago y por las dos administraciones gubernamentales citadas, recalco cómo dichas PAEs se convirtieron en la fórmula para posibilitar la salida de la crisis económica a los países más golpeados por ella. De igual forma, se convirtieron en la solución ofrecida a los países pobres que aspiraban a protagonizar su despegue económico, y en el chaleco salvavidas de aquellos otros estados que acababan de vivir una dramática transición a la democracia liberal y necesitaban integrarse en el mercado mundial.

La fórmula ofrecida por la Escuela de Chicago era muy simple: para obtener el apoyo financiero internacional, los países debían ofrecer una imagen viable hacia el exterior, esto es, hacia sus potenciales prestamistas de dinero, ora otros países aliados, ora determinadas instituciones supranacionales, como el Banco Mundial (BM) o el Fondo Monetario Internacional (FMI). En otras palabras, los beneficiarios de inversión exterior para favorecer la reconstrucción económica interna debían demostrar que estaban en disposición de devolver las cantidades prestadas, más los intereses correspondientes. Un objetivo que solo podía alcanzarse mediante la adopción de una política fiscal de déficit cero, el cual, a su vez, habría de conseguirse a cualquier precio. Entre las medidas estrella de las PAEs destacaba la privatización de servicios públicos, para reducir el gasto estatal, la apertura del mercado nacional a la inversión extranjera directa, el aumento de las cargas impositivas y los recortes salariales. Como se puede ver, los gobiernos que asumieron las reglas del juego definidas desde Chicago aceptaron que el precio de la ayuda económica exterior y del equilibrio presupuestario era la precarización de las condiciones de vida de la población, e incluso el aumento de la tasa de desempleo.

De este modo, el binomio capitalismo-estado del bienestar se quebró definitivamente, después de tres décadas de una relativa convivencia pacífica. La coyuntura descrita se ha repetido, e incluso agravado, en las crisis económicas sucesivas: sucedió en 2007, cuando las entidades financieras hablaron de la necesidad de «refundar el capitalismo», en lo que no era sino un eufemismo para aludir al recrudecimiento de las condiciones económicas de la sociedad civil. Y se repitió durante la crisis económico-sanitaria provocada por la COVID-19, que se prolongó en el invierno de 2022 tras la invasión rusa de Ucrania. La ruptura de la cadena de suministros, unida al fenómeno inflacionista provocado por el alza de los precios de la energía, evidencia el colapso del sistema económico neoliberal. Pese a ello, gobernantes e instituciones supranacionales se esfuerzan en perpetuar el modelo a costa del bienestar de la ciudadanía. Es más, contra todo pronóstico las relaciones laborales continúan su escalada de degradación, acrecentada tras la aparición de las plataformas de distribución y servicios, de modo que la clase trabajadora se convierte en un mero instrumento al servicio de los intereses del mercado. Sobre las posibles salidas a la coyuntura actual reflexiono en el apartado de conclusiones, si bien allí no hago más que apuntar las que creo que son las grandes líneas directrices de nuestra sociedad para frenar una deriva económica claramente insostenible.

II. PROLEGÓMENOS

La división del trabajo como origen del conflicto

1. El preludio: caza y recolección durante el Paleolítico

En el año 1964 L. Leakey documentó, en el yacimiento de Olduvai en Tanzania, el que es considerado como primer ejemplar del género humano: el *Homo Habilis*, cuya existencia se remota a hace 2,3-1,6 millones de años. Sus cualidades físicas le diferenciaban de los primates antropoides que le precedían, los *Australopithecus*; entre dichos rasgos distintivos habría de subrayarse, por ejemplo, una capacidad craneal mayor (alrededor de 680 centímetros cúbicos), la ausencia de diastema o separación entre los incisivos y los caninos, o una dentadura de menor tamaño y con menor cantidad de esmalte. Ahora bien, lo que verdaderamente les hacía diferentes y resulta de especial interés para el cometido de este libro es el conjunto de cualidades materiales y sociales que les caracterizaba. En efecto, el *Homo Habilis* pudo desarrollar una primitiva industria lítica, consistente en cantos rodados trabajados mediante percusión por una sola cara (*chopper*) o por las dos (*chopping tool*). Además, se organizaba en grupos con el fin de optimizar sus posibilidades de supervivencia en un entorno cuyos recursos debía aprovechar, en competencia con otras especies animales hostiles (Harris 1998; Ramírez Goicoechea 2005).

La actividad económica que caracterizó tanto al *Homo Habilis* como a las subespecies que le siguieron giró en torno a dos labores esenciales: la caza y la recolección, que se pueden agrupar bajo el concepto común de forrajeo. Resulta complejo documentar su estilo de vida, considerando que el vestigio arqueológico se limita a los restos óseos y al utillaje lítico. Los demás instrumentos que pudieron desarrollar se fabricaban en materiales como la madera, cuya conservación solo es posible en condiciones ambientales muy específicas. A ello ha de sumarse la condición nómada de los primeros grupos humanos, que les llevaba a acumular pocas posesiones para optimizar el desplazamiento de un lugar a otro sin necesidad de transportar una nutrida impedimenta (Noah Harari 2011, 45-51). De resultas de todo lo expuesto, una posible fuente de documentación sobre el modo de vida y utillaje de aquellas comunidades es su comparación con los hábitos de existencia de las sociedades forrajeras actuales. Siendo conscientes del sesgo que conlleva la comparación entre grupos humanos distanciados varios millones de años entre sí, desde el punto de vista arqueológico y antropológico puede concluirse que la estructura social predominante entre los cazadores y recolectores del Paleolítico era la banda.

El concepto de banda ha de entenderse como un pequeño grupo de menos de cien personas, vinculadas por algún tipo de lazo de parentesco o matrimonio (Kottak 2011, 178). El tamaño era variable e inestable a lo largo el año, puesto que las características del entorno y de los recursos que se deseaba explotar recomendaban en ocasiones la subdivisión de la banda en subgrupos de menor dimensión. Con frecuencia las bandas mantenían vínculos con otros grupos vecinos similares, cuyo fin era colaborar para explotar la riqueza del ambiente en el que vivían. Asimismo, como puede deducirse, las fricciones y los conflictos entre bandas eran igualmente frecuentes. Su condición nómada implicaba una alta tasa de movilidad en una zona o región concreta, por la cual deambulaban a lo largo del año en función del alimento y las condiciones climáticas que ofrecía en cada estación. Ahora bien, ocasionalmente la presión demográfica sobre el terreno o algún tipo de circunstancia catastrófica les movían a organizar expediciones exploratorias más allá de su ámbito de acción.

La dieta de aquellos individuos se basaba fundamentalmente en carne de animales en descomposición (carroñeo), salvo en piezas de menor tamaño; semillas; insectos; etc. (Noah Harari 2011, 51-56). Puesto que su alimentación era variada, estaban obligados a conocer al detalle los rasgos del terreno en el que se asentaban y a organizar sus labores de la mejor forma posible, con el fin de garantizar la supervivencia de los miembros de la banda. Así pues, disponían de una organización laboral primitiva en la que imperaba el criterio de género: los machos solían dedicarse a la caza mayoritariamente y las hembras se ocupaban de la recolección. Siendo esta la tónica general existían variantes en función del lugar donde se asentaban y de los recursos disponibles, que no afectaban tanto a la distribución de labores como al peso de los alimentos en la dieta de las primeras bandas. Es decir, en algunos territorios los frutos y vegetales recolectados por las hembras eran más relevantes para la dieta del grupo que las piezas cazadas o aprovechadas por los machos (Kottak 2011, 179).

A la hora de determinar la «jornada laboral» de las primeras bandas de forrajeros, si se puede hablar en tales términos, y partiendo del estudio antropológico de bandas actuales, puede concluirse que su dedicación variaría entre treinta y cinco y cuarenta y cinco horas. Si se desea bajar a un nivel mayor de detalle, la caza exigiría uno de cada tres días de trabajo, y la recolección entre tres y seis horas diarias (Noah Harari 2011, 56). Así pues, tomando en consideración la dieta variada, la alta movilidad y la dedicación laboral de las primeras bandas de cazadores y recolectores, ha de concluirse que sus condiciones de vida eran relativamente buenas. De hecho, la ausencia de enfermedades de tipo infeccioso ha llevado a arqueólogos, paleontólogos y prehistoriadores a afirmar que la salud general de estos primeros grupos humanos era igualmente buena (Noah Harari 2011, 55-60). En buena medida su calidad de vida y la elevada tasa de supervivencia se explicaría también por la ausencia de conflictos internos, derivada de la estructura social y laboral igualitaria (Kottak 2011, 179).

2. La aceleración de los cambios: la «Revolución Neolítica»

De los 2,5 millones de años de historia del género humano sobre la superficie del planeta, solo un 1% corresponde al periodo durante el cual hemos sido capaces de desarrollar la producción de alimentos. El 99% de nuestra historia como género se ha desarrollado pues en un periodo en el que la principal actividad económica era el forrajeo, dándose la paradoja de que, pese a representar la mayor parte de nuestro pasado, es la peor documentada. En cambio, las transformaciones experimentadas hace 10 000-20 000 años fueron rápidos y acelerados en comparación con la estabilidad económica previa, hasta el extremo de que nuestra sociedad sigue siendo heredera de un fenómeno de cambio que se ha conocido tradicionalmente como «Revolución Neolítica».

El Neolítico trajo consigo una estructura social más compleja y, en consecuencia, una división del trabajo creciente, por lo que conviene detenerse en el análisis de las implicaciones de este nuevo periodo de la historia de la Humanidad. Para empezar, la propia denominación del Neolítico como «Revolución Neolítica», siguiendo a V. Gordon Childe (1997), resulta problemática y pierde fuerza a la luz de los hallazgos arqueológicos documentados durante todo el siglo xx. Así pues, lejos de suscribir la teoría de Childe sobre el Neolítico como un cambio drástico que aconteció de manera homogénea en todo el mundo habitado, ha de sostenerse que los cambios ocurrieron con un ritmo distinto en cada región, siendo su impacto también variable por zonas. Por ello el punto inicial del Neolítico oscila entre 10 000 y 7 000 a.C., según el lugar al que se haga referencia, y su final sí se puede datar uniformemente alrededor del 3 000 a.C.

Las principales transformaciones que permiten hablar del inicio de una nueva era atañen precisamente a la estructura económica de las comunidades humanas, y pueden aglutinarse en tres grandes grupos: el desarrollo de la domesticación de las especies vegetales (agricultura), la domesticación de las especies animales (ganadería), y asociada a las dos anteriores la adopción de un modo de vida sedentario. La agricultura fue generalizándose de forma paulatina, casi con toda probabilidad porque las bandas de cazadores y recolectores, que ya conocían muy bien la ecología del terreno por el que circulaban, habrían desarrollado una primera experiencia de domesticación de algunas especies vegetales. A ello ha de sumarse el hecho de que la agricultura representa más ventajas adaptativas y resulta económicamente más eficaz, comparada con otras actividades económicas encaminadas a la subsistencia de los grupos humanos (Bernabeu, Aura y Badal 2003).

En lo tocante a la domesticación animal, a ella contribuyó la concatenación de tres factores esenciales: primeramente, las especies domesticadas eran más dóciles, lo cual constituía una garantía contra las fugas o contra los ataques a los humanos; en segundo lugar, la domesticación permitía disponer de rebaños de mayor tamaño, lo cual posibilitaba una mayor acumulación de excedente en previsión de periodos de carestía; y por último la cría sedentaria permite a las comunidades humanas controlar la crianza y la reproducción con miras a obtener una cabaña ganadera de características concretas. En los primeros estadios del Neolítico los grupos humanos capturaban animales salvajes que domesticaban posteriormente, hasta que con el tiempo la reproducción de aquellas cabezas de ganado capturado posibilitó el nacimiento de crías en cautividad, cuyo comportamiento y reproducción pudieron reorientarse conforme a las necesidades de los individuos (Redman 1990).

La producción de alimentos, sea de naturaleza animal, sea de origen vegetal, responde a una realidad que ya se ha mencionado: la escasez, originada por el rápido crecimiento de la población en pleno proceso de «neolitización», que comprometía seriamente las posibilidades de obtener recursos alimenticios para todos los miembros de cada comunidad (Feliu y Sudrià 2013, 19-21). A su vez, el crecimiento demográfico era una consecuencia directa de la sedentarización, pues posibilitaba el hábitat de los individuos en un terreno estable cuyas condiciones de seguridad ellos mismos mejoraban, desapareciendo los riesgos asociados a la vida itinerante en un entorno salvaje. De resultas de ello, la agricultura y la ganadería se acabaron convirtiendo en una manera eficaz de obtener más recursos para abastecer a la creciente población. Ante todo porque el crecimiento demográfico significó una creciente presión demográfica sobre el medio que acarreó consigo una explotación intensiva del terreno.

Con la adopción de un modo de vida sedentario aconteció un incremento del tamaño de las comunidades humanas, que también ganaron mayor estabilidad. Además solían establecerse junto a otros núcleos humanos, de modo que eran frecuentes los contactos entre ellas, bien desde una perspectiva individual (entre sus integrantes de manera aislada) como desde una óptica colectiva (todo el grupo en su conjunto). Consecuentemente las relaciones humanas ganaron en complejidad, surgieron los primeros conflictos de interés y, de manera natural, apareció otra realidad: una primigenia economía doméstica. Tal economía es rastreable en las primeras aldeas, surgidas en torno a 7 500 a.C., que presentan un modelo imitado y repetido en diferentes escenarios en los que tuvo lugar la transición al Neolítico: un cultivo intensivo y extensivo de la tierra, conforme las técnicas agrícolas fueron perfeccionándose; la aparición de un amplio abanico de aperos de labranza y tecnología agrícola; y el crecimiento paulatino del tamaño de las aldeas en sí.

Así como el Neolítico supuso varios avances cualitativos y cuantitativos en la producción y supervivencia de los individuos, trajo consigo igualmente sus inconvenientes, que impactaron sobre todo en el estilo de vida de las comunidades. Aunque la agricultura y la ganadería permitieron disponer de una cantidad mayor de recursos para alimentar a comunidades en crecimiento, las pobla-

ciones acabaron siendo dependientes de un abanico limitado de
productos, por lo que las malas cosechas, las plagas, las sequías...
ponían en serio peligro su supervivencia (Noah Harari 2011, 87-
109). A ello había que añadir el incremento de las horas dedicadas a
la producción alimentaria, pues la economía doméstica iba necesariamente ligada a otro término: la previsión de futuro. Es decir, los
primeros agricultores y ganaderos no producían únicamente para la
subsistencia, sino para generar un excedente que se pudiera almace-
nar y consumir en caso de necesidad.

Mientras todo aquello sucedía el tamaño de las aldeas seguía
creciendo, al tiempo que las fricciones con otras aldeas y grupos
vecinos generaron la necesidad de garantizar la seguridad del grupo. Así surgió la primera división social del trabajo: junto a los
primeros agricultores y ganaderos, además de los primeros artesanos (encargados de elaborar los aperos de labranza), aparecieron
las primeras élites gobernantes (Noah Harari 2011, 87-109). Su
existencia se justificaba en un doble sentido: para los integrantes
de la comunidad, administraban el excedente en nombre del interés común, aprovechando su posición preeminente para cultivar
el prestigio social y quedarse con la mayor parte del excedente,
empleado en su lucro personal; para los integrantes de otras comunidades, el reyezuelo o jefe de la aldea garantizaba la seguridad de su gente frente a cualquier ataque externo. Se atisba pues
una primera diferenciación entre administradores y productores,
entre gobernantes y gobernados, que sentó las bases de la jerarquía social aún más compleja consolidada con la aparición de las
primeras sociedades urbanas.

3. Las sociedades urbanas: la Edad de los Metales

Aunque la combinación de brotes epidémicos, malas cosechas,
conflictos con otras aldeas cercanas... lastró seriamente la po-
tencialidad real de crecimiento demográfico inaugurada con el
Neolítico, lo cierto es que la población siguió creciendo, con un
aumento consiguiente de la presión demográfica sobre los primeros asentamientos pre urbanos. Fue precisamente dicha presión demográfica la que motivó la transformación de las aldeas en villas,
antecedente inmediato de las ciudades. Así pues, en 2,5 millones
de años los seres humanos habían sido capaces de abandonar el
universo de la caza y la recolección para generar las primeras so-

ciedades urbanizadas. Unos ejemplos primigenios se documentan en la antigua Mesopotamia, donde su aparición temprana fue acompañada de un surgimiento también pronto de la escritura, si bien este último acontecimiento implica la entrada en la Historia y, por consiguiente, se sale de los límites temporales que abarca el presente capítulo (Redman 1990).

Considerando las primeras sociedades urbanas mesopotámicas como punto de partida, es preciso señalar los rasgos comunes que cabe identificar en todas ellas. Primeramente ha de constatarse que la urbanización fue posible en entornos en los que la agricultura, la ganadería y la pesca estaban plenamente consolidadas. Solo de este modo la población podía tener una fuente de sustento constante que le permitiese crecer a un ritmo elevado, pese a circunstancias adversas que pudiesen diezmar los efectivos humanos de la aldea, y descartando además el miedo al desabastecimiento. Ahora bien, como se apuntó en líneas precedentes, la aparición del excedente trajo consigo el problema de su gestión, conllevando la aparición de la jerarquización social, cuyo impacto se estudia con mayor detalle a continuación.

El crecimiento sostenido de la población, unido al complejo sistema de redistribución que organizaron las primeras élites gobernantes, posibilitó la orientación de la agricultura hacia el aumento de la producción, destinado al almacenamiento de excedente y la especulación con su venta. Esta mentalidad económica generó una mayor presión sobre los campesinos, de quienes se esperaba una elevada tasa de producción que solo aquellos cuyas tierras estaban próximas a los grandes ríos (Tigris y Éufrates) pudieron satisfacer. Así pues, incluso dentro del campesinado se generó una distinción entre el más productivo, y por tanto más enriquecido, y el menos productivo, y, en consecuencia, más pobre. Fue este lento proceso de división dentro del grupo de los cultivadores, unida a una escisión también entre el artesanado motivada por la necesidad de diversificar los artículos producidos, el que motivó la disolución de los antiguos vínculos de parentesco en las primeras sociedades urbanas, a favor de una nueva estructura social basada en el estatus social o la clase (Roux 2002).

A grandes rasgos, la que podemos llamar «jornada laboral» se diferenciaba poco de las condiciones existentes a comienzos del Neolítico: tanto los agricultores, como los ganaderos y los artesanos dedicaban todas las horas disponibles a la tarea que desempeñaban en el seno de la comunidad, habida cuenta de que el crecimiento de la población imposibilitaba la relajación en la generación del excedente. Además, a medida que la población de los núcleos urbanos crecía aumentaba también el tamaño de estos, tanto por la necesidad de repeler la amenaza de lo salvaje extramuros, como por el hecho de que la ciudad cuyo tamaño crecía se consideraba una amenaza latente para los enclaves del entorno, que se sentían igualmente impelidos a crecer y a mejorar su estructura de defensa. Se sentaban así las bases para una progresiva militarización de la vida urbana, por lo que la gestión de la ciudad fue transfiriéndose lentamente desde la élite religiosa, vinculada al templo, a la élite política. Aparecía así el primer Estado, que contaría con el respaldo de la élite religiosa en tanto en cuanto su posición social destacada dependía de la prosperidad del aparato estatal, dueño del poder coercitivo.

Interesa recalcar que ninguna de las transformaciones operadas hasta ahora, sea en el ámbito económico, sea en los terrenos político y social, habría podido llevarse a cabo sin la existencia de un orden imaginado. Este es una construcción de las élites gobernantes que permea al resto de los estratos inferiores de la sociedad y, en especial, cala profundo en los productores. Su objetivo resulta bien claro: justificar la existencia de unos gobernantes encargados de la gestión de la comunidad, normalmente por mandato divino. De aquí se deduce necesariamente que la religión y el Estado han ido de la mano desde la aparición de las primeras ciudades, constituyéndose su simbiosis en el pilar basal sobre el que se construye la dominación de los gobernantes sobre los gobernados. Siguiendo a Yuval Noah Harari (2011, 114-133), el orden imaginado debe ser efectivo para poder sostener su existencia en el tiempo. Y a su vez, para ser efectivo ha de reunir tres cualidades fundamentales: debe tener reflejo en el mundo material a través de elementos materiales (símbolos, hitos, monumentos...) que remitan al individuo a un supuesto «más allá»; ha de ir acompañado de un complejo sistema de creencias colectivas que condiciona tanto los deseos, como los hábitos y las aspiraciones de la comunidad; y por último ha de ser intersubjetivo: todos los miembros del grupo lo reconocen y se identifican con él, de modo que su auto validación constante a través del reconocimiento de los individuos que se identifican con él le fortalece.

Tabla 1. Dedicación laboral de los grupos humanos en la Prehistoria

Etapa	Modo de vida	Hábitat	Actividad	Estimación de «dedicación laboral»
Paleolítico	Nomadismo	N/A	Forrajeo	3 días/semana (caza); 5 horas/día (recolección)
Neolítico	Sedentarismo	Aldea	Agricultura y ganadería; artesanía	Todas las horas disponibles
Edad de los Metales	Sedentarismo	Ciudad	*Id.*	*Id.*

Fuente: elaboración propia.

Marco conceptual y teórico

1. Los conceptos importan

En el presente libro se suceden varios términos cuyo conocimiento resulta esencial para entender el marco de las relaciones laborales a lo largo de la historia. El objetivo pues de esta sección es definir tales términos básicos, en aras de una mayor claridad expositiva y de sentar las bases del aparato teórico del estudio, que se desgrana en el siguiente epígrafe.

Para empezar, se define el modo de producción como la forma en que distintas sociedades y civilizaciones, a lo largo de la Historia y en diferentes regiones del planeta, han organizado el trabajo: bien para posibilitar la subsistencia, en el caso de sociedades con el grado de desarrollo económico, industrial y tecnológico limitado, o bien para producir riqueza, en sociedades con mayor desarrollo en todos los ámbitos. Siguiendo la definición canónica de Wolf, el modo de producción es: «un conjunto de relaciones sociales mediante las cuales se moviliza mano de obra para arrebatar energía de la naturaleza mediante herramientas, habilidades, organización y conocimiento» (Wolf 1982, 75). Partiendo de esta definición, la principal diferencia entre las sociedades preindustriales y las sociedades industriales estriba en que en las primeras la mano de obra es una obligación social, sobre todo en las sociedades basadas en el parentesco, mientras que en las segundas el dinero compra la fuerza de trabajo, existiendo una brecha social entre empleadores y empleados. Dicha brecha está en el origen de los conflictos sociales que se desarrollarán durante la Edad Contemporánea.

Desde una perspectiva antropológica, los modos de producción se interpretan como el reflejo de la estrategia de adaptación que cada grupo humano despliega para aprovechar los recursos del entorno.

Así se explicaría que las sociedades y civilizaciones que habitan en enclaves similares presenten modos de producción similares o idénticos, debiéndose las modificaciones que se puedan apreciar a diferencias en el ambiente que obligan a transformar el modo en que se explotan los recursos del entorno (Kottak 2011, 186-187).

Por su parte, con el término «medio de producción» se alude a cualquier elemento o instrumento necesario para, recurriendo al trabajo humano, transformar una materia prima y obtener a partir de ella un producto manufacturado; tanto la propia fuente de recursos como la mano de obra se consideran ellas mismas también medios de producción. A ellos ha de sumarse la tecnología, esencial para transformar y elaborar productos (Kottak 2011, 188). En las sociedades prehistóricas la principal fuente de recursos es la naturaleza, compuesta a su vez por dos elementos esenciales: la tierra y la fauna. No obstante, a medida que las sociedades humanas evolucionan en el tiempo y se van complejizando amplían el abanico de recursos, ora naturales, ora de naturaleza más abstracta, como por ejemplo el conocimiento, en el caso de las sociedades plenamente desarrolladas.

En todas las etapas existe un medio de producción crucial: la mano de obra, sin la cual no puede funcionar el tejido productivo de la sociedad. En la etapa preindustrial las relaciones laborales se sustentan sobre el parentesco; dicho de otro modo, los individuos trabajan como consecuencia del equitativo reparto de tareas entre todos los integrantes del grupo, clan o familia, dado que la participación común es fundamental para su supervivencia. En cambio, en la sociedad moderna, y sobre todo en la sociedad industrial, las relaciones de parentesco en el entorno laboral son accidentales y excepcionales porque ocurre un extrañamiento de la mano de obra respecto a cualquier vinculación superior. Este extrañamiento va acompañado de otro proceso de enajenación: el del trabajador respecto a lo que produce, que ni es de su propiedad ni le beneficia directamente (Kottak 2011, 188-189).

2. El entorno conceptual del trabajador

Es preciso comenzar subrayando la primera, segunda, cuarta y sexta acepción del concepto «trabajo» en el diccionario de la Real Academia Española, respectivamente: «Acción y efecto de trabajar»; «Ocupación retribuida»; «Cosa que es resultado de la actividad humana»; y «Esfuerzo humano aplicado a la producción de riqueza, en contraposición a *capital*» (RAE 2021). En un afán por sintetizar los aspectos recogidos en cada una de las cuatro acepciones mencionadas, puede concluirse que el trabajo es el resultado de una actividad humana encaminada a la generación de riqueza, por la que se percibe una retribución.

Es la Organización Internacional del Trabajo (OIT) la que distingue entre «trabajo» y «empleo», subrayando la base de su diferencia: la retribución, que es necesaria e indispensable en el caso del segundo, pero no en el del primero. Ahora bien, la compensación recibida a cambio de la actividad laboral vinculada a un empleo puede ser de diversa índole (salario, propina, comisión...), con independencia de la persona en quien recaiga la responsabilidad. Así pues, el trabajador es la persona que desarrolla una labor productiva, por cuenta propia o ajena, con un doble resultado: por una parte, la percepción de un ingreso en forma de salario; por otra, la producción de riqueza.

Toda actividad laboral es susceptible de desarrollarse en diferentes escenarios, y es frecuente, por desgracia, encontrar contextos especialmente propicios para la violación de los derechos fundamentales de los trabajadores a cambio de una mayor generación de beneficio para el empleador y/o empresario. Este es el motivo por el que la OIT ha aumentado su preocupación por el llamado «trabajo decente», convertido en el octavo Objetivo de Desarrollo Sostenible (ODS) de la Organización de las Naciones Unidas (ONU) e incluido en la Agenda 2030 del Gobierno de España.

El trabajo decente es todo trabajo que se desarrolla en condiciones de dignidad para quien lo desempeña, por lo que se constituye en el objetivo básico de las relaciones laborales actuales, en pleno proceso de globalización. Puesto que, conforme a la OIT, no todos los trabajos dignifican al individuo, es preciso definir las características que permiten calificar a un empleo como digno, a saber: el respeto de los derechos laborales fundamentales; la percepción de un ingreso justo y proporcional al esfuerzo invertido; la supresión de cualquier tipo de discriminación; la protección de los intereses del trabajador; y la resolución del conflicto recurriendo al diálogo social y al tripartismo (OIT 2004).

Desde una perspectiva social, el salario es la fuente principal de ingresos del trabajador, y con frecuencia es la única. De resultas de ello, es la herramienta fundamental para la subsistencia del individuo y de su núcleo familiar; por eso se traduce en términos alimentarios. Desde la óptica económica, es el precio del trabajo, resultado de la tasación de la labor desarrollada por el trabajador, y constituye un coste de producción más que debe afrontar el empleador. Finalmente, en términos jurídicos el salario es la contraprestación que el empleador debe abonar a sus empleados a cambio de su esfuerzo laboral, sea en dinero, bienes o servicios, sea de forma actual o en diferido, o sea conforme al tiempo de trabajo, la unidad de producción u otro criterio (Pasco Cosmópolis 1986, 213-242).

Puesto que, desde el punto de vista social, como se sostenía anteriormente, el salario es la fuente principal de sustento del trabajador y su núcleo familiar, y en ocasiones la única, se precisa definir el concepto de «proletariado». Su origen etimológico se halla en la raíz latina *proles*, que se traduce como descendencia o linaje. En tanto que categoría social, el proletariado es una consecuencia natural de la industrialización y el éxodo rural asociado a ella: es la clase que surge impulsada en los albores de la Revolución industrial, que abandonó el campo y marchó a trabajar a las ciudades, que operaban entonces como polo de atracción de la población rural en tanto que escenario de oportunidades. Cuando llegaron a los núcleos urbanos de la nueva era industrial los protagonistas del éxodo rural chocaron con la dura realidad: unas condiciones de vida paupérrimas, tanto por la necesidad de hacinarse en pequeños habitáculos insalubres como por la disposición de los empresarios a pagarles un salario mínimo, prácticamente el indispensable para garantizar la subsistencia de las familias o proles. Por ello este grupo social pasó a conocerse como proletariado, un término cuyo uso se generalizó durante la Revolución francesa (Toynbee 1939, V), sistematizándose de la mano de Karl Marx y Friedrich Engels en el *Manifiesto Comunista* (2015).

Como en el caso del proletariado, el sindicalismo es una consecuencia natural de la Revolución Industrial, puesto que su nacimiento está vinculado a la necesidad de defender los intereses de los trabajadores. El sindicalismo revolucionario aparece en Francia en el siglo XVIII de la mano de Georges Sorel y su obra *Reflexiones sobre el uso de la violencia* (2011), pero en puridad las primeras organizaciones de estas características surgen en el Reino Unido, epicentro de la Revolución Industrial. Inauguró la tendencia la London Corresponding Society, nacida en Sheffield en 1792 gracias a la labor de Thomas Hardy y sus colaboradores, quienes establecieron entre las condiciones indispensables para la formación de la sociedad que su número de integrantes fuera ilimitado (Thompson 2013, 19).

Entre los cometidos de todo sindicato destaca la dotación a sus afiliados de instrumentos para hacer valer sus intereses y reivindicar sus derechos. Uno de esos recursos, que juega un papel destacado, es la huelga, entendida como el cese voluntario de la actividad productiva por los trabajadores, que a cambio renuncian a la parte proporcional de su salario. Los objetivos de la huelga son de doble naturaleza: de un lado, enfatizar una reclamación concreta a los empleadores y empresarios; de otro lado, mediante el cese de la actividad, subrayar la naturaleza indispensable de la mano de obra en el proceso productivo, que sin ella se paraliza.

Pese a haberse asociado tradicionalmente a periodos pasados de la historia de la Humanidad, tales como la Antigüedad o el periodo colonial, la mal llamada «esclavitud contemporánea» sigue vigente en el momento en que se escriben estas líneas. Tan onerosa resulta su presencia en el mundo actual que la ONU ha insistido en su octavo ODS de la Agenda 2030 en la importancia de defender el trabajo decente y el crecimiento económico. Continuando la senda trazada por las Naciones Unidas, el Gobierno de España establece en su Agenda 2030: «Este Convenio [29 sobre el trabajo forzoso] aborda las causas profundas para que la esclavitud pueda ser eliminada de una vez por todas, que es lo que se llama supresión efectiva y sostenida del trabajo forzoso u obligatorio, y actúa en tres niveles: prevención, protección e indemnización» (Gobierno de España 2019, 40).

La definición del trabajo no libre ha evolucionado a lo largo del tiempo, conforme ha sido preciso incorporar nuevas casuísticas bajo el paraguas del concepto. Para empezar, en 1930 la OIT lo definió como «cualquier trabajo o servicio que se desarrolla bajo la amenaza de cualquier castigo si no se lleva a cabo, y para el cual el trabajador no se ha ofrecido voluntariamente» (ILO 1930). Considerando los términos de la definición, se incluyen el tráfico humano, las obligaciones por deudas, la servidumbre y la esclavitud, pero se establece un matiz nada baladí: solo se consideran «esclavas» las personas que trabajan de manera involuntaria y bajo amenaza, estableciéndose entre los posibles medios de coerción las acciones físicas, financieras o psicológicas (ILO 2012). Además se excluyen la amenaza del hambre o la indigencia de entre las circunstancias que pueden coaccionar a un individuo a aceptar unas condiciones de trabajo no libre. Igualmente quedaban al margen el servicio militar obligatorio, el trabajo infantil, algunos trabajos en determinados contextos penitenciarios y también ciertas formas de trabajo libre con altas tasas de explotación (Rioux, LeBaron y Verovsek 2020, 709-731).

Sin duda la definición más inclusiva y actualizada es la desarrollada en las *Bellagio-Harvard guidelines on the Legal Parameters of Slavery* (2012). Esta reconoce la distinción entre la propiedad legal de las personas, propia del periodo colonial, y la posesión, que conduce de la misma forma a la sujeción de hecho de una persona a otra sin que sea precisa una sanción legal explícita. Gracias a esta definición se incluyen en el universo conceptual de la esclavitud todas las formas de control sobre otra persona que impliquen la posesión legal, eliminando el sesgo de la voluntad. El motivo es sencillo: en el tráfico de personas y en la trata el individuo entra voluntariamente en un círculo de corrupción movido por el deseo de mejorar sus condiciones de vida, pero acaba encontrándose inmerso en un contexto del que no puede salir (Sharma 2005, 88-111; Quirk 2007, 181-207; Pinto Tortosa 2020, 423-443).

3. Los empleadores

En el caso de los empleadores, la RAE procede de manera más directa, pues la primera acepción del concepto es: «Que emplea». Mientras que la segunda añade: «Patrono. Persona que emplea a trabajadores» (RAE 2021). Conforme a ambas definiciones, el empleador es quien se hace responsable de una nómina de trabajadores que, aportando su mano de obra, participarán en un proceso productivo encaminado a la generación de riqueza. La persona puede emplear a otras, que trabajen por cuenta ajena, o puede ser su propia empleadora. Los empleadores pueden constituir una empresa, concebida como una entidad legal que proporcione el escenario para la interacción entre el capital invertido y la fuerza de trabajo, cuyo resultado sea bien la obtención de productos industriales o mercantiles, o bien la prestación de servicios (RAE 2021).

En el escenario económico contemporáneo el capital es el compendio de recursos precisos para desarrollar una actividad económica, elaborar un producto y generar un beneficio. Citando a Boldizzoni (2008), para los economistas clásicos el capital es, junto a la fuente de recursos (la tierra o cualquier otra) y la mano de obra, un factor de producción, pues no forma parte directamente del proceso productivo y puede generarse e incrementarse. Asimismo, continuando la línea de pensamiento de John Stuart Mill (2008), no se puede reducir el concepto de capital exclusivamente al dinero, dado que lo que define al capital como tal no es el elemento en sí, sino el deseo latente tras su uso: es decir, solo en la medida en que el dinero se invierte para generar más riqueza se le puede considerar capital como tal (2008). A todo ello añadía Adam Smith el elemento acumulativo: a su juicio, la acumulación de capital es condición indispensable para la posterior división del trabajo; por ejemplo, ningún artesano puede ampliar el tamaño de sus instalaciones ni emplear a más mano de obra a menos que tenga un acumulado previo de beneficios, que se pueda invertir en los gastos reseñados con la finalidad, nuevamente, de obtener un beneficio mayor (Smith 2003). Pese a la distancia ideológica entre ambos, más adelante Karl Marx insistiría en la misma idea en *El Capital* (1990), trazando una conexión directa entre el capital y el dinero invertido en una empresa con el fin de favorecer su circulación y, como consecuencia de ello, generar mayores beneficios.

Independientemente de la definición que se use, puede convenirse que el capital es la inversión previa que se requiere para iniciar y desarrollar una actividad productiva, sea en la forma que sea (tecnología, fuentes de recursos o mano de obra). Su aparición en sentido moderno está estrechamente ligada a la Revolución Industrial, imposible sin que hubiese existido un concepto como el capital para ponerla en marcha. De hecho, gracias a la acumulación de capital los artesanos procedentes del medievo y la Edad Moderna ampliaron el tamaño de sus talleres y fábricas, viéndose en disposición de emplear a otras personas, e invitando a otros colaboradores a participar en el negocio y compartir ganancias y pérdidas. El punto de partida pues del capitalismo moderno es el siglo XVIII.

Conforme a los postulados teóricos de Adam Smith, el beneficio es el objetivo final del empresario, o de aquel que invierte dinero en una actividad o empresa: constituye la parte proporcional de ganancias que le corresponde en función de su participación económica en la misma (2003). En términos contables, es a grandes rasgos la diferencia entre el monto total de ingresos generados por una empresa y la cuantía total de gastos. Entre estos últimos se incluyen las infraestructuras, las materias primas, la tecnología y los salarios de los obreros. Marx llamó la atención sobre la práctica común entre los empresarios del siglo XIX: la tendencia a reducir los costes asociados a los salarios a niveles inferiores al valor real de su trabajo, para obtener un margen mayor de beneficio (plusvalía, según sus propios términos) (Marx 1990, 975 y ss.). El historial creciente de conflictos de interés entre empleadores y empleados, sobre todo cuando han estado motivados por conatos desde el sector empresarial de menoscabar las condiciones y los derechos de los trabajadores asalariados, ha hecho que desde finales del siglo xx las empresas hayan mostrado una preocupación cada vez mayor por desarrollar buenas prácticas y mostrarlas a la sociedad, con el fin de mejorar su imagen. Para ello han dispuesto de una herramienta esencial, que se define a continuación.

La Responsabilidad Social Corporativa (RSC) responde a la progresiva toma de conciencia entre los empresarios sobre el impacto de sus acciones en el resto de la sociedad (ISO 26000). Esta conciencia, como se señalaba en el epígrafe anterior, ha sido creciente desde la segunda mitad del siglo xx y remite a una realidad innegable: además de la inversión de los socios, las compañías requieren de una buena imagen social, pues la sociedad civil se halla cada vez más preocupada por la observancia de conductas públicas éticas. Por este motivo las iniciativas de RSC de las compañías han de publicarse en diferentes foros y plataformas, de cara a hacerlas llegar a sus clientes potenciales, aclarando su voluntad manifiesta de contribuir al desarrollo sostenible, tener en cuenta los deseos de la comunidad y cumplir con las leyes y protocolos sobre respeto de los Derechos Humanos y el medio ambiente (European Commission 2001). Ha de aclararse que las iniciativas y acciones vinculadas a la RSC no son en absoluto obligatorias para las empresas, pero sí recomendables y más que convenientes, por los motivos indicados.

En lo tocante a la patronal, se la puede considerar el reflejo o el trasunto del sindicato, pero en esta ocasión del lado de los empleadores. En un contexto de libre mercado, la patronal sirve para representar los intereses de los empresarios y defenderlos en las negociaciones colectivas. Además, la patronal constituye un evidente instrumento de presión sobre el poder ejecutivo para obtener ciertas ventajas en los procesos de negociación de los convenios colectivos, de fijación del salario mínimo interprofesional, de regulación de los despidos, etc. (López Chanez, Casique Guerrer y Garza Carranza 2010, 85-102).

4. Perspectivas teóricas e históricas en el estudio de las relaciones laborales

Pese a los elementos estudiados en las páginas precedentes, en las que se recorrían los antecedentes de las relaciones laborales desde los orígenes de la Humanidad, ha de convenirse que en sentido contemporáneo estas son un producto claro de la sociedad industrial.

En puridad, ni siquiera nacen de la mano de la industrialización en la segunda mitad del siglo xviii, sino que para ser exactos su aparición va de la mano de los conflictos sociales inherentes a la sociedad industrial, a mediados del siglo xix. Concretamente, pueden considerarse como la explosión de dos elementos reactivos y mezclados en el contexto de los albores de la industrialización occidental: el capitalismo y su ambición desmedida por una parte, y el movimiento obrero por otra. Seguidamente se presentan las distintas etapas identificables en el desarrollo reciente de las relaciones laborales.

4.1. El panorama contemporáneo de las relaciones laborales

Una tónica dominante en las relaciones laborales de la primera industrialización fue el desequilibrio entre empleadores y empleados a favor de aquellos, mientras el moderno capitalista sentaba sus bases. Ello favoreció que los empresarios capitalistas tuvieran a su disposición mayor cantidad de herramientas para defender sus intereses, en comparación con los trabajadores. Por este motivo el proletariado comenzó a buscar paulatinamente organismos representativos que defendieran también sus anhelos. El camino sería largo y azaroso, y en el trayecto aún restarían décadas de abusos por el empresariado, que siguió intentando maximizar su margen de beneficio a cambio de aminorar los costes de producción, sobre todo el salario de los trabajadores. Los años 70 del siglo xix significaron un punto de inflexión en la medida en que se consolidó el sindicalismo obrero, reconociendo los gobiernos el derecho de asociación y manifestación, así como la necesidad de acotar unos derechos esenciales de la clase proletaria (Crouch 1993).

El ritmo desigual en el proceso de industrialización entre diferentes países favorecerá la aparición de dos categorías distintas: los países de industrialización temprana, caracterizados por una burguesía industrial consolidada que, poco a poco, reconoció los primeros sindicatos; los países de industrialización tardía, en los que el actor principal será el Estado, en tanto que árbitro de las inversiones industriales, de la definición de las relaciones sindicales, etc. En este último caso, como apunta Martín Artiles (2003, 149-263), se configuró el sistema conocido como corporativismo autoritario. Con independencia del ritmo de industrialización de cada escenario estatal, en el contexto histórico descrito surgieron la primeras corrientes teóricas sobre las relaciones laborales, conocidas como corrientes clásicas.

4.1.1. Aproximaciones teóricas clásicas para el estudio de las relaciones laborales

Según la perspectiva marxista, el proletariado constituye el actor principal del cambio histórico: en tanto que propietario de la fuerza de trabajo, herramienta indispensable en el proceso productivo, debe concienciarse políticamente de su fuerza como clase social, haciéndola valer para desbancar a la burguesía y el Estado liberal, de modo que pueda instaurarse una sociedad sin clases. De este modo conseguiría invertir el equilibrio de fuerzas (Marx 1990; 2015). Por paradójico que parezca, tanto Marx como Engels minusvaloraban la relevancia de los sindicatos en el proceso de cambio descrito, en la medida en que, a su juicio, las organizaciones sindicales solo funcionaban como herramientas del sistema para conseguir mejoras para la clase trabajadora a corto plazo.

Más posibilista respecto a las opciones de la acción sindical era Émile Durkheim, quien consideraba a los sindicatos, las corporaciones y las organizaciones profesionales como herramientas de choque para contrarrestar el deterioro progresivo de los nexos sociales provocado por el avance imparable del capitalismo. Dicho deterioro, según el sociólogo francés, se explicaba por la progresiva cosificación de la mano de obra, convertida en una mercancía más, aislada de sus condiciones sociales, y también porque las grandes metrópolis industriales eran polos de atracción que alejaban a los individuos de su familia para marchar a vivir en el nuevo espacio urbano. En el contexto descrito, pues, los sindicatos proporcionaban a los trabajadores una protección paternalista, a la par que dotaban a la interacción entre empleadores y empleados de una dimensión ética novedosa (Durkheim 1987).

Max Weber aportó otra visión negativa al análisis de las relaciones laborales, edificada sobre una base esencial: el proletariado, que se ve sometido a una presión cada vez mayor por parte del sistema capitalista, siempre se pliega a una compleja reglamentación cuyo objetivo no es otro que regularizar el trabajo y reducir al máximo la capacidad de reacción de los trabajadores. Sin negar el valor de los sindicatos y las organizaciones profesionales en el momento, Weber era escéptico sobre la posibilidad de que su papel se prolongase en el tiempo, pues a su juicio serían incapaces de afrontar el empuje irrefrenable de la rueda capitalista (2012a; 2012b).

4.1.2. Los años de entreguerras (1918-1939)

Cuando apenas restaba un año para el final de la I Guerra Mundial tuvo lugar un acontecimiento crucial: el estallido de la Revolución rusa en 1917. Más allá de la retirada de Rusia de la conflagración mundial, la revolución significó el triunfo de un movimiento iniciado por los trabajadores en el país más extenso del mundo, que se había convertido en el laboratorio de aplicación práctica de las tesis de Karl Marx y Friedrich Engels. La coyuntura obligó a las democracias liberales a acelerar la respuesta a la situación, con el fin de evitar que el ejemplo ruso cundiera entre los trabajadores de las fábricas occidentales. De ahí que, entre las consecuencias de la Paz de Versalles de 1919, haya de subrayarse la constitución de la Organización Internacional del Trabajo. La OIT se consideró desde su nacimiento el buque insignia del tripartismo, es decir, la resolución de conflictos entre trabajadores y empresarios mediante la intervención de un tercer actor en discordia, ora una organización internacional, ora una organización sindical (Martín Artiles 2003, 163).

Ello posibilitó que las negociaciones colectivas pacíficas se convirtieran en moneda común en la resolución de los conflictos laborales en el mundo occidental, con el Estado como actor secundario en todo el proceso. En cambio, como se apuntaba en líneas precedentes, en otros escenarios estatales de industrialización tardía, la respuesta a la Revolución rusa, inspirada por el miedo a la llamada oleada comunista y por las dramáticas consecuencias del Crac de 1929, cristalizó en el fortalecimiento del Estado y el surgimiento del corporativismo autoritario, que favoreció, al tiempo que se vio favorecido, por regímenes de corte fascista. Tales fueron los casos de Italia, tras la Marcha sobre Roma que aupó a Benito Mussolini al poder (1922); el *Estado Novo* portugués bajo Salazar (1924); Alemania, donde el Partido Nacional Socialista de los Trabajadores Alemanes (NSDAP) se hizo con la victoria en los comicios de 1933, liderado por Adolf Hitler; o España, donde a la dictadura de Miguel Primo de Rivera (1923-1931) le siguió, tras la corta experiencia republicana (1931-1939), la dictadura de Francisco Franco (1939-1975).

La nueva etapa inaugurada tras la Paz de Versalles se caracterizó en el ámbito de las relaciones laborales, desde el punto de vista técnico, por la generalización del modelo de producción taylorista: la producción en cadena implicó la especialización técnica de los trabajadores hasta extremos desconocidos, de modo que la labor del proletariado se degeneró y los obreros mismos acabaron convertidos en una pieza más de la cadena de producción. La coyuntura descrita conllevó la desaparición de los sindicatos de oficio, pues los propios oficios, en sentido tradicional, habían desaparecido a raíz del acelerado proceso de especialización técnica extrema; surgieron en su lugar los sindicatos de masas. Así pues los empresarios, responsables de industrias de proporciones cada vez mayores, precisaron de un intermediario entre ellos mismos y las organizaciones sindicales masivas (Martín Artiles 2003, 165-166).

En los años que transcurren entre el final de la I Guerra Mundial y mediados del siglo xx aparecieron tres grandes corrientes teóricas en el análisis de las relaciones laborales. La Escuela de Oxford surgió en Gran Bretaña en la década de 1920: su punto de partida era el pluralismo, es decir, la presencia de intereses contradictorios entre trabajadores y empleadores, y también dentro de cada uno de ambos grupos. Puesto que, a su juicio, las relaciones entre empleadores y empleados son de naturaleza estrictamente económica, la negociación colectiva resulta crucial para posibilitar la aproximación de posturas opuestas. Desde la perspectiva de sus principales representantes, la oposición entre los dos actores reseñados es por tanto coyuntural, pues el objetivo a alcanzar es siempre el consenso, para lo cual es fundamental la reglamentación, sustentada sobre principios éticos, que sea capaz de contrarrestar el desequilibrio de partida entre empresarios y trabajadores (Webb y Webb 1920).

Por su parte, la Escuela de Wisconsin refleja el impacto de la industrialización en Estados Unidos. Entre sus teóricos destaca J.R. Commons, igualmente consciente de la relevancia de los sindicatos, pero no como herramienta defensora de los derechos de los trabajadores, sino en tanto que instrumento institucional que pueda regular el mercado de trabajo (Romagnoli 1997, 69). Por su parte, S. Perlman rechazaba la naturaleza de los sindicatos como cable transmisor de las directrices del Partido Comunista (Perlman 1962). Ambos autores señalados coinciden en la necesidad de desarrollar estrategias de negociación que ayuden a descartar el conflicto y a transformar el capitalismo en un sistema que armonice intereses de empleadores y empleados.

Finalmente, la Escuela de las Relaciones Humanas aparece gracias al proyecto desarrollado en el seno de la Western Electric de Chicago para investigar la percepción de los obreros sobre las consecuencias de la implantación del modelo taylorista. Los seguidores de esta corriente teórica consideran al conflicto como un elemento ajeno a la empresa, concebida como un escenario en el que las relaciones humanas deben prevalecer sobre el choque de intereses. Como puede deducirse, este postulado teórico alcanzó gran predicamento entre los empresarios, significativamente en la saga Rockefeller (Martín Artiles 2003, 182).

4.1.3. La segunda mitad del siglo xx

En el contexto de la posguerra, con el mundo dividido entre dos bloques antagónicos que representaban modelos políticos y económicos confrontados, las relaciones laborales vivirían un nuevo periodo de efervescencia teórica. Lo harían observando de cerca los postulados político-económicos asentados por Franklin D. Roosevelt en Estados Unidos para posibilitar la salida de la Gran Depresión, conocidos con el nombre genérico de *New Deal* y que, entre otros aspectos, tenían en consideración el reconocimiento de derechos fundamentales para los trabajadores.

La escuela estructural-funcionalista, representada por John T. Dunlop (1993), parte de presupuestos parecidos a las escuelas de Oxford o Wisconsin: con ellas comparte la inclusión del sindicato como actor mediador en el conflicto laboral, pero añade un elemento novedoso, a saber, la incorporación del Estado como ente regulador. El rol estatal resulta, desde su perspectiva, esencial en tanto que aporta una perspectiva diferente a los dos principales actores en tensión, trabajadores y empresarios, proporcionando soluciones y propuestas que exceden el universo puramente mercantil de las relaciones laborales. En la medida en que valora la incorporación del Estado al terreno económico, su propuesta es rupturista en comparación con los postulados liberales ortodoxos de Oxford o Wisconsin.

El neomarxismo vino de la mano de la Escuela de Warrick, con Richard Hyman, P.K. Edwards o Edward Schullion entre sus representantes más destacados. Su postura es esencialmente crítica: de la Escuela de Oxford, por exagerar el peso de la reglamentación sin prestar la atención debida a la explicación de los conflictos (Martín Artiles 2003, 201); y del estructural-funcionalismo, al que acusan de ignorar conceptos de la relevancia de «poder» o «propiedad», interpretando las relaciones laborales solo en términos de reglamentación, lo que desde su punto de vista conduce a una interpretación estática y ahistórica.

El neocorporatismo cree en el poder mediador de organizaciones representativas de diversa índole que puedan armonizar los intereses de las partes en conflicto, que han de sentirse así impelidas a colaborar con el Estado (Lehmbruch 1977, 91-126). Para concluir, el interaccionismo, fuertemente influido por la teoría de juegos, sostiene que los individuos, en el desarrollo de su interacción social, se comunican mediante símbolos y significados que modifican dependiendo del objetivo que persiguen en la relación con los demás (Ritzer 2002). Su centro de atención son los procesos y estrategias de negociación, en los que varias partes interactúan para resolver un conflicto y obtener una posición que resulte lo más ventajosa posible.

III. COMPLEJIDAD PROGRESIVA

Las sociedades de la Antigüedad y las primeras formas de relación laboral

1. La civilización mesopotámica

La Historia se inaugura con la aparición de los primeros testimonios escritos en el entorno de Uruk, entre 3 500 y 3 000 a. C., correspondiente al actual territorio de Iraq, a orillas del Éufrates. Aquellas primeras inscripciones se realizaban mediante incisiones practicadas con una caña sobre una tablilla de barro húmedo, donde la huella de las incisiones quedaba impresa una vez se secaba el soporte. Para practicar la escritura, la base de la caña se cortaba con forma biselada, de cuña, de donde se deriva la denominación de «escritura cuneiforme». Su aparición está ligada a la civilización sumeria (Redman 1990).

La funcionalidad de los primeros registros escritos en tablillas de arcilla era meramente burocrática, es decir, inventarios que se utilizaban como base para gestionar el excedente de cereales y de alimentos. Por consiguiente, reflejaban tanto la cantidad de grano almacenada como los productos obtenidos por intercambio con otras comunidades (Noah Harari 2011, 138-148). Puede deducirse, en consecuencia, que su empleo estaba vetado a la élite vinculada al templo y al poder político, cuyos intereses eran normalmente coincidentes en las primeras civilizaciones urbanas. De aquí se deduce una estratificación social, plasmada en dos categorías: quienes producían la información y la utilizaban en beneficio propio, es decir, los grupos dirigentes, y quienes no conocían la técnica de la escritura y la lectura y, por tanto, se dedicaban a trabajar y a obedecer los dictados de aquellos. Esta estructura social debió mantenerse relativamente estable desde Uruk, en el IV milenio a. C., hasta el tercer periodo de Ur, a finales del milenio siguiente.

A lo largo del marco temporal indicado la cohesión interna de las comunidades era posible gracias a la acción combinada de la autoridad religiosa y la autoridad política, que normalmente coincidían en el mismo grupo social. La religión sumeria actuó como instrumento cohesionador por excelencia, en unas comunidades heterogéneas que por acción de la fe religiosa y de los ritos comunales gozaron de una identidad y una cultura compartida, que posibilitó una conciencia del «nosotros» frente al «ellos». Al mismo tiempo, la religión generó el contexto propicio para la consolidación de una estructura social piramidal, que se presentaba como resultado de la voluntad divina. Porque la divinidad supuestamente así lo quería, las primeras élites urbanas eran las encargadas de administrar y gobernar la comunidad, mientras el resto de sus integrantes no tenía más cometido que ocuparse de las labores más tediosas, encaminadas a consolidar el dominio y la posición privilegiada de aquellas.

Así como las divinidades imponían su voluntad desde el templo-palacio, sus representantes terrenales, sacerdotes y/o reyezuelos, debían gobernar la comunidad en su nombre. Junto a ellos, la burocracia del templo-palacio conformaba el otro escalón elevado de la pirámide social. El resto de la sociedad se veía pues condenado a producir y generar excedente, dado que esa era la función que le correspondía, igualmente por voluntad divina. Incluso la mitología mesopotámica consolidaba dicha estructura social y disuadía de contestarla: diversos relatos y tradiciones narraban la historia de las rebeliones de las divinidades menores contra las divinidades mayores, cuyo resultado era irremediablemente el caos y la derrota de aquellas a manos de estas. Como queda demostrado, la naturaleza de tales relatos y tradiciones mitológicas era ejemplarizante y garantizaba la sumisión de los productores sumerios a las clases dominantes (Momigliano 1992).

El aparato cultural descrito se justificaba, entre otros motivos, porque el centro del cual emanaba, el templo-palacio, era el epicentro de la redistribución de los recursos: suya era la decisión sobre qué parte del excedente iba a parar a cada individuo y a cada estamento social. El paso del tiempo trajo consigo una mayor complejidad, fomentada por la misma élite redistributiva: así, los gobernadores del palacio y los sacerdotes del templo aconsejaron a algunos campesinos sobre la manera en la que debían organizar la producción para obtener un mayor rendimiento y generar más excedente; acometieron obras públicas para controlar las crecidas de los ríos y atenuar sus efectos devastadores; y finalmente animaron a parte de la población a colaborar con la propia élite gobernante, recibiendo a cambio una recompensa. De este modo los incipientes colaboradores de las élites gobernantes constituyeron un estrato social intermedio entre los productores y los explotadores (Redman 1990). Junto a ellos, constituidos en una suerte de red corporativa del templo-palacio, se configuró también una red artesanal a tiempo completo, cuya existencia se justificaba por la necesidad de elaborar bienes de prestigio y construir edificios suntuosos. Todo el proceso se apoyaba sobre una condición indispensable: la generación y acumulación continuada de excedente.

2. Sociedad y trabajo en el antiguo Egipto

La cronología de la civilización egipcia se extiende desde los compases finales del iv milenio a. C. hasta el siglo vii d. C., si bien el análisis que nos atañe en estas líneas llega hasta el siglo iv a. C. En ese momento se inició la dominación helenística que culminó en el siglo i a. C., y a ella le sucedió el control del Imperio Romano, hasta el siglo vii d. C. El periodo pues de esplendor de Egipto, que se recoge en este epígrafe, se caracteriza por la pervivencia de unas características sociales y laborales apenas diferentes de las circunstancias descritas para Mesopotamia, salvo por un hecho esencial: un mayor grado de complejidad tanto social como en el ámbito de la división del trabajo.

En buena medida, dicha complejidad se explica por un hecho que convierte a Egipto en paradigmático: la creación de un orden imaginado, es decir, una religión, de especial sofisticación, edificada sobre un conjunto de mitos y deidades funcionales que actuaron como aglutinante de un conjunto bastante heterogéneo de individuos y culturas, alejadas y dispares entre sí, habida cuenta de la amplitud del territorio egipcio de la Antigüedad. Igual que en Mesopotamia, el aumento del excedente acumulado redundó en la necesidad de constituir un panteón y una mitología que justificasen la autoridad de los encargados de redistribuirlo. Así se justificaban las desigualdades y la función social de cada cual, edificados sobre la voluntad divina (Noah Harari 2011, 110-133).

La principal actividad económica en Egipto era la agricultura, jugando la ganadería un papel secundario. Las dos estaban condicionadas por un factor natural inherente al territorio egipcio: las crecidas del río Nilo. Considerando la aridez del territorio egipcio, *a priori* no era propicio para la práctica de ninguna de estas actividades, pero anualmente el Nilo experimenta crecidas que hacen que las aguas salgan de su cauce e inunden todo el territorio. Además de las catástrofes asociadas a las crecidas, que solían destruir viviendas y provocar la muerte de los habitantes de la zona, las inundaciones fertilizaban la tierra, de modo que la agricultura y la ganadería sí eran viables y la supervivencia de los vecinos del lugar quedaba garantizada.

Como se puede deducir, el río Nilo se convirtió en un actor mitológico crucial, no solo por su relevancia para el ciclo económico egipcio, sino también en tanto que lugar de tránsito entre la vida terrenal y el más allá: a la par que sus crecidas condicionaban la vida de los súbditos del faraón, llegando a provocar también su muerte, su cauce se entendió como un lugar de paso entre el mundo de los vivos y el terreno de los muertos. Y siguiendo el ejemplo del Nilo, los demás dioses del panteón del antiguo Egipto se identificaban igualmente con las fuerzas de la naturaleza, presididas todas ellas por tres entes divinos: Ra, dios del sol y divinidad suprema del panteón; y la pareja de hermanos constituida por Isis y Osiris, este último muerto a manos de su hermano, Seth, y resucitado por Isis, su hermana y esposa, que rescató a Osiris de entre los muertos gracias a sus conocimientos taumatúrgicos (Shaw 2007).

Una sucesión de buenas cosechas, unida a la eficacia de los cuadros de gobierno egipcios, redundó en la acumulación de un excedente cada vez mayor que convirtió a Egipto en una gran potencia económica y política, reflejándose su poder en una expansión territorial imperialista por el área circundante. El nexo entre el templo y el palacio revistió especial interés en este caso, dado que la separación de poderes entre lo temporal y lo divino convivió, en una tensión no siempre bien resuelta, con la identificación del faraón como una divinidad en la tierra. Esto es, en la medida en que el faraón era el supremo gobernante de Egipto y garantizaba la unidad del Alto y el Bajo Egipto, originalmente separados, encarnaba el poder temporal y se colocaba en la cúspide de la pirámide social; ahora bien, en tanto en cuanto se le consideraba la encarnación de Osiris y el heredero de su legado, encarnaba el poder religioso, considerándose él mismo, como se apuntaba, un dios.

En la práctica, esta identificación se reflejó en la necesaria aquiescencia entre el faraón y la casta sacerdotal, actor consejero esencial en la política egipcia, para garantizar la estabilidad del reino. Inmediatamente por debajo del faraón se ubicaban los sacerdotes, que aseguraban la estabilidad del trono de aquel y custodiaban el excedente de cereal acumulado. En el siguiente escalón se encontraban los aristócratas, los funcionarios de palacio y los soldados, es decir, el brazo armado del soberano. Lejos de pertenecer a los dos grupos elitistas indicados, los escribas ocupaban una posición también preeminente: eran los encargados de la contabilidad de las reservas imperiales, administrando el excedente y registrando su gestión por escrito. El dominio de la escritura les convertía de hecho, aunque no de derecho, en integrantes de las élites. En definitiva, eran un cuerpo de altos funcionarios tan esenciales, salvando las distancias, como los soldados, de cuya capacidad dependía la conservación y expansión de las fronteras del poder faraónico.

Sirva un ejemplo para ilustrar el peso del sacerdocio sobre la estabilidad política del estado egipcio: en el siglo xiv a. C. el faraón Amenofis IV rompió con la casta sacerdotal politeísta e impuso el culto monoteísta al dios Atón, encarnación del disco solar en su cénit. Amenofis IV cambió su nombre por el de Akhenaton y trasladó la capital de Egipto, llevándola de Menfis a Amarna, con el fin de marcar una separación no solo ideológica, sino también física, respecto a los sacerdotes que tan influyentes habían sido hasta el momento. Despechados por la tremenda pérdida de influencia, los sacerdotes conspiraron contra el faraón y, cuando este hubo fallecido, aprovecharon la juventud (apenas 13 años) y salud quebradiza de su hijo, Tutankhaton, para persuadirle de la conveniencia de regresar a Menfis y restaurar el culto politeísta. El hijo del difunto Amenofis IV accedió y cambió su nombre por el de Tutankhamon, con el que ha pasado a la Historia, muriendo poco después en extrañas circunstancias (Dodson 2009).

Dejando de lado al faraón, y a la aristocracia y el clero en tanto que integrantes de la alta sociedad, y considerando a los escribas como miembros de un grupo social influyente, pero distanciado de los dos anteriores, ha de hacerse mención ahora de los comerciantes y los mercaderes. Ambos eran influyentes, pero no pertenecían a la élite social; su aparición en el entorno egipcio se había visto favorecida por la paulatina acumulación de excedente, que permitía disponer de productos para comerciar con otras potencias, a la par que elaborar objetos suntuosos para las clases dominantes, quienes de este modo subrayaban su condición privilegiada frente al resto de la sociedad.

Los campesinos ocupaban el penúltimo escalón social y reflejaban en su jornada laboral la obsesión presente desde el inicio de la agricultura: la necesidad de generar un excedente que permitiese hacer frente a eventuales catástrofes o situaciones adversas. Buena parte de su trabajo, que desarrollaban prácticamente de sol a sol, iba a parar a los almacenes del templo-palacio, de modo que ellos solo podían conservar lo indispensable para sobrevivir. Ante posibles conatos de protesta por la injusta configuración de la sociedad egipcia, nuevamente el argumento religioso acudía en ayuda de las élites: los campesinos, que representaban la inmensa mayoría de la población, vivían en la miseria y proporcionaban recursos a las clases más influyentes porque tal era el orden natural de las cosas, expresión de la voluntad directa de la divinidad (Shaw 2007).

3. Estructura social y actividades productivas en la *polis* griega

La *polis* o ciudad-estado griega surge en la Grecia arcaica, mediado el siglo VII a. C., y su vida llega hasta el Imperio de Alejandro Magno, en el siglo IV a. C. Las condiciones de existencia de una polis eran: control sobre un territorio limitado, cuyos habitantes se conocían entre sí a raíz de la cercanía; autarquía económica, es decir, posibilidad de autoabastecerse de los medios precisos para atender las necesidades de sus habitantes, sin necesidad de recurrir a aprovisionamiento externo de ningún tipo; y finalmente la independencia política, puesto que gozaban de un gobierno supremo autónomo del resto de territorios circundantes, sin sometimiento a ninguna otra autoridad superior (García Gual 1990, 61). Los dos modelos paradigmáticos de esta realidad política, considerados a su vez contrapuestos entre sí, porque encarnaban realidades antagónicas, fueron el sistema oligárquico de Esparta y la democracia de Atenas.

La oligarquía espartana quedó definida en la constitución de la ciudad, de la supuesta autoría de Licurgo y datada a finales del siglo IX a. C. Conforme al texto legal, el sistema político de Esparta había de ser de naturaleza mixta: junto a una suerte de diarquía, que hacía que la ciudad-estado estuviese gobernada por dos reyes, convivía la oligarquía, encarnada en el consejo de ancianos o *Gerusia*, y hasta la democracia, habida cuenta de que los magistrados o *éforos* eran elegidos por todos los conciudadanos. Además, en la asamblea también participaban todos los vecinos que, a efectos legales, se podían considerar ciudadanos de pleno derecho (*espartiatas*).

Una de las principales diferencias entre el sistema espartano y su opuesto ateniense residía en la participación, dado que Esparta favorecía la participación política esencialmente de los propietarios de tierras (Benéitez Romero 2004, 24-28). Por consiguiente, quienes careciesen de propiedades no eran considerados ciudadanos de pleno derecho y, en consecuencia, tenían vetada la participación política. Tal diferenciación era inherente al estatus social de cada individuo, estrechamente ligado a su vez a su condición personal por nacimiento y que, en consecuencia, no se podía modificar. A ello contribuía el hecho de que la distribución de tierras era tremendamente desigual y repercutía siempre en beneficio de los mayores propietarios, quienes a su vez recibían tradicionalmente los lotes de mayor tamaño. La imposibilidad de compraventa de tierras para intentar prosperar y mejorar la condición económica personal perpetuaba tales desigualdades en el tiempo. De ello se deduce que, pese a la naturaleza supuestamente mixta del sistema político espartano, la oligarquía era claramente predominante.

Los *espartiatas*, dedicados a la actividad política y militar, ocupaban la cúspide de la pirámide social espartana. Inmediatamente debajo se ubicaban los *periecos* y los *hilotas*. Aquellos constituían la clase de artesanos y comerciantes de las ciudades circundantes de Esparta, que ejercía su soberanía sobre toda la región de Laconia, constitutiva de su *hinterland*. Pese a que gozaban de algunos derechos, su condición no podía compararse en absoluto a la de los *espartiatas*. Por su parte, los *hilotas* representaban el último escalafón de la sociedad, integrado por los siervos, cuyas condiciones de vida les aproximaban a los esclavos, dedicados al trabajo extenuante de la tierra en beneficio de las clases dominantes (Benéitez Romero 2004, 28-30).

En contraposición al modelo analizado hasta ahora, Atenas parecía encarnar la igualdad de derechos por excelencia, designada con el término griego *isonomía*. El conjunto de ciudadanos era llamado a participar por igual en el gobierno de la ciudad y de su *hinterland*, la región del Ática, sin perder de vista el horizonte común a todos ellos: dar siempre prioridad a los intereses de la comunidad por encima de los deseos particulares.

Las diferencias con Esparta abundaban, comenzando por el propio estatuto de ciudadanía, extensivo a los miembros de las cuatro tribus originales del Ática: *galeontes* (aristócratas), *egícoras* (labradores), *argades* (artesanos) y *hoplitas* (guerreros) (Aristóteles 1995). Esta estructura tribal primigenia fue evolucionando al ritmo de las reformas de Solón, a comienzos del siglo vi a. C., y de Clístenes, a finales de esa misma centuria. Ambos posibilitaron una paulatina democratización de la estructura social ateniense, consolidada en el periodo conocido como Pentecontecia, que abarca desde 479 a 431 a. C. y corresponde a los cincuenta años que vieron el máximo esplendor del Ática.

La brillantez ateniense durante las décadas reseñadas se explica, entre otros motivos, por las nuevas reformas de Efialtes, desarrolladas a mediados del siglo v a. C., y sobre todo de Pericles, dirigente ateniense entre 461 y 429 a. C., año de su muerte. Fue precisamente Pericles quien redujo las atribuciones del Consejo del Areópago, el órgano más antiguo de la política de la ciudad que se había convertido en el foro de representación de las clases elevadas, concediendo mayores competencias al Consejo de los Quinientos. Este se convirtió en el auténtico organismo de representación de los ciudadanos atenienses junto con la Asamblea o *Ekklesia*, donde todos los ciudadanos de pleno derecho tenían voz y voto. Para ser ciudadano ateniense era preciso haber nacido de padre y madre atenienses (Aristóteles 1995; Benéitez Romero 2004, 48-57).

En la propia cultura política ateniense se había instaurado el sentimiento comunitario, de modo que todos los ciudadanos desempeñaban de buen grado las funciones públicas que les correspondían en tanto que tales, recibiendo incluso un salario por ello. Asimismo, la contribución de cada individuo a la guerra, ante la eventualidad de una agresión externa, debía ser proporcional a su posición económica y sus propiedades. Por ejemplo, los miembros de las clases dominantes debían aportar una trirreme (embarcación); los caballeros debían servir en la caballería; los pequeños propietarios integrarían la infantería; y los ciudadanos humildes actuarían bien como marineros, o bien como tropa ligera (Aristóteles 1995; Benéitez Romero 2004, 58-62).

4. El auge de Roma

En el periodo analizado en este apartado, comprendido entre el nacimiento de la República romana en el siglo vi a. C. y el final del Imperio en el siglo v d. C., el gobierno romano se asemejó al espartano en su naturaleza mixta. Los cónsules representaban una herencia del periodo monárquico, que cristalizaría de forma mucho más clara en la figura del emperador a partir del siglo i a. C. El Senado, por su parte, representaba el espíritu oligárquico encarnado por la aristocracia. Para concluir, las asambleas favorecían un cierto grado de participación popular que guardaba lejanas semejanzas con la democracia.

La jerarquía social estaba marcada por la existencia de dos grandes grupos antagónicos: los patricios y los plebeyos. El patriciado monopolizaba las altas magistraturas y el Senado, justificando su posición preeminente a partir de su supuesta descendencia directa de los fundadores de Roma; configuraba y alimentaba así una comunidad de creencias compartidas esenciales para la preservación de la desigualdad social, registrada igualmente en Mesopotamia, Egipto y Grecia. En cambio, la plebe procedía de territorios y regiones incorporados a la ciudad de Roma con posterioridad a su fundación mítica por Rómulo y Remo en 723 a. C. Adquirió derechos en un abanico cada vez más amplio con el paso del tiempo, pero nunca se le consideró en términos de igualdad respecto al patriciado (Mommsen, I y II 2003).Otra similitud entre Roma y Grecia residía en el servicio militar obligatorio, cuya extensión temporal y arma estaban condicionados por la extracción social del individuo. El estatuto de ciudadanía, al que con el tiempo también accedieron los plebeyos, exigía un alto compromiso por sus beneficiarios, quienes desarrollaban una profunda obediencia y sentido del deber para con Roma.

El trabajo solía desarrollarse en condiciones de servidumbre o esclavitud, aunque también existía el trabajo libre por cuenta ajena y por cuenta propia. Sin embargo, este no gozaba de buena consideración en el imaginario colectivo romano, puesto que a ojos de los demás el trabajo acercaba al individuo demasiado a la condición de los esclavos: tan penosas eran las condiciones laborales en que se solía desarrollar. Además, la mayoría de los trabajos podía desempeñarse por mano de obra esclava de manera gratuita, con lo que el trabajo libre tampoco se consideraba demasiado rentable en términos económicos: en igualdad de condiciones, los empleadores preferían a los esclavos, causando un grave perjuicio a la mano de obra libre que afrontaba serias dificultades para encontrar empleo (Bonilla 1975, 132).

Entre las labores que se podían agrupar bajo la denominación de trabajo libre por cuenta propia ha de enumerarse a la artesanía, el comercio, las profesiones liberales, el trabajo de la tierra como propietarios de pequeños lotes (labradores), etc. Habida cuenta de que la condición de trabajador libre, igual que el estatus social, era hereditaria y solía revestir gran dureza, los trabajadores decidieron pronto asociarse en *collegia*. Inicialmente estas agrupaciones tenían una función religiosa y asistencial, pero con el tiempo se acabaron convirtiendo en una suerte de organismo de representación y defensa de los derechos de sus asociados (Miquel 1987, 395-397).

Peor consideración tenía el trabajo libre por cuenta ajena, cuyas condiciones sí se equiparaban con frecuencia a las de la esclavitud; de hecho, en muchos casos era difícil trazar una línea divisoria entre ambas realidades. Entre quienes trabajaban en este régimen se diferenciaban dos subcategorías: la *locatio conduction operis*, contrato por el que un individuo, el *conductor*, realizaba un trabajo para otro, el *locator*, a cambio de una contraprestación económica; y la *locatio conductio operarum*, por la cual el *conductor* no se comprometía con el *locator* a entregar un resultado final concreto, sino a realizar un conjunto de tareas específicas (Miquel 1987, 395-397).

La última situación posible en el mercado laboral romano era el colonato, otra variante de trabajo libre por cuenta ajena que implicaba que los colonos, normalmente campesinos pobres o muy pobres, trabajaban en las tierras de un propietario latifundista en régimen de semilibertad. En esta relación laboral se halla, salvando las distancias, el antecedente remoto del régimen señorial medieval.

5. Dos condiciones de marginalidad en la Edad Antigua: esclavos y mujeres

Puesto que la investigación documental para el tema que nos atañe en este epígrafe es más compleja por la ausencia e inaccesibilidad de fuentes, es preciso centrarse en Grecia y Roma para analizar dos contextos de marginalidad: la esclavitud y la condición femenina. La primera fue una constante en las civilizaciones antiguas, en las que los integrantes de colectivo esclavo carecían de la condición humana a ojos del resto de la sociedad. Las formas en las que un individuo podía verse inmerso en la esclavitud eran diversas; entre las más frecuentes cabe destacar la esclavitud por derecho de cuna (hijos nacidos de padres esclavos), la esclavitud por deudas, esclavitud por cautiverio en tiempo de guerra, y la esclavitud por una sentencia judicial firme (Beard 2016, 351).

En lo tocante a las mujeres, con frecuencia quedaban confinadas al terreno de lo doméstico y lo familiar, resumiéndose sus ocupaciones en el cuidado de los hijos y del marido, pudiendo auxiliarse en mano de obra esclava si su estatus socioeconómico se lo permitía. Con frecuencia se veían obligadas a abandonar la vivienda familiar y trabajar activamente para posibilitar la supervivencia de su familia. En tales ocasiones trabajaban como taberneras, acróbatas, e incluso como jornaleras estacionales. Fuera cual fuese su ocupación, su reputación era pésima porque rompían con el rol tradicionalmente asociado a ellas en las sociedades de la Antigüedad (Bourriot 1965, 238-239). Idéntica suerte corrían las mujeres que contestaban su papel secundario y adquirían una cierta fama, quienes se convertían en objeto de la burla de sus convecinos y se veían señaladas por acusaciones de homosexualidad. Como se puede deducir, estas se basaban en el simple hecho de que los hombres veían a aquellas mujeres como usurpadoras del rol que tradicionalmente había estado reservado a ellos (Loraux 2003).

Ha de destacarse el hecho de que ni mujeres ni esclavos entraban en la categoría de ciudadanos, del mismo modo que se les negaba la consideración de seres humanos: no eran sino instrumentos que se podían explotar hasta que dejaran de ser útiles, bien porque morían de extenuación, o bien porque sufrían alguna lesión fruto del trabajo, o bien porque su edad los convertían en no aptos para su trabajo nunca más. En cualquiera de los supuestos se justificaba su sustitución por otro, sobre todo en el caso de los esclavos, con la misma mentalidad con la que se sustituye un instrumento o una herramienta rota por otra. En los esclavos recaían las actividades más duras, hasta el extremo de que en algunas ocasiones el buen desempeño de su labor les constituía en un elemento de confianza para sus dueños, llegando a ser consejeros de ellos y supervisores del resto de esclavos, así como encargados de realizar alguna tarea más precisa (Beard 2016, 70-71).

El feudalismo y la Edad Media: ¿unidos para siempre?

1. El debate interminable: concepto y límites del feudalismo

El debate sobre la extensión temporal del feudalismo y sus características específicas es inevitable en un concepto de tanta complejidad. En general es posible identificar tres grandes corrientes teóricas que han intentado definirlo y acotarlo:

La escuela institucionalista sostiene que el feudalismo responde a un conjunto de instituciones que no hacen sino consolidar y ratificar un compromiso militar entre hombres libres. Tal compromiso es bidireccional: por una parte, del vasallo al señor, y se identifica con el concepto de vasallaje; por otra parte, del señor al vasallo, que se identifica con el término de beneficio o feudo. Los académicos que han cultivado esta tendencia defienden que las instituciones que posibilitaron la existencia del feudalismo existieron entre los siglos IX y XIII. El máximo exponente de esta corriente fue François-Louis Ganshof, autor de *El feudalismo* (1985), y tanto él como sus discípulos llaman a tener clara la diferencia entre el feudalismo y el régimen señorial: si bien aquel es específico del contexto definido, este último sí habría existido en diferentes etapas históricas.

La escuela marxista se basa en los postulados teóricos de Karl Marx y Friedrich Engels, definidos en este caso en el ensayo *Formaciones económicas precapitalistas* (1984). Conforme a los postulados de esta corriente teórica el feudalismo está a medio camino entre el modo de producción esclavista y el capitalismo. Partiendo de este postulado el feudalismo no puede ser adscrito a una etapa cronológica específica, dado que desde el punto de vista de sus seguidores es un modo de producción transversal, presente en todo el mundo a lo largo de diferentes etapas de la Historia. Así pues, la escuela marxista sostiene que para la existencia de feudalismo basta con que se den unas condiciones específicas de dependencia jurídico-política y económica.

Finalmente, la postura social aspira a situarse en un término medio entre las dos posturas precedentes, contando con los representantes de la escuela francesa de *Annales* entre sus máximos defensores. Desde su punto de vista el feudalismo es el resultado de la mezcla de unas instituciones y un modo de producción. En lo tocante a este último, ha existido antes, durante y después de la Edad Media, pero las instituciones sí son específicas de la Edad Media. La obra clave de esta corriente es *La sociedad feudal*, de Marc Bloch (1987).

Gráfico 1. Esquema comprensivo
de las escuelas teóricas sobre el feudalismo

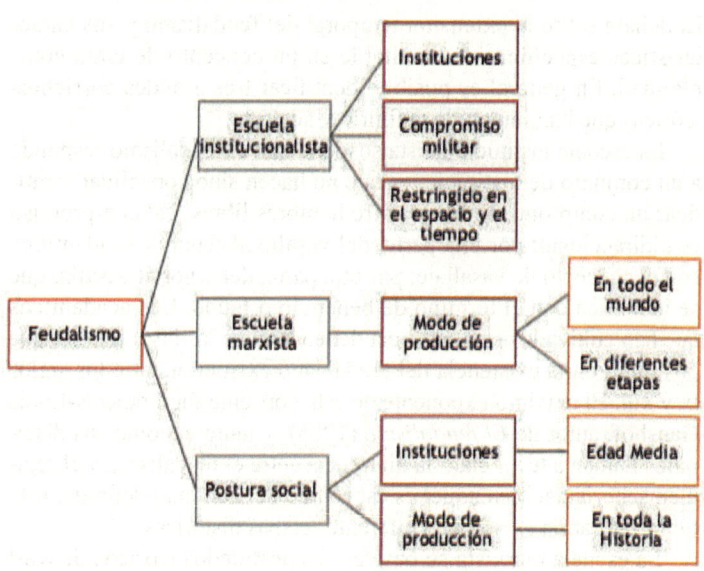

Fuente: elaboración propia.

2. Los albores del sistema feudal

El concepto de «seguridad» ayuda a explicar la crisis del Bajo Imperio Romano y el lento advenimiento del feudalismo. La corrupción que caracterizó al reinado de Honorio (384-423) comenzó a descomponer la estructura de poder de Roma, a medida que la amenaza externa, encarnada por los pueblos germánicos, se volvía cada vez más peligrosa. En tales circunstancias, ante la absoluta imposibilidad de contar con la protección del propio Estado, muchos funcionarios del Imperio tomaron la decisión de costearse por sí mismos la protección de la villa en la que residían y del territorio circundante. Los instrumentos de que se valieron para ello fueron esencialmente dos: la encomienda y el patrocinio.

La encomienda era el procedimiento por el que los campesinos de una circunscripción o territorio específico pedían la protección del señor que lo controlaba, normalmente un miembro del Senado romano. El señor ofrecía su protección a cambio de la propiedad de las tierras de los campesinos, que no las podían abandonar y debían trabajarlas. El patrocinio era un mecanismo de defensa por el cual el señor recurría a los campesinos que estaban a su servicio para protegerse frente a cualquier tipo de agresión, constituyendo una suerte de ejército propio. A cambio de sus servicios obtenían diferentes tipos de obsequios, que con el tiempo se tradujeron en tierras. Así pues acabaron convirtiéndose en hombres libres que dependían del señor, pero su situación de sujeción nunca fue similar a la del campesinado. Los pueblos germánicos disponían de instituciones de dependencia y sumisión parecidas, agrupadas bajo la denominación de *gefolge*, que adoptaron al contexto romano cuando tomaron el control del territorio del antiguo Imperio Romano de Occidente (Estepa y Plácido 1998; Malpica y Quesada 1998).

Las relaciones feudo-vasalláticas se consolidaron en el continente europeo en el territorio correspondiente al Reino de los francos, que a la altura del siglo VIII era el único superviviente del conjunto de reinos germánicos constituidos en Europa occidental tras la caída de Roma. Sujeto a fuertes conflictos internos durante los siglos VII y VIII, los titulares del reino quedaron debilitados hasta el extremo de que los mayordomos de palacio devinieron en los verdaderos monarcas, sobre todo Pipino II y su hijo bastardo, Carlos Martel. Fueron precisamente estos mayordomos quienes encabezaron las campañas contra los territorios separatistas del propio reino franco, y también contra las amenazas procedentes del exterior. Puesto que precisaban armas y soldados distribuyeron tierras entre sus vasallos, que a cambio recibieron el encargo de cultivarlas y de ofrecer su apoyo cuando el señor requiriese su esfuerzo de guerra. Las tierras repartidas procedían de la propia corona, de la Iglesia, de confiscaciones al enemigo, etc. Este mecanismo les permitió disponer de cada vez más aliados y siervos, de modo que acumularon poder e influencia hasta que se decidieron a tomar la corona, lo cual hizo Pipino III en el año 754 (Pirenne 1978).

La consecuencia directa fue que los antiguos vasallos del mayordomo se convirtieron ahora en vasallos del rey, de modo que la proporción de sus beneficios aumentó y la condición de vasallo se convirtió en una aspiración de los súbditos de la monarquía franca. Fue el hijo de Pipino III «el Breve», Carlomagno (800-814), quien utilizó el vasallaje para vincular la aristocracia territorial a la monarquía. Ello posibilitó que la corona contase con la lealtad de los señores más influyentes, de modo que su poder político creció. El problema llegó cuando las tierras, que constituyen un bien finito, fueron insuficientes para atender las ambiciones de todos los vasallos. Por consiguiente, cuando el mercado de la tierra colapsó la corona se tambaleó, viéndose sacudida por duros conflictos civiles que desestabilizaron el reino, al tiempo que los enemigos externos intentaron aprovechar la ocasión para beneficiarse de la crisis franca (Valdeón 2003).

3. Las relaciones laborales en el contexto feudal

Entre los principales conceptos que han de tenerse presentes a la hora de estudiar las relaciones interpersonales y/o laborales en el contexto feudal figuran los que se analizan a lo largo de este epígrafe.

3.1. El vasallaje

Como se ha explicado en las páginas precedentes, vasallo era todo individuo que aceptaba quedar bajo la autoridad de un señor al que prestaba una serie de servicios. A cambio de dichos servicios recibía un beneficio, concepto que resulta esencial en el contexto de las relaciones feudo-vasalláticas. El individuo se convertía en vasallo de otro después de realizar un rito de paso cuyas pautas habían quedado definidas ya en el siglo VIII: en primer lugar tenía lugar el homenaje, consistente en una genuflexión del vasallo ante su señor;

seguidamente acontecía la *inmixtio manuum*, en la que el señor tomaba entre sus manos las del vasallo, significando su aceptación; en tercer lugar se procedía al *iuramentum*, según una fórmula preestablecida por la que el vasallo expresaba su voluntad de servir al señor; a continuación el juramento se sellaba mediante el *osculum*, esto es, un beso del vasallo al señor, en las manos o en la boca; para concluir, en la investidura el vasallo asumía los derechos y deberes asociados a su condición (Valdeón 2003).

Lo más frecuente era que el beneficio consistiera en un lote de tierras de extensión variable, del cual el vasallo era usufructuario. Junto a las propiedades de la corona fueron también objeto de enajenación, en beneficio de los vasallos, las propiedades de la Iglesia, y sobre todo las tierras sin roturar que los señores declaraban de su propiedad, puesto que nadie más las reclamaba ni existía ningún otro título de propiedad legal sobre ellas. El tiempo hizo que los señores feudales ganasen autodeterminación frente al poder central de la monarquía, resultando ello en que a la altura del siglo ix era prácticamente imposible que un rey reivindicase la restitución de las tierras cedidas a un señor. A ello había que añadir el hecho de que entre los señores de posición más elevada los beneficios adquirieron carácter hereditario, lo que no hizo sino contribuir a incrementar tanto su poder como la independencia respecto a la monarquía (Vilar 1985).

3.2. El contexto laboral

De manera similar a como sucedía durante la Antigüedad, en la Edad Media las categorías sociales y/o laborales pueden reducirse a dos grupos antagónicos: los individuos libres y quienes carecían de libertad. También como en el periodo histórico precedente, los esclavos quedaban excluidos del tejido social, sufriendo la consideración de meros instrumentos de trabajo que se podían utilizar hasta que dejasen de ser útiles; entonces se les sustituía por otro individuo que pudiera desempeñar la misma labor. Además sus dueños tenían total capacidad de decisión sobre su vida y su destino. Las vías de conversión del individuo en esclavo apenas variaban tampoco, contándose entre ellas el nacimiento (ser hijo de padres esclavos), las deudas, o el cautiverio de guerra. No ha de incurrirse en el error de que la categoría esclava era estanca y cerrada: en su seno existían diferentes condiciones, muy dispares entre sí: por ejemplo, algunos esclavos laboraban en las tierras de sus amos a cambio de la manutención, pero otros se ubicaban en el entorno doméstico y establecían una relación más estrecha con sus dueños, lo cual les granjeaba prestigio entre quienes compartían su condición. En último lugar estaban los *servi casati*, trabajadores de las tierras del señor en un fundo independiente, lo que les confería un elevado grado de autonomía, traducida en ocasiones en la libertad para comerciar con otras personas u ocuparse de otras labores económicas.

En el escalafón más bajo de la sociedad, aunque gozando de una condición mejor que la de los esclavos, se encontraban los colonos, individuos en régimen de semilibertad, cuyos límites variaban según la zona y el contexto (Boutruche 1973, 79). Su carácter en tanto que individuos en semilibertad venía determinado por el servicio en las tierras de otro señor, que no podían ni abandonar ni subarrendar o vender bajo ningún pretexto. Entre sus obligaciones destacaba el pago de un impuesto personal al señor, por lo general en especie; el matrimonio solo bajo la autorización del señor, en ocasiones concediendo a este último el derecho de *prima nocte*, es decir, de pasar la noche de bodas con la mujer de su siervo; la imposibilidad legal de transmitir su patrimonio en herencia a sus hijos; y a veces incluso llegaban a ser víctimas de castigos físicos. Se argumentará que, en la práctica, nada les diferenciaba de los esclavos, pero dos elementos esenciales les alejaban de ellos: la obligación de prestar servicio militar en el ejército de su señor y la posibilidad de reclamar contra los abusos de este. En este último caso la efectividad de la norma era prácticamente nula, como los tribunales de justicia estuvieran controlados por la propia aristocracia que cometía tales abusos, de modo que las reclamaciones sobre este particular se solían desestimar.

Ascendiendo un escalafón más en la jerarquía social medieval se encontraba a los *franci*, propietarios de sus lotes de tierra, que también debían prestar servicio militar pero que podían combinar la actividad agrícola con otras para obtener los ingresos necesarios para la subsistencia. Esto era así porque su condición social era realmente pobre. Superado este escalón intermedio se llegaba a los estamentos privilegiados, esto es, la aristocracia y el clero. La nobleza quedaba integrada por los grades señores, cuyo rol social predominante se justificaba por su riqueza personal, derivada de la tierra. Su posición preeminente les valía una presencia destacada tanto en el gobierno de su región como en la corte, y se escenificaba hacia el exterior mediante diferentes alardes de su poder adquisitivo, tales como la posesión de un alto número de vasallos a su servicio. En lo referente a la Iglesia, tras un periodo inicial de su historia subyugada al poder imperial, sobre todo en el Bajo Imperio Romano, de la mano de Constantino y Teodosio fundamentalmente, en la Edad Media consiguió un alto grado de autonomía respecto a la corona. Las pruebas evidentes de su poder eran idénticas a las que detentaba la nobleza: riqueza, propiedades y vasallos. De hecho, el tamaño de las propiedades y del área de influencia de una parroquia o abadía era directamente proporcional a su autonomía, quedando normalmente las pequeñas parroquias bajo la égida de los señores feudales del entorno, que eran quienes nombraban a los párrocos y los abades en tales casos. Ha de subrayarse la dicotomía entre el bajo clero, formado por sacerdotes y frailes de parroquias y monasterios con pocos recursos, y el alto clero, casi siempre constituido por segundones de familias influyentes que en la práctica se comportaban como príncipes, ejerciendo una fuerte influencia sobre el poder temporal y observando una conducta moral más que deplorable (Duby 1992).

3.3. La estructura gremial

Los gremios surgieron en el siglo XI en Europa y su vida se prolongó hasta el siglo XIX, destacándose en tanto que estructuras asociativas que defendían los intereses de sus asociados. El abanico de oficios que abarcaron fue amplio, del mismo modo que incluyeron actividades industriales y de los servicios, en el entorno urbano y en el campo. Su radio de acción se circunscribía a la ciudad en la que se encontraban sus integrantes, y concentraban sus esfuerzos en la defensa de sus intereses económicos, en la protección frente al deseo del poder político de intervenir en su ámbito de actuación, y en la defensa frente a cualquier competencia que amenazara su supervivencia.

De las características apuntadas se deduce que los gremios monopolizaron de hecho los mercados locales en lo tocante a la actividad que cada uno de ellos desarrollaba gracias, entre otros motivos, a la posibilidad de legislar en su sector y de litigar en los conflictos. Los miembros de los gremios tuvieron representación institucional, lo cual sirvió para obtener diferentes iniciativas y decisiones que favorecieran el auxilio de sus integrantes; también desempeñaron funciones religiosas, vinculando los oficios al culto a determinados santos protectores y obteniendo por ello influencia también en el terreno eclesiástico. Entre sus funciones más frecuentes, derivadas de su relación con el poder temporal y el poder religioso, respectivamente, cabe recalcar la organización de cajas de auxilio para los asociados en caso de necesidad o enfermedad, o la celebración de misas a la memoria de los fallecidos.

Paulatinamente su influencia creció, transformándose en un actor esencial de la vida local cuya influencia fue difícil de desterrar; de ahí que su actividad se prolongase hasta que la legislación liberal decimonónica abogó por la libre competencia y desmanteló la estructura gremial (Hernández García y González Arce 2015, 7-18). Su carácter monolítico y su influencia en la promoción social de los individuos se refleja claramente en su estructura piramidal, en la cual solo era posible promocionar de un escalafón a otro conforme a un orden y unas premisas consolidadas e inamovibles. Comenzando por la base de la pirámide, los aprendices debían servir entre cuatro y ocho años en el taller, observando y aprendiendo en un régimen de férrea disciplina. Su trabajo no era en absoluto remunerado, recibiendo a cambio de su estancia en el taller una frugal manutención. Las condiciones que les ligaban al maestro artesano se reflejaban en un contrato de aprendizaje, suerte de antecedente de los contratos laborales actuales (Serrano Carvajal 1978, 33-75).

En un rango intermedio se situaban los oficiales, quienes ya habían superado la fase de aprendizaje pero aún debían invertir unos años en perfeccionar su técnica. Solo entonces tendrían la preparación necesaria para presentarse al examen y convertirse en maestros artesanos (Cordero 1997, 149-163). Finalmente, la cúspide de la pirámide gremial correspondía a los maestros artesanos, quienes debían superar un examen teórico y una prueba práctica ante un tribunal de expertos para acceder a tal condición. El maestro tenía derecho a establecer su propio taller, además de contratar obras y regular el comercio de su producción.

4. El sustento del orden social medieval: la teoría de los tres órdenes

Como ya se apuntara en el primer bloque de la presente obra, todo orden social que tenga visos de perdurar ha de construirse necesariamente sobre una comunidad de creencias compartida por el conjunto de individuos. En el caso que nos atañe, ceñido al contexto medieval, las relaciones sociales se basaron sobre la llamada «teoría de los tres órdenes» (Alvarado Planas 2003, 263-280). Con este nombre se alude a una construcción de imaginario colectivo acometida desde los grupos dominantes, quienes apelaron a la Sagrada Escritura para justificar la desigualdad social. Siguiendo pues el hilo argumental de dicha teoría, en toda sociedad es posible distinguir entre *oratores*, esto es, quienes rezan (clero); *bellatores*, es decir, quienes hacen la guerra (aristocracia); y finalmente los *laboratores*, dicho de otro modo, quienes trabajan para que los demás puedan vivir de manera acomodada.

Alvarado Planas subrayó el hecho de que la teoría de los tres órdenes encerraba en sí misma un triple elemento de sometimiento (2003, 263-280): para empezar, justificaba la dominación económica de los vasallos por el señor; a continuación, sancionaba el control político de la aristocracia, titular del monopolio del uso de la fuerza para defender a los demás y, al mismo tiempo, para preservar su posición de poder; finalmente, sentaba las bases de la dominación religiosa, tanto en la medida en que aspiraba a justificar las desigualdades sociales sobre la base de la voluntad divina, expresada a través del Antiguo Testamento, cuanto en su intento de justificar el papel del clero como garante absoluto de la integridad moral de los otros dos órdenes. En efecto, de aquí se derivó la alianza tradicional entre el clero y la aristocracia favorecida, por añadidura, por el hecho de que buena parte de los miembros del alto clero procedían de la nobleza, de modo que la coincidencia de intereses era inevitable (Alvarado Planas 2003, 265-266).

A lo dicho ha de añadirse un elemento esencial: el carácter estanco de los tres estamentos definidos por la teoría de los tres órdenes. La pertenencia a un estatus social determinado, pues, venía determinada por el nacimiento, de modo que resultaba imposible transitar de uno a otro, anulándose así la movilidad social. El trabajador, por consiguiente, seguiría siendo siempre un individuo pobre y humilde a ojos de los demás con independencia de la fortuna que consiguiera atesorar, del mismo modo que el aristócrata o el alto prelado permanecerían siempre en su orden social respectivo, por mucho que se arruinasen. Esta estructura social trascendió el marco temporal medieval, consolidándose durante la Edad Moderna y los inicios de la Edad Contemporánea, hasta que la Revolución francesa dio al traste con ella.

La modernidad y la prolongación de la teoría de los tres órdenes: la sociedad estamental

1. Transformaciones y permanencias en la Edad Moderna

La Edad Moderna trajo consigo un nuevo fenómeno de índole política y religiosa: el nacimiento de la monarquía absoluta de derecho divino, fundamentada en la convicción de que el monarca era la máxima autoridad del reino, en la medida en que su poder se justificaba por la voluntad de Dios. De este modo los diferentes reyes europeos cortaron de raíz los conflictos internos y externos vividos en su territorio durante la Edad Media, motivados en buena medida por el poder creciente de los señores feudales, que con el inicio de la modernidad vieron interrumpidas sus ambiciones de manera abrupta. Conforme a los principios de la monarquía absoluta, el rey concentraba además los tres poderes: el legislativo, o la facultad de hacer las leyes; el ejecutivo, o la atribución de gobernar; y el judicial, o el poder de administrar justicia. Como se ve, gobernaba pues sin cortapisa alguna a su autoridad, hallando además un soporte intelectual a dicho poder en la obra de destacados pensadores de este periodo histórico, entre quienes destacaron Nicolás Maquiavelo, con su obra *El príncipe* (1997), o Thomas Hobbes, autor de *Leviatán* (2018). El primero actuó como una suerte de manual de gobierno para preservar el poder, mientras que el segundo justificaba la autoridad de hierro del monarca para imponerse sobre la naturaleza supuestamente salvaje y anárquica de la comunidad humana.

En el terreno de lo social, la teoría de los tres órdenes extendió su alargada sombra a la Edad Moderna, ratificando una rígida jerarquía social marcada por la división en dos órdenes contrapuestos e irreconciliables entre sí: de un lado, los no privilegiados, es decir, el pueblo llano; de otro lado, los privilegiados, esto es, nobleza y clero. Como en la Edad Media, la pertenencia a un orden social u otro se adquiría en la cuna, siendo inconcebible la movilidad ascendente o descendente: el más pobre de los nobles y el más rico de los villanos permanecerían ligados a su categoría social de por vida. Solo al final de la Edad Moderna la progresiva pujanza de las ciudades, evolución de los burgos medievales, alumbró un grupo social nuevo cuyo peso económico crecería hasta ser determinante en las transformaciones que se operarían a finales del siglo xviii: la burguesía.

Desde el punto de vista económico fueron varios los aspectos que evolucionaron respecto al medievo. Primeramente ha de subrayarse el crecimiento del tamaño de las primeras ciudades o burgos, favorecido por la concentración del excedente del campo, que a su vez posibilitó no solo el desarrollo de un amplio abanico de actividades artesanales, sino también la captación del creciente éxodo rural. No obstante, la distancia física y mental entre el campo y la ciudad seguiría siendo reducida a comienzos de la Edad Moderna, estrechándose los vínculos entre ambos escenarios con ocasión de la celebración de los mercados, que actuaban como ritual de encuentro entre ambos mundos, insistimos, más cercanos que lejanos en este momento de la Historia. El segundo elemento destacable, que supuso otra evolución con respecto a la Edad Media, fue el comercio, no solo por el crecimiento exponencial que vivió, gracias en buena medida al desarrollo de los medios de transporte, sino también por la mayor seguridad de las rutas comerciales y los avances de la ciencia y la técnica. Fueron precisamente estos elementos los que hicieron posible recorrer distancias cada vez mayores en un lapso de tiempo cada vez menor, especialmente por vía marítima, donde la orientación mejoró igualmente gracias a la generalización de instrumentos como la brújula o el astrolabio.

Llegado este punto es obligada la alusión a las expediciones navales de exploración de otros territorios, erróneamente conocidos en el imaginario colectivo como «descubrimientos», puesto que los territorios supuestamente «descubiertos» ya existían antes de la llegada de las primeras naves castellanas y portuguesas a finales del siglo xv. Ambas coronas capitalizaron las primeras expediciones durante esta última centuria y en el siglo xvi, hasta que el equilibrio de fuerzas, en Europa y por consiguiente en Ultramar, osciló hacia Francia, Gran Bretaña y Holanda en los siglos xvii y xviii. Sea como fuere, tanto la aparición de productos desconocidos para los consumidores europeos como la apertura de una nueva tierra de oportunidades redundaron, nuevamente, en un crecimiento aún mayor de las ciudades. Al calor de este ritmo exploratorio y comercial trepidante se desarrollaron las grandes urbes de la modernidad, entre las cuales ha de destacarse a París y Londres, junto a grandes enclaves portuarios como Liverpool, Bristol, Marsella, Sevilla o Cádiz (Feliu y Sudrià 2013, 43-69).

2. Las ¿modernas? relaciones laborales

En el epígrafe precedente se señalaba el nacimiento de un nuevo grupo social, la burguesía, nacida de la pujanza en incremento de las ciudades o burgos medievales, de donde toma su nombre. A medida que las urbes concentraban una actividad económica más intensa, la burguesía fue adquiriendo protagonismo en tanto en cuanto capitalizadora de dicha actividad, dado que la nobleza, como estamento privilegiado, despreciaba el trabajo y percibía una renta por su mera condición aristocrática, mientras que los burgueses debían trabajar para sobrevivir y, con el paso del tiempo, prosperar. Paulatinamente, pues, la burguesía acabó desterrando económicamente a los señores feudales y grandes familias aristocráticas (Serrano Carvajal 1978, 33-75).

A medida que los talleres de los artesanos iban aumentando de tamaño por la llegada de cada vez mayor excedente del campo se transformaron en las primeras manufacturas, que reclamaban una cifra también creciente de trabajadores por cuenta ajena. Aunque el trabajo por cuenta propia siguió siendo el predominante durante buena parte de la Edad Media, se iban apuntando ya algunas características de la futura Revolución Industrial, tales como el aprovisionamiento de herramientas por el dueño del taller para la transformación de las materias primas, o la separación del propio dueño con respecto a la actividad productiva que se desarrollaba en su negocio, convirtiéndose en una figura de supervisión y gestión. Todo ello, como se puede prever, fue resquebrajando la estructura gremial medieval, partiendo de un principio muy sencillo: el interés de los dueños de los talleres por que sus empleados fueran simples asalariados, sin ningún otro derecho sobre la gestión del negocio. Solo quienes regentaban talleres de tamaño reducido intentaron mantener a flote una infraestructura gremial que les favorecía e intentó protegerles frente a la que ellos consideraban como competencia violenta de los talleres más poderosos (Serrano Carvajal 1978, 62-63).

Probablemente las transformaciones de mayor calado se registraron en el entorno rural: el régimen señorial desapareció y los campesinos quedaron liberados de las gravosas cargas que había sufrido durante el medievo. Ahora bien, este fenómeno quedó circunscrito a la Europa occidental, puesto que en el este del continente la servidumbre llegó incluso a recrudecerse, perviviendo en muchos casos hasta bien entrado el siglo xx. Este es el motivo que llevó a Serrano Carvajal a rechazar la lectura de la Revolución francesa como el resultado del descontento prolongado de los campesinos europeos con el régimen señorial (1978, 64): recurriendo a los postulados de Tocqueville, aquel autor defiende que la verdadera causa de la revolución fue la difícil justificación de los privilegios de una aristocracia cuya función política había quedado en desuso desde tiempo atrás (2008, 103-112).

Además de las categorías socioeconómicas descritas hasta ahora, ha de mencionarse otras tres: los servidores meniales o trabajadores domésticos, bajo la autoridad del señor, a quien correspondía en última instancia tanto la supervisión de su trabajo, como la prolongación del contrato o la responsabilidad sobre el cuidado del sirviente; los asalariados libres y transitantes, que podían trabajar en el entorno doméstico o en los talleres pero siempre de manera eventual; y por último los asalariados, antecedente del proletariado industrial de la Edad Contemporánea, que en los primeros talleres y manufacturas no eran sino un instrumento más al servicio del empleador para aumentar sus beneficios.

Antes de concluir este epígrafe conviene subrayar una condición sociolaboral más que fue inherente a la exploración de territorios desconocidos hasta entonces en ultramar: el trabajo de los nativos americanos. Sin duda alguna su situación era mucho peor que la de cualquier trabajador o asalariado en Europa, pues los colonizadores los emplearon como mano de obra forzada para explotar la riqueza natural de América hasta la extenuación. Tal fue así que en 1504 Isabel I de Castilla, en el codicilo de su testamento, ordenó que los indígenas de América recibieran el mismo trato que el resto de siervos de la corona, lo cual equivalía a prohibir su servidumbre (Elliott 2006, 97-108). Ahora bien, las disposiciones de la reina difunta no sirvieron en absoluto para proteger la condición de los nativos, dado que los colonos se apresuraron a idear un nuevo sistema que equivaliese a una esclavitud de hecho, si bien no de derecho.

Para ello se valieron de dos instituciones esenciales: la encomienda y la mita. Merced a la primera los colonos castellanos recibían una cantidad determinada de indígenas para trabajar sus nuevas posesiones en América. A cambio debían protegerlos, darles cobijo y formarlos en los valores cristianos, pero en la práctica aprovecharon la circunstancia para cometer múltiples abusos y vejaciones contra ellos (González Segovia 2020, 139-162). La mita, por su parte, correspondía con un régimen de trabajo especialmente cruento que se inspiraba en una tradición incaica, según la cual la séptima parte de los nativos varones debían trabajar las minas de manera intensiva allá donde existiera este tipo de explotación. Aunque tenían derecho a dos semanas de descanso de cada tres de trabajo, el régimen laboral fue mucho más abusivo, el salario humillante o inexistente, y la mita se cobró centenares de vidas humanas. Restaría por mencionar la esclavitud, que se analizará en profundidad cuando se estudie el contexto laboral del siglo XVIII.

3. Esperanzas frustradas en el Siglo de las Luces

El siglo XVIII, también conocido como Siglo de las Luces, representa el periodo de transición entre la Edad Moderna y la Edad Contemporánea, que cristalizó en tres hitos históricos: la independencia de Estados Unidos (1776-1783), la Revolución francesa (1789) y la Revolución Industrial. Esta última se circunscribió al terreno de lo estrictamente económico y abarcó un periodo histórico mucho más extenso, desde la segunda mitad de la centuria hasta bien entrado el siglo XIX, puesto que el despegue industrial y el ritmo de industrialización varió en cada país. En el ámbito intelectual, una nueva mentalidad posibilitó las transformaciones experimentadas en aquellos años bisagra entre dos etapas históricas: la Ilustración, caracterizada por el rechazo frontal de la tradición y la defensa de la razón, apostando por la capacidad del individuo de valerse por sí mismo, en lo que constituía una cierta recuperación del espíritu imperante en el Humanismo y el Renacimiento, apagados con la reacción barroca de la Contrarreforma en el siglo XVII.

En el sentido geográfico y etimológico, la Ilustración nació en el territorio correspondiente a Alemania y recibió la denominación de *Aufklärung*, que remite al acto de iluminar la oscuridad. Si bien su predecesor fue el filósofo racionalista francés René Descartes en el siglo XVII, no fue hasta la centuria posterior que adquirió verdadero predicamento, desde la convicción firme sobre la necesidad de cuestionar los valores tradicionales y someterlos a crítica para verificar su validez. Si no se podía contrastar la viabilidad de los postulados o convicciones tradicionales, sostenían los pensadores ilustrados, era preciso sustituirlos por otros nuevos, edificados sobre la sola base de la razón humana. Además, los pensadores ilustrados estimaban indispensable que todos los seres humanos disfrutaran de tres derechos fundamentales: la libertad, la propiedad y la igualdad ante la ley. Considerando que sus postulados debían trascender el mero terreno de lo ideológico e inspirar profundas transformaciones políticas y económicas, buena parte de los pensadores ilustrados actuó como consejera de los gobernantes del momento, si bien el alcance de las reformas propuestas fue siempre limitado (Vovelle 1995).

Cuatro pensadores destacaron por su aportación al terreno de las ideas ilustradas: Montesquieu se convirtió en acérrimo defensor de la separación de poderes, lo cual expresó en *Del espíritu de las leyes* (2015), minando así de manera definitiva el poder de los monarcas absolutos de derecho divino; Voltaire fue un convencido crítico del Antiguo Régimen y un defensor de la tolerancia, como quedó expresado en su *Tratado sobre la tolerancia* (2013); en *Del contrato social* (2012) Rousseau anhelaba el estado natural del individuo, en el que no existían ni el vicio ni la corrupción y los seres humanos mostraban su bondad innata, únicamente corrompida por las instituciones sociales; por último, Kant reflexionó sobre las condiciones para la paz duradera entre las naciones (2016), a la par que definió las bases necesarias para que la actuación aislada de los individuos fuera universalmente aceptada, conduciendo a la concordia social (2018). Pese a la preocupación demostrada por los filósofos ilustrados, como se apuntaba, y aunque algunos monarcas buscaron sus servicios, como Carlos III en España o José II en Austria, el único reflejo de su asesoramiento no fue sino una tímida racionalización de la labor de gobierno. Las reformas apenas respondieron a los anhelos reales de las masas, porque en ningún momento se tuvo en cuenta ni si punto de vista ni su opinión, dado que el lema de las llamadas monarquías del despotismo ilustrado era «todo para el pueblo, pero sin el pueblo» (León Sanz 1998).

4. El contexto sociolaboral en el siglo XVIII

Una transformación esencial que sí posibilitó el espíritu ilustrado fue la desaparición definitiva de la sociedad estamental. Partiendo de la base del predominio de la razón sobre la tradición, la Ilustración era incapaz de comprender la posición social preeminente de los privilegiados por el simple hecho de haber nacido en el seno de la aristocracia, con independencia del mérito personal. El cambio se vio igualmente favorecido por el ascenso paulatino de la burguesía, que dinamizó las actividades productivas y mercantiles, alcanzando una posición de dominio económico que la aristocracia y el clero fueron incapaces de equiparar, apartados como estaban de cualquier actividad económica. Salvando las distancias, puede emplearse el argumento de Hannah Arendt en *Orígenes del totalitarismo* para explicar el antisemitismo en este contexto concreto, con el fin de entender la decadencia de los estamentos privilegiados: mientras habían tenido una posición política destacada, el resto de la sociedad había respetado su papel en tanto que consejeros directos de la monarquía. Ahora bien, cuando dejaron de jugar ese papel relevante en la política del momento y se convirtieron en simples parásitos del sistema, mientras las labores de gobierno quedaban capitalizadas por la burocracia, el pueblo llano dejó de entender su utilidad. Por añadidura, la crisis de subsistencia que sacudió a Francia y buena parte de Europa occidental a finales del siglo xviii tornó la posición de los privilegiados en obscena, pues mientras el pueblo se moría de hambre ellos seguían disfrutando de una vida acomodada y se abstenían de pagar impuestos (Arendt 1948, 11-20).

Así pues, el papel protagonista correspondió ahora a la burguesía, cuyas filas se incrementaron al tiempo que sus actividades económicas se diversificaban, todo lo cual contribuyó a que adquiriese conciencia de clase. Atendiendo a la actividad económica específica a la que se dedicaba, puede identificarse diferentes subgrupos en su seno: los comerciantes fueron los grandes beneficiarios del auge del comercio entre los siglos xv y xviii, recibiendo la mayoría de sus ingresos de las colonias, sobre todo del tráfico de productos tropicales y la trata negrera; los banqueros actuaron como financiadores de los gobiernos, convirtiéndose así en el salvavidas de unas monarquías cuyas arcas estaban vacías tras siglos de dispendios motivados, entre otros motivos, por la concepción patrimonial de la corona; los funcionarios y profesionales liberales nutrieron las filas de la burocracia previamente mencionada y, poco a poco, arrebataron la influencia a la aristocracia y el clero; los dueños de los talleres, cada vez más lejos de la antigua estructura gremial y más cerca de las futuras industrias, que apostaban claramente por la liberalización de la actividad económica, la libre competencia y el final de los privilegios gremiales; y finalmente la burguesía agraria, propietaria de tierras que había comprado en diferentes procesos desamortizadores, subastas públicas..., para la cual su hacienda era una fuente de beneficios, aspecto este en el que intentaba imitar a la aristocracia y el alto clero.

Entre los trabajadores manuales se incluían los campesinos y los trabajadores de las ciudades. En el entorno rural la mayoría de los jornaleros carecía de tierras, sirviendo en las de otros. Le seguían los medianos propietarios y un grupo muy pequeño de grandes propietarios. Estos últimos, en la medida en que aspiraban a acumular propiedades para generar beneficio y consideraban a la tierra como su principal fuente de riqueza, imitaban igualmente la mentalidad de la aristocracia. Los trabajadores de las ciudades se ocupaban de las labores manuales, gozando de cierta preeminencia social cuando actuaban como maestros artesanos u oficiales de algunos talleres gremiales. La desintegración de la estructural gremial les perjudicó seriamente, colocándolos al nivel de los trabajadores manuales de baja calificación. Pese a ello, su amplitud de miras era mayor, desde el punto de vista ideológico y mental, que la que podían tener los jornaleros y los campesinos, muy influidos por el peso de la religión aún en el entorno rural (Collins y Tailor 2005).

5. La Revolución francesa (1789)

La crisis de subsistencia había azotado Francia desde la década de 1780 provocando, entre otros efectos, la subida de los precios del pan. Mientras el reino se sumía en la crisis económica y la presión impositiva crecía sobre la masa de la población, el clero y la aristocracia se mantenían al margen porque su condición privilegiada les eximía de participar en el pago de los impuestos, necesarios para restaurar las finanzas estatales. La indignación creciente contra una situación a todas luces injusta cristalizó en la jornada del 14 de julio de 1789, cuando el pueblo de París asaltó la fortaleza de la Bastilla, prisión política de la Francia de Luis XVI, para liberar a los reclusos. En las horas siguientes las masas hicieron acopio de armas y amenazaron a las autoridades francesas, que asistían a los últimos compases de vida del Antiguo Régimen. Ya en la primavera el monarca se había visto movido a convocar los Estados Generales, que constituían la asamblea legislativa gala, para reunir a los tres estamentos y votar sobre la necesidad de que los privilegiados pagasen impuestos.

Los problemas no tardaron en manifestarse apenas se inauguraron las sesiones de los Estados Generales, que no habían sido convocados en el último siglo. Conforme al reglamento tradicional de la institución, las propuestas debían votarse y aprobarse por mayoría para poder salir adelante, pero había un inconveniente: el voto se emitía por estamento, no por individuo. Dicho de otro modo, la aristocracia contaba como un único voto, representativo de todo el estamento; el clero contaba con otro voto, por los mismos motivos; y el pueblo llano, en el que se integraban los campesinos, los trabajadores de las ciudades y la burguesía, es decir, la inmensa mayoría de la población, solo contaba con un voto. En tales circunstancias, ante la propuesta de establecer cargas impositivas sobre los privilegiados era evidente que la nobleza y el clero votarían en contra, imponiéndose a los no privilegiados por dos votos contra uno. Por este motivo los representantes del Tercer Estado, conscientes de que eran mayoría en tanto que masa, propusieron una modificación en el reglamento para que el voto se emitiese por individuo, no por estamento. De este modo aspiraban a ganar la votación, habida cuenta de su superioridad numérica frente a la aristocracia y el clero juntos. También como era de esperar el monarca se negó, desencadenando la onda expansiva que alcanzó su máxima expresión en las jornadas de julio de 1789 en París.

Iniciada en el verano de aquel año, la revolución y sus efectos se prolongaron hasta 1815, fecha en la que Napoleón Bonaparte, hijo del mismo proceso revolucionario, capituló ante las tropas británicas en Waterloo y abrió el camino para la restauración, aunque breve, del absolutismo monárquico en Francia, de la mano de Luis XVIII. El proceso francés se había difundido por todo el continente europeo, alcanzando también la otra orilla del Atlántico y dejando una vencedora clara: la burguesía, cuya posición se consolidó en la sociedad, y que desde entonces se preparó para dar el salto al poder político. Ella y no otra había sido la «autora intelectual» de la sublevación francesa y había conseguido su objetivo: barrer la sociedad estamental e instaurar la sociedad de clases, en la cual la pertenencia a un orden social determinado dependía del mérito, no del derecho de cuna. Con esta transformación se abría la puerta a la movilidad social, esto es, un individuo podía ascender si sus méritos le granjeaban éxito, y podía caer en desgracia y descender en el escalafón social si las circunstancias le eran adversas. El derrotado tras los años de revolución y guerra no fue el monarca absoluto, ni en general las monarquías europeas, sino el pueblo llano:

llamado a dar su vida en las calles por una causa justa, contempló el final del proceso con la amargura del que regresa a la posición en la que ya estaba, viendo cómo el fruto de la victoria se concentra en unas pocas manos. Esto fue así porque la burguesía no escatimó en medios para conservar el poder en adelante, obstaculizando el acceso de las masas a la toma de decisiones, un terreno que le estuvo todavía vetado hasta la segunda mitad del siglo XIX (Lefebvre 2004).

6. Los límites de la revolución: la esclavitud atlántica

La colonia francesa de Saint-Domingue se había convertido en *La Perle des Antilles*, pues representaba la principal fuente de ingresos para el reino merced a los beneficios derivados de la producción azucarera, explotada con mano de obra esclava africana. Puesto que la demanda de azúcar crecía exponencialmente en el mercado mundial, al tiempo que los dividendos procedentes de Saint-Domingue crecían constantemente en las arcas galas, los plantadores de la colonia o *grands blancs* hicieron lo posible para mantener un ritmo de producción elevado. La única forma de conseguir este objetivo no era otro que incrementar la importación de mano de obra esclava desde África, que era explotada hasta la extenuación o la muerte en los ingenios y plantaciones, sustituyéndose entonces por nuevos esclavos de idéntica procedencia. Así pues, a la altura de 1790, había en Saint-Domingue alrededor de 450.000 esclavos frente a 30.000 blancos (Grafenstein y Muñoz 2011, 23-50).

Las condiciones de vida de los esclavos empeoraron sin remedio: además de soportar jornadas intensivas que ponían en riesgo su salud, sufrían lesiones constantes por la manipulación de la maquinaria de los ingenios de azúcar, y por supuesto padecían constantes castigos corporales cuando incumplían sus labores, pese a que el *Code Noir* de Luis XIV lo prohibía (Patterson 2000, 33-41; James 2001, 5-49). Con unas condiciones tan propicias para una rebelión negra, que además tenía altas probabilidades de triunfar en el contexto de Saint-Domingue, habida cuenta de la inmensa superioridad numérica de los eslavos frente a los blancos, el estallido ocurrió apenas dos años después de la recepción de las noticias de la toma de la Bastilla, que llegaron a aquel destino en septiembre de 1789.

En la madrugada del 22 de agosto de 1791 los esclavos de la Provincia del Norte de Saint-Domingue, reunidos en la mítica ceremonia vudú de Bois Caïman, bajo el liderazgo de Boukman

Dutty y Cécile Fatiman, juraron matar a todos los blancos y quemar las plantaciones (James 2001). La revolución haitiana, iniciada en aquella fecha, concluyó trece años más tarde, tras una guerra sangrienta, con la independencia de la República negra de Haití el 1 de enero de 1804. Aquella revolución triunfó contra la voluntad de la burguesía francesa, que paradójicamente había alentado a las masas a tomar las calles de París en julio de 1789. El motivo es bien sencillo: la burguesía, especialmente en los casos en los que su riqueza estaba ligada a la actividad mercantil y a los principales puertos franceses, como Nantes, Burdeos o Marsella, recibía buena parte de sus ingresos de las colonias, en especial de la trata negrera y de la producción y comercialización del azúcar. Así pues, se oponía frontalmente a que los ideales revolucionarios triunfaran en su colonia más importante, puesto que aquello daría al traste con su negocio más lucrativo. Desafortunadamente para sus intereses, las ideas viajaron demasiado rápido sin que nadie pudiera detenerlas, y Haití se convirtió en la encarnación de la verdadera revolución social, económica y política, cuyo ejemplo se silenció en Occidente *sine die*, puesto que otras muchas potencias occidentales empleaban esclavos en sus colonias y deseaban, por consiguiente, evitar el contagio revolucionario desde aquella antigua posesión francesa (Linebaugh y Rediker 2007).

IV. RELACIONES LABORALES CONTEMPORÁNEAS

La Revolución Industrial, acta de nacimiento del proletariado

1. Revolución Industrial: bases de partida

Siguiendo la definición de Feliu y Sudrià, la Revolución Industrial fue:

> [...] la transformación provocada por un proceso irreversible de crecimiento fuerte y autosostenido en la producción de bienes y la productividad de los factores, generada por la invención y la aplicación de nuevas máquinas, el uso de nuevas energías más potentes, más versátiles, baratas, tanto en la producción como en el transporte, y la introducción de cambios relevantes en los materiales básicos de la producción y en la organización del trabajo, que se concentra en la fábrica (Feliu y Sudrià 2013, 71).

De las palabras de ambos autores se extraen varias conclusiones esenciales: primeramente, la relevancia de los avances en la ciencia y la tecnología acumulados durante el siglo precedente para posibilitar la incorporación de nuevas máquinas al proceso productivo; en segundo lugar, la Revolución Industrial acarreó la explotación de nuevas fuentes de energía, más económicas pero también más contaminantes, sentando las bases de la economía del carbón y el gas, lo cual acarreó asimismo una transformación radical del paisaje conocido hasta entonces; a continuación, el crecimiento económico asociado a la Revolución Industrial trajo consigo una mayor acumulación de beneficios, reinvertidos en la fábrica y en la fortuna personal de los dueños de la empresa; finalmente, la Revolución Industrial modificó el contexto de las relaciones laborales para siempre, concentrando la mano de obra en las fábricas y convirtiéndola en otra mercancía. Continuando también la tesis de Feliu y Sudrià, es preciso hacer un distingo entre Revolución Industrial e industrialización: la primera se circunscribe al despegue económico y la precarización laboral registrados en Gran Bretaña entre 1760 y 1830; la segunda alude a la difusión de la infraestructura industrial por el continente europeo y el mundo occidental, en un proceso mucho más lento y con ritmos diferentes en función del contexto nacional concreto (2013, 71-72).

Resulta controvertido definir la cronología específica de la Revolución Industrial; ya en su ensayo *The Age of Revolution* (1962) el historiador marxista británico Eric J. Hobsbawm advertía de que circunscribirla a las décadas que discurrieron entre 1760 y 1830 equivalía a asociarlas a las *Enclosure Acts*, que finiquitaron el cultivo de parcelas abiertas por los campesinos sin tierra, cercando las propiedades para su cultivo por labradores individuales con el estatus de pequeños propietarios (44-73). Desde su perspectiva tal asociación es errónea, por lo que propuso hablar en su lugar de un despegue industrial a partir de la década de 1780, que llegaría hasta la actualidad, aunque con el paso del tiempo dicho despegue ha modificado sus características en función de los rasgos de cada época y de cada región. Con independencia de las denominaciones y cronología que se manejen, lo cierto es que hay una coincidencia sobre un punto esencial: Gran Bretaña fue el epicentro desde el que la industrialización irradió al resto del mundo occidental. Hobsbawm se mostraba también escéptico sobre la posibilidad de que este país capitalizara el proceso, pues desde su perspectiva se echaban en falta las condiciones intelectuales y científicas para ello, pero sí que se registraba una condición indispensable para la industrialización: el predominio de la mentalidad liberal en lo político, lo económico y lo social. En efecto, tras la Gloriosa Revolución de 1688 el Reino Unido había apostado por la iniciativa individual, la libertad y la acumulación de capital, en una dinámica que fue común a todos los países protestantes (Weber 2012).

En pleno siglo XVIII la agricultura británica estaba en disposición de cumplir las tres funciones básicas para posibilitar la industrialización, a saber: el aumento de la productividad de la tierra y, por consiguiente, de la producción, para alimentar a una población en permanente crecimiento; generar un excedente de población en el campo, a raíz de la mecanización de numerosas tareas agrarias, que migró a las ciudades y se convirtió en el germen del proletariado, protagonizando el conocido como éxodo rural; y generar las condiciones para la acumulación de capital, que se podría usar en la incipiente industria. Además, el Reino Unido fue peculiar y paradigmático en la medida en que se constituyó un dinámico mercado entre la población agraria, principal demandante y consumidora de los productos manufacturados, que a su vez producía el excedente agrario que generaba los beneficios invertidos en la industria (Hobsbawm 1962, 49; Zamagni 2001, 20-28; Feliu y Sudrià 2013, 72-75).

En la gráfica y la tabla que acompañan a este texto se ilustra el crecimiento industrial y el incremento del PIB por habitante en las principales potencias europeas entre 1820 y 1913, pudiendo constatarse la superioridad británica en ambos capítulos durante dicho siglo, de manera sostenida:

Gráfico 2. Crecimiento industrial
por habitante entre 1820 y 1913

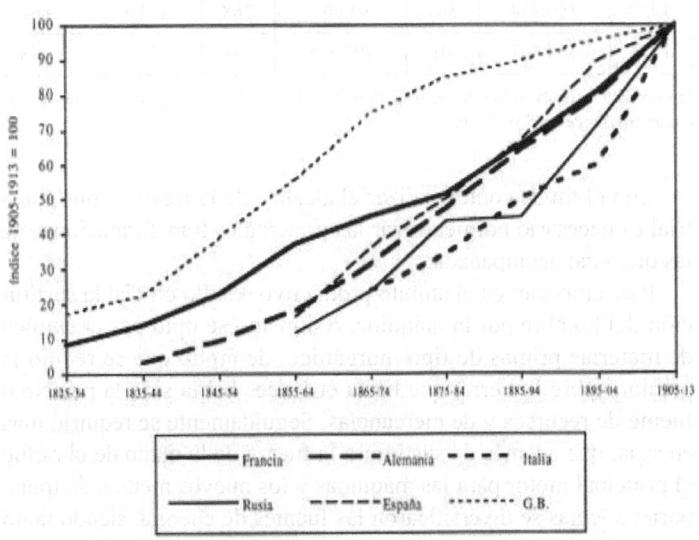

A partir de Cipolla, Carlo M. 1997. *Historia económica de Europa 4: el nacimiento de las sociedades industriales*. Barcelona: Ariel, 416
Fuente: http://cfacal.webs.uvigo.es/04cuadros2.htm (última consulta el 13 de diciembre de 2022).

Tabla 2. PIB en millones de dólares, conforme
al patrón dólar de 1985, entre 1820 y 1913

	Gran Bretaña		Francia		Alemania	
1820	29.834	100	32.871	100	23.327	100
1830	34.537	116	36.852	112	26.348	113
1840	43.539	146	44.814	136	S/d	
1850	51.806	174	51.525	157	34.067	146
1860	66.870	224	60.170	183	41.787	179
1870	81.934	275	60.397	184	51.017	219
1880	98.467	330	67.309	205	63.707	273
1890	122.900	412	74.486	227	85.000	364
1900	151.191	507	90.144	274	119.385	512
1910	169.378	568	94.602	288	154.816	664
1913	183.707	616	108.738	331	174.539	748

Información recogida en Maddison, ngus. 1991. *Historia del desarrollo capitalista, sus fuerzas dinámicas.* Barcelona: Ariel, 144

Con el fin de contextualizar el alcance de la Revolución Industrial es necesario pormenorizar las principales transformaciones de las que vino acompañada:

Para empezar, en el ámbito productivo resultó crucial la sustitución del hombre por la máquina. Asimismo se optó por el empleo de materias primas de tipo inorgánico, de modo que se redujo la presión sobre la tierra, que hasta entonces había sido la principal fuente de recursos y de mercancías. Seguidamente se requirió más energía, que además de sustituir a la fuerza de la mano de obra fue el principal motor para las máquinas y los nuevos medios de transporte; además se diversificaron las fuentes de energía, siendo tanto de origen natural (agua, viento...) como de tipo orgánico (carbón, por ejemplo). Los sectores pioneros a la hora de incorporar estas modificaciones fueron la industria textil algodonera y la siderurgia. De hecho, en el primero las máquinas se ocuparon de la tarea de hilatura mediante la *spinning-jenny* de Hargreaves, que se accionaba manualmente; Arkwright desarrolló un sistema movido con energía hidráulica (*water-frame*); y finalmente Crompton perfeccionó y automatizó el proceso, implementando la *mule-jenny*.

La siderurgia revistió vital importancia en el proceso de fabricación de la maquinaria precisa para la industrialización, y al mismo tiempo experimentó importantes transformaciones aceleradas en el tiempo. Por ejemplo se perfeccionó la calidad del hierro forjado, utilizando el carbón como combustible principal de los altos hornos, merced a los procedimientos patentados por Henry Cort en el refinado y en el laminado. Por su parte, el sector textil tuvo aún mayor impacto en el resto de los sectores industriales, puesto que él tuvo la llave para alcanzar una industrialización a mayor escala, exigiendo al mismo tiempo avances permanentes en la industria química para el trabajo de los tejidos. Además la industria textil resultó crucial también en la consolidación de un nuevo marco de relaciones laborales en las fábricas, que no hizo sino ahondar la brecha entre los trabajadores y los empleadores (Feliu y Sudrià 2013, 75-82). Al sector textil precisamente estuvo ligado el descubrimiento emblemático por excelencia de la Revolución Industrial: la máquina de vapor, patentada por James Watt en 1769. Esta invención posibilitó que las fábricas abandonasen los cauces de los ríos, puesto que hasta entonces la hidráulica había sido la principal energía utilizada por ellas; por añadidura, su potencia era mucho mayor que la aportada por el agua, de modo que la productividad creció de manera exponencial, aumentando con ello el tamaño de las fábricas. Finalmente, resultó clave la traslación de la máquina de vapor al ámbito de los transportes, concretamente en el barco de vapor y el ferrocarril (Feliu y Sudrià 2013, 82-83).

2. El nacimiento del proletariado urbano

En el terreno de lo político, la disolución de la sociedad estamental y la consolidación del liberalismo allanaron el camino para la industrialización, dado que la nueva superestructura estatal reforzaba el espíritu capitalista y alentaba la acumulación de beneficio mediante la producción, respetando siempre el principio del *laissez faire* (Smith 2003; Arenas Posadas 2003, 58-59). Como se analizó en el capítulo anterior, la clase social que estaba llamada a protagonizar el advenimiento de esta nueva era fue la burguesía, única triunfadora real del proceso inaugurado en la Revolución francesa, que de este modo compensaba su marginación social, económica y política consolidada durante la Edad Media y la Edad Moderna y sustentada, en buena medida, sobre la llamada teoría de los tres órdenes.

En lo tocante a la economía, el ente protagonista por excelencia de la Revolución Industrial fue la fábrica. Ha de llamarse la atención sobre un hecho: las fábricas no nacieron al calor de la industrialización, del mismo modo que la burguesía no es un resultado de la revolución liberal. Ambas existían desde tiempo atrás, y en el caso de las primeras se puede rastrear sus atencedentes más inmediatos en los talleres y fábricas predominantes en el terreno económico desde la Edad Media en adelante. La diferencia esencial respecto a la fábrica contemporánea radicaba en el tamaño de sus instalaciones, menor en periodos históricos previos, el volumen de su plantilla de trabajadores, también más reducido antes del siglo XVIII, y la energía empleada hasta ahora, esencialmente humana y natural (agua, viento…). Así pues, la verdadera novedad de la Revolución Industrial estribó no en posibilitar la aparición de una realidad fabril *ex novo*, sino en transformar radicalmente el contexto fabril tal y como se había conocido hasta entonces.

Una consecuencia necesaria de las modificaciones descritas no era otra que la sustitución de la fuerza humana por las máquinas. Las posibilidades de las primeras máquinas aumentaron mucho en poco tiempo, precisando cada vez más trabajadores que las accionasen, de modo que el volumen de empleados de las fábricas experimentó igualmente un crecimiento exponencial. Así fue posible el salto de los primeros talleres y factorías medievales y modernas a las grandes fábricas de la era industrial. Estas fábricas no fueron solo centros de producción, sino también un escenario de experimentación de innovaciones técnicas y productivas que se aplicaban a la práctica sobre la marcha, con el fin de verificar su viabilidad (Feliu y Sudrià 2013, 84-85).

Otra consecuencia inmediata del triunfo del sistema fabril fue la proletarización de las relaciones laborales, esto es, la transformación de la mano de obra en una mercancía más, cuyas condiciones y nivel de vida empeoraron de manera clara hasta reducirlo a un régimen de subsistencia: había nacido así el proletariado urbano. En *El Capital*, Karl Marx sostuvo que la mecanización progresiva de las actividades fabriles había provocado la aparición de un «ejército industrial de reserva», que volvía a ser empleado cuando el ritmo de crecimiento de la demanda era superior al ritmo de producción (1990, I, 762-870). Arenas Posadas, en cambio, consideraba que las situaciones variaron en cada país. Y Feliu y Sudrià se mostraban abiertamente críticos con las posiciones de Marx, pues sostenían que las factorías tuvieron capacidad más que suficiente para emplear a todo el excedente de población agraria, al tiempo que siguieron ofreciendo oportunidades laborales a trabajadores experimentados en el contexto fabril desde antes. Sería pues, a juicio de estos dos autores, la capacidad de adaptación de los obreros la que determinaría la posibilidad de encontrar trabajo; asimismo, la cantidad elevada de mano de obra habría condicionado los salarios bajos (2013, 88).

Al margen de debates sobre la tasa de empleabilidad, parece innegable que las condiciones del proletariado urbano empeoraron de manera ostensible, al menos en la primera mitad del siglo XIX (Feliu y Sudrià 2013, 91-92). El campesinado no quedó al margen de los efectos de la industrialización, pues el entorno rural fue uno de los principales perjudicados de la expansión industrial: los jornaleros británicos vieron cómo las tierras comunales a las que habían accedido hasta entonces se cercaron y les fueron vetadas, de modo que se encontraron con serios problemas para garantizar su subsistencia y la de sus familias. Quienes adquirieron las tierras enajenadas fueron los miembros de la burguesía, grandes protagonistas del despegue capitalista a la par que emuladores del modo de vida de la aristocracia terrateniente tradicional, y la mayor parte del campesinado pobre se vio movido a marchar a las ciudades (Hobsbawm 1962, 67-73). Mientras tanto en el entorno urbano los inversores de las grandes empresas y fábricas se enriquecieron de forma masiva, acrecentándose la brecha social y económica entre ricos y pobres, integrados estos últimos tanto por el proletariado tradicional como por la masa campesina recién llegada de las ciudades, cuyo proceso de proletarización y ruina se aceleró (Engels 1987; Hobsbawm 1962, 67-73, 238-243).

Obligados por las circunstancias a trabajar más de doce horas cada día, los proletarios recibían una paga muy baja que apenas les daba para subsistir junto a su familia, con la que solían vivir en suburbios donde las condiciones higiénicas mínimas brillaban por su ausencia. La explicación para su miserable condición reside tanto en el régimen laboral como en el propio proceso de desarrollo urbano, pues el éxodo rural masivo en todo el mundo occidental sometió a las ciudades a una presión demográfica mayor que la que podían soportar, de modo que las condiciones de vida de los recién llegados, y por consiguiente su salud, no podían sino ser deplorables. Normalmente el reclutamiento de mano de obra industrial era indirecto por los empresarios quienes, en lugar de captar ellos mismos a los obreros de sus fábricas, recurrían a empleados que habían servido previamente en pequeños talleres. Eran estos quienes se encargaban de contactar a sus antiguos empleados en esas otras factorías y talleres menores, haciendo uso de la autoridad cuasi paternal de la que disfrutaban sobre ellos para favorecer su enrolamiento en el nuevo proletariado fabril (Arenas Posadas 2003, 41-42). Además, a medida que los trabajadores varones se convirtieron en una fuente de conflicto por su disconformidad y sus protestas frente a sus deplorables condiciones laborales, los empresarios sintieron mayor predilección por reclutar a mano de obra femenina e infantil, más barata y fácil de explotar (Hobsbawm 1962, 238-243).

La fluctuación de mano de obra se convirtió en un problema para los empresarios desde muy pronto, pues era frecuente que los trabajadores marcharan de una fábrica a otra buscando mejores contextos de trabajo y salarios más decentes. Ante tales circunstancias, como hizo notar Arenas Posadas (2003, 42-45), para los empresarios habría sido fácil retener a la mano de obra, sobre todo a la cualificada, optando por elevar los salarios, pero descartaron esta posibilidad. Sobre todo operó en su decisión la convicción de que una subida salarial reduciría sus beneficios, de modo que resultaba poco rentable desde la perspectica del empleador. Paradójicamente fue la consolidación de la infraestructura industrial capitalista, que convirtió al empresario en el único proveedor de oportunidades laborales y al trabajador en un individuo dependiente de aquel, la que aumentó la mayor capacidad de retención de los empleadores. La estrategia del miedo a perder el empleo se combinó con otras encaminadas a retener también a la mano de obra, como la creación de un mercado local de trabajo entre empresas del mismo sector entre las cuales pudieran fluctuar los obreros, el trato privilegiado y paternalista a determinados obreros cualificados e influyentes sobre el resto de la plantilla, etc.

3. El descontento obrero se despereza: primeras protestas

No solo las condiciones de los trabajadores empeoraron al compás de la industrialización progresiva, sino que la población crecía y los recursos eran insuficientes para abastecer a todo el mundo, en las circunstancias del momento, según las cuales la maquinaria y el desarrollo técnico aún no posibilitaban que los bienes se produjesen al mismo ritmo que aumentaba la demanda. Se confirmaban así los peores presagios de Thomas Robert Malthus en su *Primer ensayo sobre la población mundial* (2016), sobre todo conforme las malas cosechas y las hambrunas provocaron auténticas crisis de subsistencia en 1789, 1795, 1817, 1832 y 1847, lo cual se reflejó especialmente en el entorno rural.

A esta situación, provocada por razones naturales, se sumaron otros factores que contribuyeron a empeorar las condiciones de la clase obrera y cuyo origen no fue natural: por ejemplo, la competencia entre los distintos productores de algodón, que arruinó a algunos condados del Reino Unido cuyo producto no era tan demandado por el mercado. Asimismo, la situación del proletariado urbano se vio profundamente afectada, tanto por el cambio en la dieta, que se convirtió en una nueva dieta de carestía, improvisada con los alimentos disponibles en épocas de escasez extrema; como la pauperización de la vida urbana, progresivamente insalubre y contaminada, con efectos claramente perniciosos sobre la salud de los trabajadores (Hobsbawm 1962, 239-244).

Todo ello sin olvidar, en absoluto, el mayor drama humano de la Revolución Industrial, que no fue otro que el de haber convertido a antiguos trabajadores independientes, que servían en talleres y fábricas preindustriales pero permanecían dueños y en posesión de su mano de obra, con la capacidad incluso de desplazarse de un taller a otro, en dependientes totales de la demanda de trabajo de los nuevos empresarios fabriles. Ello redundó, como se ha apuntado en las páginas precedentes, en la conversión de la mano de obra en una simple mercancía. A medida que esta combinación de factores redundó en un empobrecimiento creciente de las condiciones de vida del proletariado, la clase trabajadora no hizo sino ganar conciencia de su ser en tanto que tal (Feliu y Sudrià 2013, 91-92). Precisamente el hacinamiento del proletariado en las fábricas favoreció este proceso de toma de conciencia social, puesto que anteriormente los trabajadores gremiales, en la medida en que habían permanecido relativamente independientes entre sí, apenas disponían de lugares de encuentro ni puntos en común para organizarse. En cambio en las condiciones industriales los trabajadores se percataron pronto de que la miseria que padecían les afectaba a todos por igual y, por consiguiente, les convenía unirse en la defensa de sus derechos.

Conforme ganaban conciencia sobre su propia existencia como clase aparecieron diferentes intelectuales cercanos a ellos, quienes les proporcionaron soporte teórico a través de varios ensayos en los que se llamaba a la dignificación del proletariado. De manera destacada cabe señalar, entre los pioneros, a Robert Owen, mientras el concepto «socialismo» iba ganando predicamento entre las masas de las fábricas y de los suburbios, asociado a las reivindicaciones de la clase trabajadora, que se puede denominar como tal ya a la altura de 1830 (Hobsbawm 1962, 249). Las primeras protestas obreras que se produjeron en el siglo XIX vinieron de la mano del ludismo y el cartismo. Aquel toma el nombre de Ned Ludd, joven inglés que en la década de 1770 lideró una reacción contra las máquinas de los talleres, en concreto contra los telares, a los que acusaba de devaluar y destruir el trabajo manual de los obreros; Ludd y sus acólitos ganaron fama porque se consagraron a destruir los telares y toda suerte de máquinas, originando así el movimiento antimaquinista. Su actividad fue especialmente intensa entre 1811 y 1816 (Jones 2006). La inspiración clara de todos estos movimientos no fue otra que el jacobismo, defensor de la subversión del orden establecido mediante la acción directa (Hobsbawm 1962, 249-252).

Posterior y de diferente naturaleza fue el cartismo, cuyo nombre procede de la *People's Charter* de 1838, suerte de manifiesto en el que los trabajadores ingleses reclamaban el sufragio universal masculino, el voto secreto y una jornada laboral de diez horas. Con una cronología que alcanza hasta la década de 1850, el cartismo tuvo un carácter esencialmente político, ya que su aspiración no era otra que presionar al gobierno británico para que cediese a sus reclamaciones, que ellos consideraban representativas de los anhelos del proletariado. En definitiva, funcionó como un primer espacio de representación y expresión de los obreros ingleses, con una ideología marcadamente republicana y una apuesta decidida por la democratización del Estado (Bravo 1976).

3.1. Los orígenes del movimiento obrero en España

El despegue industrial no llegó en España hasta el segundo tercio del siglo XIX, cuando aún coexistían varios condicionantes que lastraban una industrialización temprana: la monarquía absoluta, desaparecida tras la muerte de Fernando VII en 1833 y gran obstáculo para la modernización del país; la preservación de los privilegios de los gremios, que imposibilitaban la libre competencia y que fueron abolidos por María Cristina de Borbón, regente durante la minoría de edad de Isabel II, en 1834; la ausencia de bancos en sentido moderno, hasta que en 1844 se fundó el Banco de San Carlos; y por último la carencia de una red de ferrocarriles de largo alcance hasta 1848. De resultas de ello, la aparición de una conciencia obrera debía ser también posterior, considerando además un contexto desfavorable por varios motivos:

El clima político había sido inestable por las propias dificultades que debió afrontar el naciente liberalismo, frente a la resistencia ultramontana anhelante de la vuelta del absolutismo. Téngase en cuenta, sin ir más lejos, que entre 1833 y 1837 se sucedieron hasta seis ejecutivos diferentes, presididos por Francisco Cea Bermúdez, Francisco Martínez de la Rosa, el conde de Toreno, Juan Álvarez Mendizábal, Javier Istúriz y José María Calatrava. También en este periodo de apenas cuatro años acontecieron dos revoluciones, en 1835 y 1836. A todo ello debía añadirse una profunda crisis económica, motivada tanto por los desmanes de la corona en un largo periodo de su historia durante el que nadie había controlado la acción del monarca sobre las arcas públicas, además de haberse dilapidado buena parte de los recursos financieros estatales en una guerra colonial que se perdió de manera estrepitosa, perdiéndose la fuente de ingresos que hasta entonces había representado América, a excepción de Cuba, Puerto Rico y Filipinas. El panorama descrito se vio agravado por una fuerte crisis de sobremortalidad, asociada a la epidemia de cólera morbo del verano de 1834. Esta última sirvió para subrayar otra causa de inestabilidad y de cohesión de la posición obrera: el anticlericalismo, que con ocasión de la epidemia de cólera se reflejó en una matanza indiscriminada de frailes en las calles de Madrid, en lo que constituía la más clara expresión de la desesperación de las clases menesterosas y su desprecio de los estamentos privilegiados (Artola 1973).

Fue la revolución del verano de 1835, que precipitó la caída del gobierno presidido por el conde de Toreno y dio con Mendizábal en el gobierno, la que sentó las bases para el estallido de una primera protesta obrera propiamente dicha. Esto fue así porque, independientemente del retraso de la industrialización, la clase trabajadora española venía padeciendo una depauperización constante de sus condiciones de vida desde tiempo atrás, sobre todo en grandes centros fabriles como Barcelona o Bilbao. Fue precisamente en la primera de ellas donde, alentada por la burguesía urbana, la clase obrera atacó e incendió la fábrica de Bonaplata, mientras las juntas revolucionarias se multiplicaban por España y se convertían en una suerte de gobierno local, ante la incompetencia de las autoridades de Madrid. Atacando la fábrica, conforme a los postulados del ludismo, los trabajadores atacaban al símbolo más evidente de su opresión y de su miseria. Además ha de tenerse en cuenta que la familia Bonaplabra representaba igualmente una primera apuesta por el uso de las máquinas, de modo que el ataque inspirado en los postulados ludistas estaba más que justificado desde la perspectiva proletaria. El asalto revistió tal magnitud para las finanzas de aquella saga familiar que su decadencia fue inevitable (Nadal 1983, 79-95; Sánchez 2000, 485-523). Así se inauguraba la historia compartida entre Barcelona y la protesta trabajadora, que viviría nuevos episodios en el futuro.

El movimiento obrero: orígenes, desarrollo y propuestas

1. Del socialismo utópico al socialismo científico

El origen último del socialismo en tanto que movimiento político, económico, social e ideológico no es otro que el deseo de la clase trabajadora de materializar el programa inicial de la Revolución francesa en todos los órdenes de la existencia, pues hasta entonces solo se había plasmado en el ámbito político, e incluso en él con un alcance bastante limitado. Convencidos de que en el orden económico capitalista residía la base de todos los males de la sociedad, los teóricos socialistas deseaban extender la igualdad a toda la Humanidad. En la historia del socialismo supuso un punto de inflexión la publicación de *El manifiesto comunista* en 1848 (2015), que marcó el nacimiento del conocido como «socialismo científico». Hasta entonces quienes elaboraron en torno a las teorías socialistas se conocen con la denominación genérica de «socialistas utópicos», pues limitaron su labor a la elaboración intelectual de varios modelos de sociedad futura que solo eran viables en su mente, pues su plasmación práctica era, a todas luces, inviable.

El centro desde el cual el socialismo utópico irradió al resto del mundo occidental fue Francia, donde tuvo en Saint-Simon, Fourier, Cabet, Blanc y Blanqui a sus representantes más destacados. El primero de ellos abogaba por un modelo social industrial en el que la toma de decisiones correspondiera a un grupo de expertos o tecnócratas, procediéndose a una división del trabajo que obedeciera exclusivamente a criterios científicos. En este sentido, consideraba esencial evaluar la capacidad del individuo para llevar a cabo tareas específicas, relegando a los antiguos estamentos privilegiados (nobleza y clero) a un papel secundario en la sociedad. Por su parte, Charles Fourier ha pasado a la posteridad gracias a su modelo social basado en la organización de «falansterios» de 1.500 personas, en los que imperaría la propiedad colectiva de los medios de producción y cuyos miembros desempeñarían todas las actividades económicas de manera cíclica. En tercer lugar, en su *Viaje por Icaria* Étienne Cabet (1985) ya anticipaba el sufragio universal como principio de elección de los gobiernos. Siguiendo la línea de la planificación económica, Louis Blanc defendía la creación de talleres controlados por el Estado y, por consiguiente, al margen de la intervención de los empresarios capitalistas, donde los trabajadores desarrollarían su labor sin ninguna otra injerencia externa. Para concluir, Blanqui apuntó el recurso a la lucha obrera revolucionaria como instrumento de transformación social, cuyo objetivo no debía ser otro que instaurar una república social (Droz et al. 1976-1983).

Todos ellos fueron fuente de inspiración y también objeto de crítica por parte de Karl Marx (1818-1883) y Friedrich Engels (1820-1895), quienes aportaron un concepto novedoso a la historia de la clase obrera y de sus reivindicaciones: el materialismo histórico. Conforme a esta perspectiva teórica, la Historia de la Humanidad evoluciona a raíz del conflicto, dialéctica o contradicción constante entre dos fuerzas opuestas entre sí: de un lado, la de los empresarios; de otro lado, la de los trabajadores. Como consecuencia de dicha dialéctica, siguiendo la lógica de ambos pensadores, periódicamente ha de producirse necesariamente un estallido violento que, a su vez, provocaría una transformación esencial en el modo de producción, que según la exposición realizada en el capítulo introductorio es la manera en que el trabajo se organiza en las diferentes sociedades humanas. Fieles a la óptica aportada por el materialismo histórico, Marx y Engels sostenían que a lo largo de la Historia se podían identificar tres modos de producción diferentes, identificados a su vez con periodos diferentes del devenir humano: en primer lugar se podía reseñar el modo de producción esclavista, característico de la Edad Antigua, caracterizado porque el esclavo era propiedad absoluta del dueño, que tenía plenos derechos sobre este último, a quien ni siquiera se consideraba un ser humano. Seguidamente, en la Edad Media predominó el modo de producción feudal, en cuyo contexto el vasallo debía prestar al señor una serie de servicios a cambio de cultivar un pequeño lote de tierras de la propiedad de este último. Por último, en la Edad Moderna y la era industrial se había consolidado el modo de producción capitalista, en el que el proletariado de las fábricas, en condiciones cada vez más precarias, se veía explotado por el empresario capitalista, cada vez más rico.

El siguiente punto argumental de la teoría de Marx y Engels se deriva necesariamente del anterior: los modos de producción, o infraestructura, descansan, como parece evidente, sobre una estructura económica, que se ve sancionada y habilitada por unas instituciones y una legislación concreta, o superestructura. La clave radica en que la propia superestructura, compuesta por las instituciones sociales y políticas, sobrevive gracias al orden económico vigente, que se puede considerar por tanto como la clave para transformar la realidad socioeconómica. Dicho de otro modo, contra el dictado del sentido común, que abogaría por derrocar las instituciones para después abolir el orden económico capitalista, a juicio de ambos pensadores alemanes, es preciso atacar primero la línea de flotación, es decir, la infraestructura económica: solo así, desde su punto de vista, se desmoronaría el orden en su conjunto, creándose el escenario propicio para la instauración de un modo de producción diferente. Como era de esperar, quienes deben tomar el control del nuevo orden, a su juicio, son los trabajadores, sometidos tradicionalmente a un triple proceso de alienación: en primer lugar, una alienación de tipo económico que ha convertido la mano de obra en una mercancía más; en segundo lugar, una alienación religiosa que había hecho del cristianismo un instrumento religioso idóneo en manos del capitalismo, justificando el orden establecido con la promesa de una vida dichosa en el más allá a cambio de una existencia material de sufrimiento y abnegación; en tercer y último lugar, una alienación política que había llevado al individuo a ceder su libertad individual, así como el control total de su vida, al Estado, claramente al servicio del sistema capitalista.

Marx y Engels consideraban crucial que el proletariado tomase conciencia de su naturaleza en tanto que clase social con unos intereses compartidos, puesto que esta y no otra era la clase dueña de la fuerza de trabajo de la mano de obra, indispensable para que la producción industrial capitalista se pudiera llevar a cabo. Partiendo de la base de que resulta injusto que los dueños del instrumento principal para la producción vivan en peores condiciones que quienes se encargan de explotarlos, después de tomar conciencia de su opresión y de su pertenencia a una comunidad de intereses compartidos los trabajadores podrían dar el paso decisivo para provocar la caía del modo de producción capitalista. El resultado habría de ser la instauración de un modo de producción comunista, en el cual la propiedad de los medios de producción sería colectiva y el propio proletariado tendría el control del gobierno. Sus postulados, hilados a la perfección desde el punto de vista de la lógica, adolecían de una debilidad esencial: una vez destruido el orden capitalista era preciso transitar por un proceso de transición hacia el orden de producción comunista, que ellos denominaban «dictadura del proletariado». Durante este periodo transitorio la clase trabajadora debería ejercer el poder de manera autoritaria, hasta garantizar que nadie amenazaría el nuevo equilibrio de poder y que toda resistencia en contra de la nueva dinámica general había sido vencida (Marx 2017, 541-669). Desafortunadamente, el factor de la condición humana ha hecho que en la mayoría de los escenarios en los que se inició una revolución inspirada en el marxismo derivasen en dictaduras proletarias que se perpetuaron en el tiempo, en algunos casos hasta la actualidad.

2. El anarquismo: bases de su ruptura con el socialismo

La base de partida del anarquismo es también el socialismo científico, como sucede con las teorías de Marx y Engels. Su primer representante en el contexto europeo fue Pierre-Joseph Proudhon, defensor de la organización social en comunidades de propietarios autónomos entre los que impera el principio de la autogestión y que, por tanto, no necesitan un estado, que a juicio de Proudhon es prescindible. De hecho, a su juicio, solo son legítimos dos modelos de organización: los sindicatos y las cooperativas, rechazando y tildando de robo a la comunidad a cualquier tipo de propiedad que no derivase del trabajo del individuo. La base de partida de la sociedad anarquista no es otra que el mutualismo, contrario tanto a la autoridad estatal, como se indicaba, como al individualismo. De hecho, el anarquismo entiende la mutualidad como el equilibrio de fuerzas entre individuos libres e iguales, que comparten y se reparten la labor de gobierno de la comunidad a la que pertenecen y reconocen la propiedad colectiva de todos los bienes, oponiéndose pues a cualquier otro tipo de institución superior. Fueron precisamente las bases teóricas de Proudhon las que movieron a Mikhail Bakunin, máximo exponente del anarquismo contemporáneo, a dar un paso más y tachar al Estado de causante de las desigualdades y su principal garante, de modo que su abolición, desde su óptica, estaba más que justificada (Woodcock 1979). Como se puede observar, su principal diferencia con el marxismo se edifica en torno a dos pilares básicos: por una parte, la ausencia de estado en el orden anarquista, mientras que el socialismo científico defendía la necesidad de un estado fuerte; por otra parte, la propiedad colectiva absoluta y sin cortapisas, que en el caso del marxismo se limitaba a los medios de producción.

Tabla 3. Comparación entre las bases teóricas del socialismo científico y el anarquismo

	Horizonte teórico	Motor de cambio	Transición	Sociedad futura
Socialismo científico	El orden social económico capitalista consolida la desigualdad social	Revolución proletaria	Dictadura del proletariado	Gobierno de la clase trabajadora y propiedad colectiva de los medios de producción
Anarquismo	Id.	Id.	N/A	Sociedad libertaria de comunidades autosuficientes. Ausencia de estado y autoridad

Fuente: elaboración propia.

3. El movimiento obrero en Europa y España

Pese a su alcance reducido, tanto el ludismo como el cartismo resultaron esenciales porque otorgaron una representación institucional al naciente movimiento obrero, en un fenómeno sin precedentes hasta la fecha. A su favor jugó el contexto generado en el primer tercio del siglo XIX por las guerras napoleónicas y la crisis financiera que afectó sobre todo a Gran Bretaña. En aquellas circunstancias las condiciones de vida de los trabajadores empeoraron de manera clara, pero con una diferencia: ya tenían líderes y movimientos dispuestos a convertirse en la caja de resonancia de sus reivindicaciones. Entre ellos ha de mencionarse a Thomas Spencer, William Cobbett y Henry Hunt, protagonistas de algunas primeras revueltas de escaso calado, pero pioneras en cualquier caso (Bergier 1979, 442-452). La masacre de Peterloo en agosto de 1819 marcó un punto de inflexión en la historia del primer movimiento obrero: entre 60.000 y 80.000 personas se habían congregado en St. Peter's

Field, en Manchester, para reclamar la democratización del régimen parlamentario británico, cuando recibieron el ataque de la policía que se saldó con la muerte de hasta quince manifestantes y centenares de heridos, entre ellos mujeres y niños (Bensimon 2019, 32-33).

En Peterloo se evidenció hasta que punto era imposible conciliar los intereses de la burguesía, ya con el control de las instituciones y poco dispuesta a ceder ni un ápice de su protagonismo, y la clase trabajadora. Además este acontecimiento fue el acta de nacimiento de la lucha obrera en toda Europa, dada su enorme repercusión en todo el continente. En línea con Bergier, ha de aclararse que la masacre no reforzó los postulados ideológicos del naciente proletariado, sino que resultó fundamental para despertar su instinto insurreccional. Dicho de otro modo, con independencia de las ideologías, en adelante los trabajadores estarían dispuestos a salir a la calle y sublevarse para hacer valer sus reivindicaciones (1979, 451). A partir de este momento se combatió en dos frentes complementarios: la política, a través de partidos como el cartista, abanderado de la causa trabajadora, y el escenario social, convocando huelgas y provocando disturbios de especial relevancia y calado en épocas de crisis. Y lo que es más importante: políticos afines al proletariado y trabajadores se convencieron de que debían marchar de la mano para conseguir que sus intereses se vieran materializados (Bergier 1979, 451-452).

Entre 1824 y 1834, al calor de los acontecimientos reseñados, afloraron los principales sindicatos (Thompson 2013, 781-915), que se sumaron a organizaciones de ayuda mutua previas que hasta ahora se habían mantenido en una situación de semiclandestinidad. Si bien es cierto que el proyecto de Robert Owen por conseguir una confederación sindical se frustró, las diferentes asociaciones sindicales se coordinaron en mayor o menor medida para defender los intereses de los trabajadores. Mientras tanto, en el ámbito de la política el cartismo siguió actuando hasta 1848, debido a una transformación en el escenario parlamentario británico que hizo que la clase trabajadora tuviera opciones reales de conquistar el poder, convirtiéndose en un adversario real de los partidos burgueses (Bergier 1979, 452).

En el resto de Europa la evolución fue similar a la que se ha visto para Gran Bretaña, con las variantes propias de cada región y país: pese a que Karl Marx había intentado unificar el programa del movimiento obrero en la I Internacional en 1864, en el fondo prevalecieron las preocupaciones propias de cada país cuando se producía un contexto de crisis y la clase proletaria debía reaccionar. Así se entiende, por ejemplo, que durante la oleada revolucionaria de 1848 la rebelión de las masas solo prevaleciera en los países en los que buscó (y encontró) la alianza de los partidos políticos radicales, quedando muy pronto en un plano secundario con respecto a la causa que los intelectuales y políticos más avanzados sí defendieron con convicción: la liberación nacional (Hobsbawm 1975, 9-26; Arenas Posadas 2003, 60-63). Tampoco en la I Guerra Mundial el movimiento obrero pudo hacer valer su fuerza de manera efectiva, planteando un frente común de paz y colaboración proletaria internacional frente a los intereses de las potencias implicadas. Paradójicamente acabó triunfando en el único país en el que las condiciones no favorecían una revolución proletaria: la Rusia zarista, donde devino en una dictadura perpetuada hasta el final de la Guerra Fría.

Francia y Alemania evolucionaron de forma dispar respecto al temprano movimiento obrero británico, pues el sistema político de ambos países fue duramente represivo de la libertad de expresión y del derecho de reunión. En Francia el pueblo tuvo la esperanza de unir sus fuerzas a la burguesía para desbancar al gobierno de la reacción, pero pronto se vio devuelto a su casa de manera abrupta, al mismo tiempo que la reacción se veía restaurada, pero ahora de manos de la misma clase burguesa que se había atrevido a confrontarla con anterioridad. Fue necesaria una nueva crisis financiera global, esta vez en el último cuarto del siglo XIX, para que el sindicalismo y la conciencia de clase se conslidaran en todo el continente. Quizá España pueda servir de ejemplo a la realidad descrita: el despertar industrial no se produjo en el país hasta la década de 1840, de modo que la madurez obrera no se alcanzaría hasta el último cuarto de la centuria. Su detonante en el escenario político fue la Revolución Gloriosa de 1868, que había dado con Isabel II en el exilio e inauguró el periodo conocido como «Sexenio Revolucionario» (1868-1874).

En lo tocante al anarquismo, en el contexto del mediterráneo meridional, en el que se encuadra España, sus características básicas eran idénticas a las propias del movimiento, que se han analizado en el epígrafe precedente. La novedad en la Europa del sur estribaba en los mecanismos de lucha, cuya virulencia era directamente proporcional al desequilibrio en la distribución de la propiedad de la tierra y de la producción del campo. Considerando que en España el campo representaba la principal fuente de ingresos, el anarquismo tuvo gran éxito entre los campesinos de toda la franja mediterránea, desde Barcelona a Cádiz. Especial relevancia alcanzó entre el proletariado catalán, partidario del pactismo y del federalismo anti centralista, que respetaba las peculiaridades de cada región, y que además sostenía la necesidad de una acción colectiva coordinada que aumentase las posibilidades de éxito de la lucha obrera. Andalucía, por su parte, alumbró un anarquismo más individualista que se vio encarnado por los llamados «apóstoles» o «predicadores de la idea», quienes recorrían el campo de hacienda en hacienda, transmitiendo los principios ideológicos básicos del anarquismo entre la masa de jornaleros analfabetos.

Más allá de las diferencias puntuales, algo unía al anarquismo andaluz y catalán: la defensa de la llamada «propaganda por el hecho», es decir, el atentado violento para subvertir el orden establecido. Esta estrategia tiene sus raíces más profundas en el pensamiento del propio Voltaire, quien en su *Tratado sobre la tolerancia* (2013) sostenía la inutilidad de ser tolerante con los intolerantes. Para los anarquistas, la violencia del Estado debía ser contestada con violencia; así se perpetró atentados del alcance y gravedad de la bomba del Liceo de Barcelona, detonada por Santiago Salvador Franch en noviembre de 1893, o el atentado contra Alfonso XIII el día de su boda con Victoria Eugenia de Battenberg, de la autoría de Mateo Morral en 1906 (Carasa 2000, 191-208). Aparte de la propaganda por el hecho, el anarquismo también defendía la huelga como instrumento de lucha e hizo valer sus reivindicaciones a través de la Federación de Trabajadores de la Región Española (1881). Fuera cual fuese la herramienta de lucha, la respuesta del Estado siempre fue contundente.

Dos ejemplos ilustran dicha contundencia estatal para responder a la violencia anarquista. El primero se conoce con el nombre de «sucesos de la Mano Negra», y habla de la supuesta existencia de una organización terrorista anarquista que habría perpetrado varios asesinatos en el campo de Cádiz a lo largo de 1883. Investigaciones recientes demuestran que la Mano Negra fue, casi con total seguridad, una invención de las autoridades para justificar la represión violenta de cualquier sospechoso de militancia anarquista, condenando a garrote vil a quienes recibieron la acusación de pertenecer a la supuesta organización, todos ellos ejecutados en la Plaza del Mercado de Jerez de la Frontera en junio de 1883 (Termes 2011). El segundo se desencadenó a raíz del atentado contra la procesión del Corpus en la calle barcelonesa de Canvis Nous, en junio de 1886. La bomba dejó un total de doce muertos y más de treinta heridos, desatando una oleada represiva por parte de las fuerzas del orden que se cobró víctimas entre cualquier sospechoso de haber participado en la maquinación del atentado. Todos los acusados fueron juzgados por un consejo de guerra en diciembre de aquel mismo año; el veredicto se saldó con varias sentencias de muerte, pensa de prisión y destierros, en un largo y violento proceso judicial que ha pasado a la historia como los Procesos de Montjuic. Los abusos cometidos en el transcurso del juicio fueron de tal magnitud, violándose principios fundamentales del Derecho, que la presión internacional obligó al gobierno de la Restauración a conmutar varias penas a comienzos del siglo XX (Oliver Olmo y Gargallo Vaamonde 2020, 23-84).

En lo tocante al socialismo, su entrada en España tuvo lugar en 1870 de la mano de la Primera Internacional, importada por el yerno de K. Marx, Paul Lafargue, arribado al país para concienciar de la necesidad de la unidad trabajadora socialista. Tras casi una década de un azaroso y lento camino, jalonado de clandestinidades y represiones, el 2 de mayo de 1879 nacía el Partido Socialista Obrero Español (PSOE), fundado en un local de la calle Tetuán de Madrid bajo los auspicios del impresor Pablo Iglesias. El modelo que se propugnaba desde el PSOE era de ascetismo, solidaridad, compromiso y abnegación, preconizando ante todo la responsabilidad y el trabajo en conjunto. Como el anarquismo, el socialismo estimaba que la ignorancia era la principal causa de la postergación de la clase obrera, y se encomendó a paliar dicha lacra abogando por la educación del proletariado, la revalorización de una cultura obrera propia, el alejamiento del vicio y el ateísmo religioso (Carasa 2000, 191-208). Ahora bien, si algo hizo que el socialismo español destacara especialmente fue la calidad humana y la altura intelectual de sus primeros líderes, comenzando por el propio Pablo Igesias.

El socialismo resultó fundamental a la hora de dotar a los trabajadores de un órgano de expresión política y de herramientas de solidaridad mutua, inexistentes hasta la fecha. Valgan como ejemplo las cajas de resistencia, alimentadas por las donaciones de los obreros, gracias a las cuales se sufragaban los gastos de los trabajadores durante las huelgas; las imprentas, que difundían prensa obrera y libros encaminados a combatir la ignorancia; los grupos recreativos y culturales, que habilitaban espacios de sociabilidad conducentes a configurar una conciencia proletaria común; etc. De entre todas estas iniciativas destacó la creación de las Casas del

Pueblo, convertidas en sedes oficiales del partido y lugar de reunión de sus militantes, función que conservan en la actualidad. A diferencia del anarquismo, el socialismo eludía el recurso a la violencia y optaba por una estrategia de doble vertiente: por una parte, la acción política para conseguir, a largo plazo, representación parlamentaria; por otra parte, las reformas sociales inmediatas que, de no coseguirse a medio y corto plazo, devendrían en huelgas, manifestaciones y otras acciones reivindicativas. Entre los principales puntos del programa socialista ha de destacarse: la libertad política, el derecho de huelga, la jornada laboral de ocho horas, la supresión del trabajo infantil, la mejora de las condiciones laborales de las mujeres, la protección de la salud y la vida de los trabajadores, etc. Rompía así no solo con los partidos burgueses, de quienes les separaba todo, sino también con el republicanismo, capitalizador hasta entonces de los anhelos obreros. En 1888 el socialismo se dotó de su propio sindicato, la Unión General de Trabajadores (UGT), adelantando así a un movimiento anarquista cuyo órgano de lucha y representación, la CNT, no se configuró en España hasta 1910 (Carasa 2000, 191-208).

4. Querer y no poder: Iglesia y Estado ante el movimiento obrero

Convencido de la eficacia de la doctrina del *laissez-faire*, el nuevo Estado liberal decimonónico confiaba en que el mercado laboral se regulase por sí mismo, armonizando los intereses de trabajadores y empleadores. Movido de un excesivo celo no intervencionista, el poder político se dispuso a prohibir e ilegalizar cualquier práctica que, a su juicio, intentara alterar el precio de la mano de obra. El resultado no fue otro que la prohibición de la asociación de trabajadores por la Ley Le Chapelier en Francia en 1791, aprobada por el mismo gobierno surgido de la Revolución; o la ilegalización de las huelgas también por el gobierno francés, en este caso de la mano del Código Napoleón, en cuyo artículo 1781 se consideraba inválido cualquier testimonio de los trabajadores contra sus empleadores, además de tipificarse una condena de seis meses de prisión para cualquier obrero sin cartilla de trabajo. En definitiva la situación analizada en Francia, que se puede extrapolar al resto de Europa, demostraba el afán de la burguesía liberal por minar cualquier iniciativa obrera que desgastara sus intereses. Es más, las iniciativas menores que se producirían en las décadas sucesivas para supuestamente beneficiar a la clase trabajadora no hacían sino esconder el interés de la burguesía de favorecer la reproducción del proletariado, imprescindible para la supervivencia del sistema económico. Es decir, en ningún caso las ayudas y concesiones al proletariado, ya de por sí bastante escasas, respondieron a una comprensión real de las necesidades y anhelos de aquella clase, sino a un deseo de perpetuar un orden específico de cosas (Arenas Posadas 2003, 59-60).

Similar actitud mostró la Iglesia católica, centrada inicialmente en la resolución de los problemas de la clase trabajadora una vez estos ya se habían producido. Así pues, las iniciativas encaminadas a paliar los efectos de sequías, catástrofes naturales, accidentes laborales, carestías… llegaban tarde, siempre desde la óptica de la beneficencia, y lo que era más importante, no hacían sino intentar resolver una circunstancia concreta, sin preocuparse en absoluto por mejorar las condiciones estructurales del proletariado. Esta posición se mantuvo hasta la década de 1870, cuando el surgimiento del marxismo y el anarquismo, y otras manifestaciones del movimiento obrero, hizo temer a los representantes de la curia la pérdida de seguidores en beneficio de este último, manifiestamente ateo, a menos que la Iglesia se aprestase a dar respuesta también a los anhelos de los trabajadores. Así nació la Doctrina Social de la Iglesia, cuya herramienta de acción fue la *Obra de los Círculos*, impulsada por La Tour du Pin y Alberto de Mun en Francia, favorables a la intervención del Estado en la economía para mejorar las condiciones de vida del proletariado. Los seglares respaldaron esta doctrina en Francia, mientras que en Alemania su avance fue posible gracias a la colaboración entre clérigos y laicos. El espaldarazo definitivo llegó con el pontífice León XIII, que no solo fundó el Comité Romano de Estudios Sociales, sino que además promulgó la encíclica *Rerum Novarum* en 1893, que se considera el acta de nacimiento del catolicismo social (Carballo López 2017, 41-78).

El proyecto de la Iglesia católica sobre la resolución de la conflictividad social y de las necesidades de la clase trabajadora se fundaba sobre tres pilares: la protección de la propiedad privada, entendida como un derecho individual inalienable; el respeto absoluto a la dignidad del trabajador, considerada también esencial; y el derecho de asociación de los trabajadores (Molony 2006, 142-163). León XIII debió hacer frente a la oposición del sector más conservador de la curia, que le acusó de haber redactado la encíclica bajo la influecia del socialismo, pero su intención estaba realmente bien alejada de tales bases teóricas: su objetivo no había sido otro que, al mismo tiempo que frenaba los abusos de los empleadores, frenar la fuga de trabajadores a las filas del comunismo y del anarquismo. Al calor de su mensaje se formaron los primeros sindicatos y asociaciones obreras católicas. La continuación de esta lenta labor se halló en la encíclica *Quadragesimo Anno*, de Pío XI, en 1931; en *Mater et magistra*, de Juan XXIII, en 1961; y *Centesimo Anno*, de Juan Pablo II, en 1991. Surgidas en épocas de convulsión, constituyen una manifestación de la respuesta de la Iglesia a la problemática social, siempre marcando la clara separación con las doctrinas del movimiento obrero. Tal fue así que Juan Pablo II, sin ir más lejos, combinó su política social y cercana a los trabajadores con una condena abierta a la Teología de la Liberación, que había significado, sobre todo en América Latina, una auténtica aproximación a los problemas de las clases menesterosas a través de los «sacerdotes obreros» (Hillar 1993, 35-52).

4.1. El escenario español

Siguiendo la estela de la acción política en Europa, los gobiernos españoles del último cuarto del siglo XIX reaccionaron a las reivindicaciones de la clase trabajadora desde una mentalidad totalmente ajena a sus desvelos, mediado para resolver los efectos de alguna crisis de subsistencia o catástrofe cuando esta ya se había producido. También como en el resto del continente la persecución de las asociaciones y organizaciones obreras fue encarnizada, considerándoselas como herramientas de violación del derecho de la propiedad y de la libre regulación de precios en el mercado por el libre juego de la oferta y la demanda. Paradójicamente las autoridades eclesiásticas y políticas interpretaron que las protestas proletarias se debían a una relajación de las costumbres y al olvido de los valores cristianos tradicionales por parte de las masas, a cuya reeducación católica se encomendaron.

Ahora bien, conforme se avanzaba hacia los últimos años de la centuria y el movimiento obrero daba mayores signos de madurez, un grupo de políticos e intelectuales llamados «reformistas» se aprestaron a intentar reformas legislativas que contentasen al proletariado. Republicanos, socialistas, conservadores regeneracionistas y krausistas participaron en aquel proyecto de reforma, pero los cambios significativos no se producirían hasta el cambio de siglo, gracias a la normalización de las asociaciones obreras y también de la intervención económica del Estado. Así y todo, las iniciativas gubernamentales seguían siendo tímidas, y durante los periodos de gobierno del Partido Liberal Conservador se veían revocadas por gobiernos poco o nada dispuestos a reconocer los derechos de los trabajadores. Además, con independencia del signo político del ejecutivo, ningún gobierno de la Restauración reconoció el derecho de huelga, por ejemplo, limitándose, como mucho, a reconocer las asociaciones obreras (Carasa 2000, 214-215).

En 1873 la Ley Benot prohibió el trabajo de los menores de 10 años, las jornadas laborales de más de ocho horas para los niños de 15 años, y de cinco horas para el trabajo femenino a la edad de 14 años; también suprimió el trabajo nocturno. Una década después se creó la Comisión de Reformas Sociales, que habría de coordinar la legislación social del gobierno, y en 1887 se aprobó la Ley de Asociaciones. El proletariado siguió considerando que estas reformas eran insuficientes y por ello siguió combatiendo de manera cada vez más contundente; piénsese, por ejemplo, que a comienzos del siglo xx la jornada laboral seguía siendo de entre doce y catorce horas, y que la principal forma de remuneración era el jornal, del que se descontaban los días no trabajados y los festivos. Pese a que el contexto favorecía el estallido social, este no se produjo porque los precios de los productos básicos se habían mantenido estables. Fue el inicio del siglo xx, con el Desastre del 98 y las consecuencias económicas de la pérdida de Cuba, unido al inicio de la I Guerra Mundial, que provocó un aumento de los precios, el que prendió la mecha para la manifestación violenta de la protesta trabajadora.

A comienzos de la nueva centuria los trabajadores españoles seguían dependiendo del jornal, viéndose abocados a la ruina cuando este se dejaba de percibir, ante la imposibilidad absoluta de ahorrar o de recurrir a asistencia social, subsidio de desempleo o atención sanitaria gratuita alguna. Por añadidura el trabajo en las fábricas y el campo era estacional, de modo que durante largos periodos del año los obreros no recibían ingresos, tornándose su situación aún más dramática cuando la coyuntura internacional provocaba un aumento de los precios de los productos básicos. Todo ello sin olvidar, en absoluto, que la ancianidad carecía de retribución económica alguna: dicho de otro modo, no existía pensión de jubilación, por lo que quienes ya no eran aptos para el trabajo por su edad deaban de recibir ingresos. Así se explica que en circunstancias especialmente críticas los trabajadores se vieran abocados a la beneficencia, cayendo en una situación de marginalidad extrema. Solo las Cajas de Ahorros, encaminadas a fomentar una cultura ahorrativa entre los trabajadores, y las Sociedades de Socorros Mutuos rompieron la dinámica de ausencia total de protección al proletariado. Sus efectos, no obstante, fueron insuficientes, y entonces el Estado liberal optó por recurrir a una herramienta ya conocida: la Iglesia.

La recepción de la encíclica *Rerum Novarum* fue doble entre la jerarquía eclesiástica española: por una parte, tuvo un efecto negativo porque escandalizó a los religiosos, quienes procedieron a interpretar el documento en sentido conservador para limitar al máximo cualquier capacidad de expresiónd de una conciencia obrera; por otra parte, fue positiva para la misma jerarquía porque se aproximó al poder político, movida por un instinto de conservación compartido con las instituciones, empeñadas al fin y al cabo en coartar el acceso de los trabajadores al espacio político y a sus reivindicaciones. Entre las peculiaridades del caso español ha de destacarse la ausencia absoluta de sindicatos obreros: la Iglesia nacional optó únicamente por la configuración de organizaciones mixtas de patronos y obreros, en las que ambos actores debían resolver sus diferencias de manera pacífica. En realidad tales organizaciones jamás funcionaron como un escenario de diálogo y negociación, convirtiéndose antes bien en una herramienta más de adoctrinamiento y reeducación católica de la clase trabajadora (Carasa 2000, 211-212).

La consecuencia natural de la situación descrita fue el recurso único a la beneficencia como instrumento de la Iglesia para atender necesidades y reclamaciones puntuales de la clase obrera española. De este modo el Estado se liberaba de una responsabilidad que solo a él le competía, al tiempo que se reforzaba la autoridad moral de la jerarquía eclesiástica sobre la masa proletaria. Movido por el deseo de eximirse de participar en tales acciones, el Estado otorgó a la Iglesia el monopolio de acción en determinados ámbitos sociales, que fueron escatimados a las corporaciones municipales y otros organismos públicos. Así se explica que, merced a una nutrida labor legislativa, en el tránsito del siglo xix al siglo xx buena parte de las instituciones asistenciales quedasen en manos de la Iglesia y de fundaciones privadas eclesiásticas en España. El clima colaboró al regreso de órdenes religiosas o la creación de otras nuevas de naturaleza exclusivamente asistencial, tales como las Hermanas de la Caridad. Se deduce así que el Estado liberal español se empecinaba en dar respuesta a problemas nuevos con soluciones ya desfasadas (Carasa 2000, 220-222), lo cual no revelaba sino la escasa o nula disposición de las autoridades a replantearse la legitimidad de un modelo político, social y económico que excluía a la mayoría de la población.

El proletariado en el contexto
de la Segunda Revolución Industrial

1. Cambios en la industria en el último cuarto del siglo XIX

La colaboración estrecha entre la ciencia y la técnica posibilitó una segunda eclosión industrial entre 1870 y 1914. En esta nueva fase de desarrollo fabril la novedad estribó tanto en los materiales usados como en la renovación del proceso de producción, apareciendo las primeras fábricas a gran escala. En lo tocante a las novedades concretas por sectores económicos específicos, habría que destacar: la sustitución del hierro por el acero, más dúctil y maleable, además de producido a bajo coste gracias a los procedimientos desarrollados por Bessemer (1856) y Mushet (Mokyr 1999, 220-221); el desarrollo de la industria química, de la mano de Gran Bretaña, pero sobre todo de Alemania, cuya aplicaciones se centraron en el sector textil (tintes para tejidos), armamentístico (producción de bombas), y fundamentalmente farmacéutico (anestésicos, antisépticos y usos medicinales del ácido acetilsalicílico); el potencial energético de la electricidad, capital en el desarrollo de las comunicaciones (telégrafo) y la iluminación; y por último el desarrollo del transporte, que vio la incorporación del motor diésel a los medios de automoción, la fabricación de embarcaciones con motor de propulión y la invención del motor de cuatro tiempos (Mokyr 1999, 222-226).

Paradójicamente, consolidando una tendencia que se remontaba a finales de la centuria precedente, las transformaciones reseñadas al comienzo de esta sección, que repercutieron directamente en una mejora del proceso productivo, no acarrearon mejores condiciones de vida para los trabajadores. Es más, lejos de mejorar su situación, esta empeoró por la combinación de dos elementos: de un lado, la resistencia del Estado a intervenir en materia económica; de otro lado, la tipificación de cualquier reivindicación obrera como un acto criminal. La legislación laboral implementada hasta la fecha fue prácticamente inoperante, no porque sus principios no fueran acertados, sino porque la falta de voluntad política le restó eficacia (Arenas Posadas 2003, 59-60). Por añadidura, la ausencia de intervención estatal en el terreno de las relaciones económicas dejó el campo abierto a la experimentación de los empresarios, dispuestos a proponer nuevos sistemas de relaciones laborales cuyo único objetivo no era sino la mejora de la eficiencia y, derivado de ella, de su propio beneficio.

De entre los modelos de relaciones laborales que saldrán a la palestra en tales circunstancias ha de destacarse el taylorismo, cuyo nombre se debe a Frederick Taylor. Partiendo de diversos estudios que intentaban aplicar principios de las ciencias experimentales a la producción industrial, Taylor se había consagrado al aumento de la eficacia y de la motivación de los obreros en el proceso productivo (Taylor 1911). Para conseguir el primer objetivo impulsó la mecanización y la automatización de las tareas fabriles, que de este modo se podían desarrollar incluso por trabajadores poco cualificados; para mejorar la motivación, Taylor decidió vincular el salario del proletariado industrial a su productividad. Como última medida, este empresario recomendó el aumento de la nómina de gestores y trabajadores especializados, que se convertirían en supervisores de la labor de sus compañeros menos cualificados, de modo que el organigrama industrial se complicaba y, lo que era más importante, las labores de supervisión en los niveles inferiores recaían sobre los propios obreros, descargando así de trabajo y responsabilidad a los empleadores. La mejor plasmación práctica del modelo taylorista en la industria aconteció en la fábrica de automóviles de Henry Ford en Estados Unidos, que originó por sí misma un nuevo sistema de producción: el fordismo. Inspirado directamente en los postulados de Taylor, el fordismo añade un elemento novedoso: la producción en cadena, que capacitaba a los obreros para elaborar solo una parte del producto final. Otro elemento de discordancia, si bien complementario, del fordismo respecto del taylorismo radica en el salario de los trabajadores, que Ford decidió subir de entrada y de manera general, de modo que el proletariado, viendo elevada su capacidad adquisitiva, estuviera en disposición de comprar los mismos productos que elaboraba (Banta 1993).

Taylor y Ford habían defendido su modelo sobre la base de que la mecanización mejoraría las condiciones laborales de los obreros industriales. La realidad, sin embargo, distó bastante de este idílico panorama, cumplíendose las predicciones de Marx en *El Capital*: puesto que la demanda crecía a ritmo acelerado, era mucho más fácil atenderla mediante la mecanización progresiva de las actividades fabriles, lo cual repercutió en un incremento del desempleo en el sector secundario. Los obreros que perdían su trabajo en beneficio de las máquinas integraron lo que el filósofo alemán llamó un «ejército industrial de reserva», o «plusvalía relativa de población». Cuando la demanda crecía por encima de la capacidad productiva de la maquinaria, este ejército de reserva regresaba a las fábricas y recuperaba su empleo, aunque de manera temporal. Ahora bien, en el momento en el que la maquinaria pudo aumentar su rencimiento gracias al progreso técnico ya no se precisaba el «rescate» del ejército industrial de reserva para atender la creciente demanda, que la maquinaria por sí sola podía satisfacer. Como resultado el «ejército industrial de reserva» se transformaba en una «reserva permanente» que quedaba totalmente desamparada (Marx 1990, 784; Lipset 1959, 69-105; Lerche 2007, 425-452; Lamas 2019). El internacionalismo, en la década de 1960, vino a responder a la necesidad de una protesta obrera más efectiva contra la deriva de las condiciones económicas y vitales del proletariado.

Figura 1. Recorte del cartel anunciador *Tiempos modernos*, protagonizada por Charlie Chaplin (1936)

Fuente: https://acortar.link/5VMmtj (última consulta el 13 de diciembre de 2022).

2. El movimiento obrero transfronterizo: la I Internacional

El internacionalismo se construye sobre la base de la convicción de que los padecimientos de la clase obrera son idénticos en cualquier contexto nacional, es decir, atraviesan fronteras. Por ello, sostiene, es preciso que los trabajadores del mundo unan sus esfuerzos para hacer valer sus reivindicaciones. Sus orígenes se sitúan el 28 de septiembre de 1864, en la reunión celebrada en el Saint Martin's Hall de Londres a raíz de la represión del levantamiento de enero de 1863 en Polonia. Para entender el contexto, ha de saberse que el pueblo polaco, sometido al zar de Rusia, se había sublevado en la fecha señalada contra las levas forzosas de jóvenes, aprovechando la ocasión para reclamar además el establecimiento de una mancomunidad lituano-polaca. La reacción de las fuerzas del zar fue contundente y se saldó con el arresto de la mayoría de los rebeldes, los últimos de los cuales fueron finalmente apresados en 1864 (Jasiakiewicz 1983, 53-71). Para condenar los hechos, en septiembre de 1864 se dieron cita en Londres líderes de la izquierda radical de Francia y del Reino Unido, entre quienes destacaban Proudhon, Blanqui y un joven Karl Marx. Todos convinieron en la necesidad de constituir un movimiento internacional para defender y armonizar los intereses de los trabajadores de todo el mundo, puesto que las violaciones padecidas por el pueblo polaco se repetían en diferentes países.

Desde muy pronto quedó clara, no obstante, la imposibilidad de coordinar un movimiento obrero internacional unificado, pues ya en el seno de la Asociación Internacional de Trabajadores (AIT) o I Internacional surgió una escisión entre dos corrientes contrapuestas: por una parte, los activistas británicos eran partidarios de priorizar la lucha para mejorar las condiciones del proletariado frente al ataque directo al sistema capitalista; por otra parte, Proudhon y Blanqui rechazaban la participación política de los obreros y defendían la huelga como principal herramienta de lucha. El propio Marx representó una tercera vía, defensora de derrocar el capitalismo de una vez por todas (Rother 2012). Pese a estas diferencias, la mera existencia de la AIT fue positiva en sí misma porque proporcionaba a los trabajadores armas que les permitiesen recurrir a la huelga y presionar, tanto a los patrones como a los gobiernos, para conseguir que sus demandas se vieran atendidas. Además de las secciones que se crearon en los diferentes países, la AIT dispuso de diferentes medios de prensa que difundieron su mensaje por todo el mundo.

El espaldarazo definitivo a este internacionalismo obrero naciente vino de la mano de la adhesión de la corriente anarcocolectivista de Mijail Bakunin y Piotr Kropotkin en 1868, pero sobre todo de los sucesos de la Comuna de París de 1871. El gobierno francés presidido por Adolphe Thiers vivió la rebelión de las clases menesterosas, hartas de una élite política corrupta a la que culpaban de la derrota en la Guerra Franco-Prusiana (1870-1871), cuyo resultado había sido el nacimiento de Alemania a costa de varias posesiones territoriales en la frontera occidental gala. Las protestas devinieron en una movilización masiva que despertó el miedo del gobierno al comunismo, lo cual justificó la dura represión de los integrantes y participantes en los sucesos de la Comuna (Lissagaray 2021). Pese al fracaso aparente de la revolución, su éxito ha de valorarse en el nacimiento de los primeros partidos obreros de toda Europa, que trasladaron la lucha desde las barricadas parisinas al Elíseo. Ahora bien, justo un año después de los sucesos de París tuvo lugar el cisma de la I Internacional por la escisión de la corriente anarcocolectivista, discordante de la posición de Marx en un elemento fundamental: el escepticismo sobre cualquier modelo alternativo de estado por parte del anarquismo, que solo creía en la abolición de toda institución y todo tipo de sociedad, dando paso a una organización basada en comunas que se autogestionasen mediante la cooperación de todos sus miembros. Las diferencias entre ambas facciones llevaron a la marcha definitiva del anarquismo del seno de la AIT tras el V Congreso celebrado en La Haya en 1872 (Termes 1977).

2.1. Impacto de la I Internacional en España

La primera protesta realmente seria para el recién instaurado régimen liberal español se viviría nuevamente en Barcelona, en esta ocasión durante la regencia del general Baldomero Espartero (1840-1843), en el tramo final de la minoría de edad de Isabel II. Cataluña se había convertido en uno de los polos industriales de la Península Ibérica junto al País Vasco, lo cual aceleró la proletarización de las masas urbanas barcelonesas y bilbaínas. Inmersos en tal dinámica, los obreros vieron en el Partido Progresista, al que el propio Espartero representaba, una esperanza que aliviara sus padecimientos. Tal fue así que, al hilo de la llegada del progresismo al poder, los trabajadores comenzaron a formar las primeras organizaciones obreras clandestinas. Les favorecía además el hecho de que la Guardia Nacional, instrumento del progresismo constituido por trabajadores de las ciudades para mantener el orden, les posibilitaba un acceso rápido a las armas. Todo ello enervó y preocupó a los empresarios catalanes en general, y barceloneses en particular, quienes sentían que el nuevo gobierno progresistas no protegía en absoluto sus intereses.

Así estaban las cosas cuando, en 1841, el capitán general de Cataluña, Juan Van Halen, marchó a Navarra a combatir el carlismo, dejando desguarnecida su propia capitanía. En este año y el siguiente las masas proletarias aprovecharon el vacío de poder para dotarse de sus propios organismos de gobierno y representación, exigiendo además que las élites barcelonesas contribuyesen con sus impuestos para sufragar los gastos precisos para el mantenimiento de la ciudad. Además la junta de vigilancia ciudadana suprimió los impuestos más perjudiciales para los obreros y ordenó la destrucción de las murallas de la ciudadela, que recordaban la represión de la que había sido objeto el pueblo catalán por el ejército de Felipe V en el contexto de la Guerra de Sucesión (1700-1713). El regreso de Van Halen supuso la marcha atrás forzosa a todas estas iniciativas populares, y sobre todo la reconstrucción de las murallas, que aspiraba a acallar el brote repentino de insurgencia popular.

Sin embargo, las tensiones se reavivaron en noviembre de 1842 cuando el gobierno de Espartero suspendió los impuestos a los productos importados desde el extranjero. Considerando que esta medida amenazaba seriamente la producción textil catalana, perjudicando tanto los beneficios de los empresarios como el trabajo del proletariado urbano, unos y otros unieron sus fuerzas y tomaron la calle tras la dura represión de unos obreros que, una tarde de noviembre de 1843, se negaron a pagar el impuesto por la introducción de comida dentro de la ciudad. Se organizaron barricadas por doquier y el propio Espartero debió acudir en persona para bombardear Barcelona desde el castillo de Montjuic, desatando después la represión más feroz contra los insurgentes (Brezo 1959, 62-73).

Más allá de estos episodios, y sin contabilizar las revoluciones de 1854 y 1868, que contaron con participación popular, el movimiento obrero despertó en España tarde, durante el último cuarto del siglo XIX. Siguiendo a Pérez Garzón y Rey Reguillo (cit. en Carasa 2000, 223), hay tres etapas en la conflictividad social española de finales del siglo XIX y principios del siglo XX: la primera abarca desde la aprobación de la Ley de Asociaciones de 1886 y el sufragio universal de 1891 hasta el inicio de la I Guerra Mundial (1914); la segunda arranca con el final de la Gran Guerra, en 1918, y llega hasta la conclusión de la dictadura de Miguel Primo de Rivera, en 1930; la tercera y última se extiende desde la proclamación de la II República (1931) hasta el final de la Guerra Civil (1939). En este capítulo me centraré en la primera fase, caracterizada por una baja tasa de movilización y por la mezcla de maneras antiguas y modernas de insurrección.

El hito esencial en esta primera fase fue la celebración, por vez primera en España, de la festividad del 1 de mayo, acontecida en 1890, que originó la mayor manifestación conocida hasta la fecha, con alrededor de 30.000 participantes en Madrid. Entre sus reclamaciones, que presentaron al jefe del gobierno, Práxedes Mateo Sagasta, figuraban la jornada laboral de ocho horas, la eliminación del destajo, la supresión de los pagos en especie y el aumento de la vigilancia e inspección en los lugares de trabajo. Los anarquistas intentaron aprovechar la ocasión para convocar una huelga y crear desórdenes, mientras los socialistas basaron su acción en los mítines y la difusión de propaganda ideológica. Solo un reducido grupo de sindicalistas moderados veía la consecución inminente de algunos derechos, como la jornada de ocho horas, y llamó a celebrarlos con antelación. Más allá de las escisiones, la festividad sirvió para institucionalizar una celebración obrera y dotar a los trabajadores de una cultura e identidad propias (Carasa 2000, 223-225).

Hasta 1890 la acción obrera en España había sido testimonial, desalentada como vivía por la dura represión de las autoridades y la falta de conciencia de clase entre los trabajadores. Por ejemplo, en 1870 se había constituido la Federación Regional Española de la AIT, que quedó ilegalizada cuatro años después. Normalmente las protestas menudearon, por paradójico que resulte, durante los gobiernos presididos por el Partido Liberal de Sagasta, centrándose en Barcelona, Valencia y Madrid, con su foco en la industria textil, el transporte y la construcción. No hay que olvidar, empero, el empuje del campo andaluz, donde se habían producido recientemente los sucesos de la Mano Negra, en 1883, o la rebelión campesina de Jerez en enero de 1892. El Estado solo sabía responder a estos acontecimientos combinando la política asistencial de beneficencia con la mano dura represiva. La dinámica no auguraba un desenlace positivo y se acabó produciendo una espiral de violencia que eclosionó en la década de 1890, con sucesos como el asesinato de Antonio Cánovas, líder del Partido Liberal-Conservador y presidente del gobierno, en 1897, mientras reposaba en el balneario de Santa Águeda, a manos del anarquista italiano Michele Angiolillo (Carasa 2000, 225-226).

También la década de 1890 será esencial para institucionalizar la huelga como instrumento de lucha de los trabajadores españoles. La primera ocurrió en la cuenca minera de Vizcaya en 1890 e inauguró una etapa en la que se pueden distinguir dos fases: una primera, de acciones dispersas y de escaso calado, entre 1890 y 1897, y una segunda, de huelgas y acciones contundentes, entre 1899 y 1903. Sin duda, la pérdida de las últimas colonias de ultramar en 1898 (Cuba, Puerto Rico y Filipinas) alentó la protesta trabajadora aún más, focalizada en este caso en el rechazo a la leva de quintos para combatir en la guerra colonial. Fue precisamente en la última etapa cuando ocurrió la huelga general de Barcelona de 1902, para cuyo sofoco el gobierno recurrió a la Guardia Civil y el Ejército. El gobierno veía la huelga siempre con gran temor, en buena medida por influencia del anarquismo, que la había asociado tradicionalmente a atentados terroristas. Por ello acabó siendo ilegalizada y tipificada como acto criminal, hasta su primera regulación legal en 1909 (Carasa 2000, 226-227).

3. La división internacional del trabajo: la explotación colonial

Entre 1875 y 1914, en el periodo que Eric J. Hobsbawm denominó la «Era del Imperio» (1989), las principales potencias europeas buscaron expandir sus dominios fuera del continente, centrando sus miras en África y Asia, puesto que algunos países ya habían protagonizado la colonización de América desde los siglos xv y xvi. El motivo para este nuevo periodo de imperialismo colonial fue triple: en primer lugar, Europa había experimentado un crecimiento sin precedentes al calor de la Revolución Industrial, la producción había crecido, pero el mercado era limitado, de donde se deducía la necesidad de ampliar el horizonte para obtener más materias primas y vender los productos industriales. En segundo lugar, el crecimiento económico y la prosperidad se habían visto acompañados de avances científicos que posibilitaron el crecimiento demográfico europeo, pero en este caso el espacio continental era también limentado, de modo que urgía encontrar nuevos escenarios donde el «excedente» poblacional pudiera buscar un futuro nuevo, aliviando así la presión demográfica sobre los recursos. Por último, la expansión imperialista era un medio para reafirmar el prestigio internacional de los principales países europeos; especialmente ilustrativo resulta el caso de Francia, humillada en la Guerra Franco-Prusiana (1870-1871), que intentó resarcirse multiplicando sus posesiones en África y Asia. En el otro lado de la historia se encontraba Alemania, su vencedora, recién nacida como país e igualmente deseosa de embarcarse en empresas coloniales que consolidaran su influencia como superpotencia en el centro de Europa.

Guiadas por estos y por similares móviles, Gran Bretaña, Francia, Alemania, Bélgica, Países Bajos, Portugal e Italia capitalizaron la nueva era de conquista y explotación de territorios hasta entonces no sometidos a los dictados de Occidente en términos económicos o políticos. La nueva guerra se libraba pues no en el campo de batalla, sino en el mapa colonial, y la vencedora de esta era expansionista fue Gran Bretaña: tras imponerse a las fuerzas francesas en el incidente de Fachoda de 1898, materializó su ambición de construir un imperio continuo en África en sentido norte-sur, con cabecera en Egipto y Sudáfrica, al tiempo que reafirmaba su base asiática a través de la India. En su empeño de dominación colonial los británicos tenían en los franceses a sus principales enemigos, pero unos y otros se aprestaron a colaborar para desarrollar el proyecto del Canal de Suez, que permitiría conectar el Mediterráneo con el Índico a través del Istmo de Suez y el Mar Rojo; la empresa gestora del tráfico a través del canal también quedó en manos de capital anglo-francés. La apertura del Canal tuvo además repercusiones económicas inmediatas, puesto que la posibilidad de comunicar ambos mares sin necesidad de circunnavegar África no solo redujo el tiempo de los viajes comerciales, sino que además abarató los costes de transporte y, a raíz de ello, de los productos comercializados (Hobsbawm 1989, 56-84).

El imperialismo colonial decimonónico trajo consigo una grave consecuencia: el empeoramiento visible de las condiciones de vida de los naturales de los territorios colonizados. Entre las principales formas de dominación colonial que surgieron al calor de esta ola expansionista hay que destacar las siguientes:

a) Colonias de administración directa, establecida por el propio país colonizador sobre los nativos, constituida a base de funcionarios procedentes de la metrópoli. Mucho más frecuente durante la Edad Moderna, este modelo pervivió entre algunas posesiones coloniales del siglo XIX, como el Congo Belga, que además tenía la peculiaridad de considerarse patrimonio personal del rey Leopoldo II.

b)   Protectorados, caracterizados por la preservación del gobierno y autoridades locales, que convivían con una administración paralela establecida por el país colonizador, cuya
finalidad no era sino defender los intereses económicos de
este último en aquel escenario. Entre los principales ejemplos ha de destacarse a la India o Palestina, ambos de dominio británico.

c)   Dominios, con mayoría de población colona pero amplio
autogobierno, en los que la presencia colonial se ejercía a
través de un gobernador. El mejor ejemplo es Australia.

d)   Territorios metropolitanos, que pese a encontrarse fuera del
continente europeo se consideraban una provincia más del
país que los controlaba, como era el caso de Argelia.

e)   Las concesiones, como Hong Kong, cedido por China a
Gran Bretaña.

Al margen del modelo de dominación colonial, los imperios
europeos aplicaron sobre las colonias un principio de división internacional del trabajo (Marx y Engels, 2015): del mismo modo
que en las sociedades industriales el empresario explotaba la fuerza de trabajo de los obreros, en el terreno internacional las metrópolis europeas explotaron los recursos y la fuerza de producción de las colonias, convertidas en proletariado de Europa. Así se
fraguó una jerarquía entre los países colonizadores, ricos, situados
en la cúspide de la pirámide mundial, y los países colonizados,
pobres, en la base de esa misma pirámide. Estos últimos debían
entregar sus recursos materiales y naturales a aquellos, que además monopolizaban el abastecimiento de las colonias del resto de
productos esenciales, generando una relación de dependencia económica que en la mayoría de los casos se perpetuó en el periodo
postcolonial (Wallerstein 2004). Esta relación, sin embargo, se vio
sacudida seriamente tras la I Guerra Mundial, en buena medida
gracias a las reflexiones del presidente estadounidense Woodrow
Wilson, favorable al derecho de autodeterminación de los pueblos
que compartieran un legado cultural común pero carecieran de un
estado propio, como manifestó en los Catorce Puntos que le deben
su nombre. El estallido definitivo del proceso de descolonización,
único desenlace posible para la situación de sujeción económica
descrita, llegó tras la II Guerra Mundial.

Figura 2. El Coloso de Rhodes. Caricatura de Cecil John Rhodes
tras el anuncio de trazar una línea telegráfica
y otra ferroviaria entre El Cairo y Ciudad del Cabo

Fuente: caricatura original de Edwardl Linley Sambourne (1844-1910), en 1892.

V. LA HISTORIA RECIENTE DEL TRABAJO

Las dos guerras mundiales y la crisis de entreguerras: el modelo fascista

1. ¿Una democracia en crisis?

El historiador británico Eric J. Hobsbawm dio en calificar el siglo XX como «corto» y definió su marco temporal entre 1914 y 1991. A su juicio, los primeros años del siglo XX apenas mostraban diferencias en la organización política, social y económica de la cultura occidental con respecto al contexto final de la centuria precedente; la pausa vino representada por la I Guerra Mundial, también conocida como la Gran Guerra, que fue un punto de inflexión en la medida en que representó una conflagración mundial sin precedentes. Además, la I Guerra Mundial inauguró el concepto de «guerra total» y abrió un ciclo bélico que continuó con la II Guerra Mundial y la Guerra Fría, prolongándose hasta 1991, año que marca el final del siglo XX para dicho historiador (Hobsbawm 1994).

El estallido de la Gran Guerra fue el desenlace natural de la tensión acumulada en las décadas previas, durante la «Paz Armada» (1870-1914), entre las principales potencias imperialistas europeas, cuyos intereses habían colisionado en el transcurso de su expansión por África y Asia. Numerosos autores y expertos en este periodo histórico han subrayado cómo la escalada de violencia y tensión desde el último cuarto del siglo XIX no tenía otra solución posible que un conflicto global, mientras los países responsables de dicho tránsito hacia la perdición permanecían aparentemente ignorantes sobre las consecuencias de sus actos (Clark 2012). Ahora bien, si ha de buscarse un denotante o *casus belli* para el inicio de las hostilidades, este fue el Atentado de Sarajevo en el que Gavrilo Princip, joven nacionalista de origen serbobosnio, asesinó al archiduque Francisco Fernando, heredero del trono del Imperio austrohúngaro, el 28 de junio de 1914 (Gilbert 2004, 45-67). El juego de alianzas y ambiciones compartidas hizo que, cuando apenas había transcurrido un mes desde el magnicidio, el escenario europeo se viera dividido en dos bandos: la Triple Alianza, integrada por Alemania, Austria-Hungría e Italia, y la Triple Entente, a la cual pertenecían Francia, Gran Bretaña y Rusia. El año de 1917 vio la salida de Rusia de la guerra como consecuencia del estallido de la revolución bolchevique, pero su lugar lo ocupó Estados Unidos, que se sumó a la entente tras la agresión alemana a una embarcación de aquel país.

A ojos de buena parte de los observadores, intelectuales y estudiosos de la época, la I Guerra Mundial había dejado una enseñanza fundamental: la democracia liberal tal y como se había conocido hasta entonces se encontraba inmersa en una profunda crisis. Cuando el conflicto acabó la situación de las potencias que habían participado en él era calamitosa: los vencedores, integrantes de la Triple Entente, se veían arruinados y en la necesidad de reconstruir sus infraestructuras desde cero; y los vencidos, especialmente Alemania, no solo debieron afrontar el mismo reto, sino que además hubieron de hacerlo ante la humillación que supuso verse identificados como los únicos responsables de la guerra y, por tanto, obligados a pagar elevadas compensaciones económicas. Como era de esperar, el peso de la recuperación recayó sobre los hombros de la clase trabajadora, que debió redoblar sus esfuerzos para posibilitar la reconstrucción de su país y, además, devolver el dinero prestado por Estados Unidos a todos los países beligerantes con el fin de contribuir a la recuperación. El gran beneficiado, por consiguiente, fue la nación norteamericana, que no había sufrido ataque alguno y recibía dinero de todos los países involucrados en el conflicto, vencedores y vencidos, necesitados por igual de sus fondos para salir adelante.

En tal situación de penuria, poco a poco hizo éxito entre la población civil un mensaje que no por repetido respondía a la realidad: la democracia, que supuestamente representaba el gobierno de pueblo, por el pueblo y para el pueblo, había fallado al mismo pueblo al que decía representar, dejándolo sumido en la más absoluta miseria. Los críticos del sistema democrático iban más allá y planteaban una pregunta a la sociedad: ¿era prudente seguir confiando en aquel mismo sistema que había traicionado a la población, o convenía, por contra, pensar en modelos alternativos que protegiesen al pueblo frente a cualquier contingencia futura? (Hobsbawm 1994, 109-141). No obstante, retomando nuevamente el análisis de Hobsbawm, conviene aclarar algo: la democracia no existe al margen de la voluntad humana. Precisamente por este motivo, su existencia y perpetuación es posible si existe un compromiso de la sociedad civil para respetar sus reglas fundamentales. Dicho compromiso es fácil de mantener en épocas de bonanza económica, cuando nadie siente la necesidad de cuestionarse las bases del sistema porque este, a su vez, garantiza un nivel de vida aceptable para la mayoria de la población. Sin embargo, cuando el ciclo económico se invierte, tal y como sucedió en el mundo occidental entre 1919 y 1939, resulta difícil seguir creyendo en la utilidad de la democracia y es frecuente que se esté dispuesto a apoyar cualquier opción nueva, casi siempre de signo totalitario, que garantice el final de los sufrimientos del común de la población. Obrando de este modo, los individuos olvidan que son ellos mismos quienes hacen la democracia tal y como es y que, en consecuencia, de su crisis son ellos mismos responsables, porque los defectos de aquella responden a los defectos del ser humano y a sus propias contradicciones; dicho de otra forma, la búsqueda de una alternativa totalitaria, con independencia de su signo, no constituye sino un ejercicio de elusión de la responsabilidad propia colectiva en la crisis del sistema y la justificación de soluciones personalistas que no hacen sino profundizar la crisis generalizada (Hobsbawm 1994, 136).

2. Bases de partida para el triunfo de los fascismos

Como apuntaron Feliu y Sudrià, los gobiernos hallaron tres formas esenciales de financiar la guerra y, posteriormente, la recuperación económica: el incremento de los impuestos; el endeudamiento progresivo de los ejecutivos para conseguir fondos del exterior y asumir servicios públicos necesarios; y la emancipación de las últimas posesiones coloniales occidentales (2013, 210). De entre los métodos enumerados, el preferido fue siempre el endeudamiento, ora a través de la emisión de bonos de deuda de guerra en el interior, ora mediante préstamos del exterior (de Estados Unidos para los exmiembros de la Triple Entente), ora a través de la emisión de billetes por los bancos centrales. Precisamente esta última, en la forma del aumento de la circulación fiduciaria, fue la herramienta usada con mayor frecuencia, de modo que el dinero en circulación aumentó su valor por encima de su correspondencia real con el oro, multiplicándolo por cinco en Francia, o por diez en Gran Bretaña y Alemania (Feliu y Sudrià 2013, 210-214).

El aumento de la circulación fiduciaria provocó en primera instancia una contracción del comercio internacional y de los intercambios, dado que era imposible garantizar la convertibilidad fiel de la moneda, y desembocó en un incremento de la inflación: los precios aumentaron de forma desproporcionada, mientras los gobiernos reaccionaban tarde y las empresas los hacían oscilar sin apenas control estatal, que cuando llegó fue insuficiente. Así pues, en Europa coincidieron en el tiempo dos fenómenos altamente explosivos en términos sociales: una elevada tasa de desempleo, derivada de la destrucción de la guerra, la disminución de los intercambios y el incremento de los precios; y la consiguiente ruina del proletariado urbano, primero por la subida de los precios, y después por la necesidad de devolver el dinero prestado por Estados Unidos con rapidez, lo cual agravó la depresión económica continental.

Con diferencia, el país que más sufrió las consecuencias de la guerra, y sobre todo de la paz, fue Alemania, sindicada en el Tratado de Versalles como única responsable de la Gran Guerra y, por ello, humillada en lo militar y en lo político, además de condenada a pagar unas desorbitadas compensaciones económicas. El economista y asesor del gobierno británico en las negociaciones de la paz, John M. Keynes, advirtió de que las exigencias a Alemania eran excesivas e ilusorias, por dos motivos: primeramente, porque condenaban a la nación más poderosa del continente a la ruina; en segundo lugar, porque comprometían las posibilidades de los trabajadores alemanes de salir adelante en la posguerra, tras un conflicto en el que había sufrido numerosas bajas (Keynes 2000). Para poner en contexto la advertencia de Keynes, ha de recordarse que Alemania había movilizado a toda la población en edad de servir cuando estalló la I Guerra Mundial, y que en los últimos compases de la conflagración se vio incluso obligada a reclutar a niños y adolescentes para el frente. Además de las penalidades y lesiones padecidas en el frente, a las que se sumaba el espectáculo de sus compañeros de armas muertos en el campo de batalla, cuando regresaron del frente los alemanes se encontraron a un país humillado y que no ofrecía para ellos perspectiva alguna de futuro. Heridos en su orgullo por la rendición firmada por el gobierno de Weimar, consideraban que el aplastamiento del orgullo y la economía alemanas en la posguerra, consecuencia de dicha rendición, convertían a la República en traidora de su propio pueblo y autora de la llamada «puñalada por la espalda». Así pues, en última instancia fue la propia democracia restaurada en Weimar la que se convirtió en objeto de sus críticas y en chivo expiatorio de sus males, sembrándose así la semilla del auge del nazismo en los años inmediatamente posteriores (Hobsbawm 1994, 109-141).

Una vez acabada la Gran Guerra, diferentes países emprendieron medidas conducentes al despegue económico, que solo fue posible sobre unas bases tan precarias que no hacían sino presagiar un hundimiento inminente. Así, en el periodo comprendido entre 1913 y 1929 Japón, España y Estados Unidos experimentaron crecimientos notables en su PIB, mientras Gran Bretaña y Alemania seguían un ritmo de despegue menor. Pese a que las tasas de recuperación registradas eran inferiores a las correspondientes al periodo 1870-1913, lo cierto es que la productividad creció, como consecuencia, entre otros motivos, de la adopción generalizada de la jornada laboral de ocho horas a partir de 1919. Esto suponía un punto de inflexión en la historia del capitalismo, dado que por vez primera el incremento de la productividad no se sustentaba sobre la sobreexplotación del proletariado, sino sobre la mejora de sus condiciones de trabajo. En el ánimo de los gobiernos que apoyaron esta medida debió ejercer una fuerte presión el reciente caso de la revolución bolchevique en Rusia en 1917, que les habría persuadido de adoptar iniciativas favorables a la clase trabajadora para evitar un desenlace similar dentro de sus fronteras (Feliu y Sudrià 2003, 222).

Tres factores combinados posibilitaron el crecimiento: los avances tecnológicos, sobre todo en la electricidad y la automoción, la producción de bienes de consumo duradero a precios asequibles para los trabajadores y, en conexión directa con lo anterior, el aumento de los salarios de la clase obrera. Estos indicadores no deben, no obstante, alejar la atención del observador sobre algo crucial: el crecimiento se apoyaba sobre la deuda creciente con Estados Unidos, de modo que dependía en todo de la propia evolución de la economía norteamericana. Piénsese que la deuda externa se financió con títulos de deuda emitidos por cada gobierno y adquiridos por inversores internos, quienes debían obtener a cambio un interés, si bien sobre todo el sistema se cernía una amenaza en el horizonte: Estados Unidos se reservaba el derecho de reclamar el dinero prestado con mayor celeridad, si las circunstancias así lo exigían. Si esto se producía, sus deudores deberían emprender una política urgente de ajuste presupuestario para hacer recaer sobre la población civil el pago de la deuda.

A ello ha de añadirse un hecho en absoluto menor: el crecimiento económico tenía un límite, que no era otro que la capacidad de adquisición del mercado. Puesto que la demanda equivale a la cantidad de personas dispuestas a adquirir los productos que se ofertan en el mercado libre, si se contrae provocará automáticamente una caída de los precios, a la par que una acumulación de *stock* en los almacenes, que redundaría en una depreciación aún mayor de los productos almacenados. El efecto colateral más inmediato de esta perversa dinámica sería una reducción de los costes de producción, que llevaría a los empresarios a recortar su inversión en mano de obra, aumentando la tasa de desempleo, reduciéndose el salario y, como consecuencia de todo ello, consolidándose el empobrecimiento de la clase trabajadora. Esta compleja combinación de factores, que parecen representar una tormenta perfecta difícil de imaginar, cristalizó cuando el mercado de valores de Wall Street, en Nueva York, vivió los llamados «jueves negro» y «martes negro», los días 24 y 29 de octubre de 1929, respectivamente.

3. La Gran Depresión

Desde la perspectiva actual es indiscutible que el sistema capitalista padece crisis periódicas debido a sus propias contradicciones, que se repiten con carácter cíclico (Galbraith 1993). Partiendo de esta base, a la hora de analizar la Gran Depresión o Crack de 1929 interesa la interpretación de Zamagni (1991, 183-194), para quien ya en la década de 1920 la economía estadounidense había dado signos de agotamiento, de modo que no se puede concluir que la crisis surgiera de la nada, máxime cuando la precedió un episodio similar en Alemania en 1928. Así pues, puede hablarse de una crisis que tuvo dos escenarios esenciales: uno en Europa y otro en Estados Unidos. Entre sus causas desencadenantes, de nuevo según esta misma autora, ha de subrayarse el cambio de papel de Estados Unidos, que dejó de ser deudor neto para convertirse en acreedor neto en el mercado mundial, así como la aplicación de una política monetaria restrictiva por el gobierno de Washington, que favoreció el pánico financiero, una sucesión de quiebras en cadena y una acusada deflación (Zamagni 1991, 187-188).

Cuando el mercado estadounidense hubo colapsado los productos comenzaron a acumularse en los almacenes y el precio bajó. En el terreno del mercado de valores, el fenómeno fue bastante similar:

las acciones de la inmensa mayoría de empresas dejaron de producir beneficios, de modo que los inversores y los especuladores bursátiles (*brokers*) optaron por sacarlas a la venta en masa, provocando una caída en picado de su valor. Quienes tenían intereses invertidos en la bolsa se vieron arruinados de la noche a la mañana, igual que los dueños de las empresas y los trabajadores también vieron cómo su economía se hundía, si bien el proceso no fue tan acelerado en este otro terreno. Así y todo, las compañías se vieron obligadas a recortar gastos, entre ellos de manera significativa la mano de obra, provocando un aumento del desempleo y una contracción del consumo que, paradójicamente, no hicieron sino profundizar la crisis. En tales circunstancias, esgrimiendo su derecho a exigir la devolución del dinero prestado para la reconstrucción de las naciones europeas en la posguerra en circunstancias excepcionales, Estados Unidos reclamó la devolución de sus préstamos, provocando que los efectos de la crisis se trasladaran al viejo continente. Las economías europeas ya estaban bastante maltrechas y su crecimiento, como se apuntaba en líneas precedentes, se había construido sobre bases muy débiles, por lo que la Gran Depresión les golpeó sobre la línea de flotación, condenándolas de nuevo a la austeridad (Hobsbawm 1994, 85-108).

Como se ha reseñado, el gasto de producción recortado de forma más recurrente por los empresarios para hacer frente a la crisis fue el salario de los trabajadores. Así pues, un proletariado ya escéptico sobre el liberalismo y la democracia, vio la excusa perfecta para condenarlos como origen de todos sus males y, de resultas de ello, buscar alternativas al régimen democrático liberal. Así se explica la proliferación de partidos y movimientos políticos que, viendo la oportunidad en la frustración y el enfado de la clase trabajadora mundial, explotaron ambos sentimientos para alcanzar el poder, bien por la vía democrática que ellos mismos condenaban, o bien por la fuerza. Entre las formaciones de estas características hay que destacar los fascio de combate en Italia, o el NSDAP en Alemania. Su irrupción repentina, su rápido éxito entre la clase trabajadora, y el deseo del proletariado de una respuesta rápida a sus anhelos y necesidades se combinaron para bloquear las soluciones democráticas a la crisis generada por el propio sistema, cuyos instrumentos de regeneración habrían de esperar aún varias décadas para probar su valía.

4. Fascismo italiano y nazismo alemán: el éxito del totalitarismo de extrema derecha entre la clase trabajadora mundial

Los fascismos, entendidos como fenómeno político, social, cultural e ideológico que surge en la Europa de entreguerras, comparten una serie de rasgos esenciales (Paxton 2005), a saber: un líder carismático, objeto de culto a la personalidad, en la medida en que se le identifica con los valores nacionales; la imposición de un sistema de partido único mediante la eliminación de la oposición política, en lo que son dos rasgos propios de cualquier régimen totalitario, con independencia de su signo ideológico; la apuesta por el «Estado total», esto es, un modelo estatal y un programa político que impregnen a toda la sociedad, abarcando desde la educación, o la vida privada y cotidiana, hasta la planificación económica y la política nacional; el rechazo visceral al comunismo y el capitalismo, considerando que aquel constituye una amenaza latente para la verdadera civilización, y que este es la causa y origen de todos los males imaginables; la priorización absoluta del interés común sobre el interés individual, que se refuerza mediante diferentes actos y manifestaciones de lealtad, frecuentemente violentas, al tiempo que se rechaza el uso de la razón o de la cultura; una política exterior agresiva, que permita a los ciudadanos centrar su atención en supuestas amenazas externas, bien para vencer a cualquier enemigo potencial, bien para restaurar el orgullo patrio dañado, o bien para ambas; y finalmente, como consecuencia del rasgo anterior, el ultranacionalismo, rayano en la xenofobia y cimentado sobre la convicción de que el interés nacional prima sobre los demás, así como el miedo a otras razas o grupos inferiores que puedan corromper el carácter nacional propio.

4.1. El fascismo italiano

Pese a que Alemania, por motivos históricos de todos conocidos, ha acaparado tradicionalmente la atención de las investigaciones analíticas sobre el fascismo en el siglo xx, lo cierto es que Italia fue el escenario de la «tormenta perfecta» que posibilitó el desencadenamiento del fascismo. Por una parte, Italia se contaba entre los vencedores de la I Guerra Mundial, pero no había recibido las compensaciones territoriales deseadas cuando finalizó el conflicto;

por otra, la Gran Depresión le había afectado de manera especialmente dramática, hasta el extremo de sumir al Estado en la bancarrota absoluta y hundir el valor de la lira, mientras el precio de los productos de primera necesidad aumentaba de manera irrefrenable, registrando niveles de aumento de hasta un 450%. Como era de esperar, quienes sufrieron los efectos de tan crítica coyuntura fueron los trabajadores italianos: primeramente, porque el ciclo alcista que siguió a la Gran Guerra solo benefició a una proporción muy reducida de ellos, mientras la mayoría seguía en el paro o vivía en la miseria, cuando no se trataba de mutilados de guerra arrebatados de la actividad productiva por los daños colaterales del conflicto; en segundo lugar, porque sobre una base política, social y económica tan débil el impacto de la Crisis de 1929 se hizo notar con especial virulencia. Y este fue el contexto que aprovechó el *Fascio di Combattimento*, fundado por Benito Mussolini, para que el apoyo popular creciera hacia unos «camisas negras» que prometían solucionar los padecimientos de los obreros, que ni la democracia ni el modelo económico liberal habían savido resolver.

En puridad, ha de reconocerse que los *Fascio* no nacen de la mano de Benito Mussolini, sino que su existencia se remonta a los años inmediatamente posteriores al final de la Gran Guerra, cuando actuaban esencialmente como un grupo violento que las autoridades catalogaron como organización terrorista. Su transformación se operó en 1921, cuando decidieron templar los ánimos y transformarse en un partido político, cuyo nombre sería *Partito Nazionale Fascista*, y que se definía como políticamente monárquico, económicamente liberal e ideológicamente anticomunista. El Partido Fascista organizó entre el 27 y el 29 de octubre de 1922 la Marcha de Roma, que fue un golpe de estado encubierto para obligar a Víctor Manuel III, entonces rey de Italia, a destituir al gobierno en ejercicio e invitar a Benito Mussolini a convertirse en el cabecilla de un nuevo ejecutivo. La Marcha en sí misma constituyó un ejemplo de habilidad estratégica de Mussolini, pues el desencandenante había sido la invitación a Gabriele d'Annuzio, líder ultranacionalista, por parte del presidente del gobierno italiano, Luigi Facta, a participar en los actos conmemorativos de la victoria de Italia en la I Guerra Mundial, que debían tener lugar el 4 de noviembre. Enfurecido por su marginación del acto, habida cuenta del recelo del presidente italiano hacia la violencia encarnada por los fascistas, Mussolini decidió contrarrestar la invitación a D'Annuzio mediante una «marcha espontánea» de militantes y simpatizantes fascistas que, desde el norte de Italia, se dirigieron hacia Roma, donde reivindicaron a Mussolini como verdadera y única esperanza del país en contraposición a D'Annunzio.

Siguiendo una hoja de ruta común al resto de regímenes totalitarios, entre 1922 y 1924 Mussolini mantuvo una ilusión de vida institucional democrática, acaparando cada vez más funciones en su persona, hasta que en 1924 decidió dar el paso decisivo de liquidar el régimen democrático. El líder socialista Giacomo Matteotti se posicionó en contra de la pretendida reforma de la ley electoral, que aspiraba a otorgar al partido vencedor en los comicios automáticamente dos tercios de representación en la cámara legislativa, obligando al resto de partidos a distribuirse el remanente de asientos libres del parlamento. El precio que debió pagar Matteotti por su enfrentamiento abierto con Mussolini fue su asesinato a manos de grupos fascistas el mismo año de 1924. Seguidamente Mussolini, argumentando que la oposición política obstaculizaba su programa de gobierno, –esencial, sostenía él–, para la restauración del orgullo italiano, procedió a suprimir la libertad de expresión y el pluralismo político: Italia se había convertido, de hecho y de derecho, en una dictadura. La siguiente iniciativa legal destacada, esencial en el horizonte político de los fascismos, pues era preciso ofrecer una contraprestación a la clase trabajadora por el respaldo a este tipo de opciones políticas, fue la aprobación de la Carta del Lavoro en 1927. El documento establecía que el Estado sería el único actor con capacidad y atribuciones para regular las relaciones económicas, de suerte que la conflictividad de clase quedaba suprimida por ley y la autarquía se convertiría en adelante en la fórmula económica de supervivencia del país, solución que se justificaba desde la óptica fascista de que los males de Italia habían estado provocados por la Gran Depresión, a su vez una consecuencia directa del modelo capitalista.

Como se anticipaba previamente, el fascismo debió poner especial atención a la legislación laboral, puesto que debía transmitir la sensación al pueblo italiano de que su apuesta por la solución totalitaria, sobre la base de la promesa de la restauración económica y del orgullo patrio, había tenido sentido. En términos laborales, la base teórica de su actuación fue el corporativismo, esto es, la supresión por ley de la lucha de clases, así como la eliminación de cualquier condición que la posibilitara. Los obreros italianos se veían obligados a pertenecer al único sindicato legal, el sindicato fascista, encargado de reunir en su seno a empleadores y empleados con el fin, a priori, de armonizar sus intereses y disolver cualquier posible conflicto antes de que estallase. Quedaba así de manifiesto una de las estrategias más enrevesadas del fascismo, es decir, el revestimiento de una ideología burguesa conservadora con un discurso aparentemente obrero, que le granjease el apoyo de las masas proletarias, convencidas de que todo se hacía desde el Estado «por el bien común», eludiéndose así la eventualidad de repetición de una experiencia similiar a la cercana Revolución rusa de 1917 (Hobsbawm 1994, 109-141).

La eliminación de la cultura de clase se vio acompañada de un componente esencial y complementario: la propaganda ultranacionalista, consustancial a la supresión de la conflictividad de clase, por cuanto era imprescindible sustituir la identidad de clase con una nueva identidad aglutinadora de toda la población, esto es, la identidad nacional italiana, en el caso concreto que nos ocupa. Así pues, cualquier persona que osara defender los intereses o derechos de una clase frente a las demás, alentando de esta forma el conflicto social, sería tachado de conspirador contra los intereses nacionales y, consecuentemente, de traidor a la patria, haciéndose con ello acreedor de la más dura represalia. Como se puede ver, las mismas élites que habían movido a la población a tomar la calle y apoyar la Marcha de Roma desarrollaron ahora una amplia y compleja panoplia de iniciativas legales para desmovilizar a la clase trabajadora, sentando las bases de la desideologización que tardaría en revertirse. De hecho, solo se pudo dejar de lado tras el drama de la II Guerra Mundial, cuando la dialéctica entre capitalismo y comunismo llevó a la inmensa mayoría de los países occidentales a apostar por aquel en detrimento de este (Tannenbaum 1975).

4.2. El nazismo alemán

El auge del movimiento fascista en Alemania se explica, de manera casi exclusiva, a partir de la humillación del país tras la I Guerra Mundial, en el Tratado de Paz de Versalles, que se combinó con los efectos catastróficos de la Gran Depresión a escala global. La fuerza política encargada de capitalizar el descontento creciente del proletariado germano fue el Partido Obrero Alemán (*Deutsche Arbeiter Partei*, DAP). En 1920, un año antes de que en Italia se configurase el Partido Nacional Fascista, el DAP alemán se sumó a una coalición de partidos de extrema derecha y ultranacionalistas, que originaron el Partido Obrero Nacional-Socialista Alemán (*Nationalsozialistiche Deutsche Arbeiter Partei*, NSDAP), que se conoció popularmente como partido nazi. Un año después asumió el liderazgo Adolf Hitler, pintor frustrado, natural de Austria y veterano de la Gran Guerra, en la que había sufrido una herida de combate que le obligó a abandonar el frente y permanecer en la reserva hasta el final de la contienda. El desenlace de la Guerra fue impactante para él, puesto que en 1914 se había sumado a la masa enfervorecida que había celebrado la declaración de guerra de Alemania a Gran Bretaña y Francia en la Puerta de Brandemburgo, en la capital alemana. Por consiguiente, la derrota y la humillación de Alemania en Versalles le hicieron sentir en primera persona, con especial virulencia, la «puñalada por la espalda» denunciada por los veteranos del ejército germano, quienes con esta expresión se referían a la supuesta traición del gobierno de la República de Weimar cuando se rindió incondicionalmente al final de la I Guerra Mundial.

La propia nomenclatura del partido nazi ayuda a ilustrar la medida en que las organizaciones fascistas tuvieron la habilidad por ocupar el espacio ideológico dejado por los partidos trabajadores y democráticos, alejados de los intereses y preocupaciones reales del proletariado, que por ello había decidido orientarse hacia posiciones cada vez más conservadoras. En efecto, el Partido Obrero Nacional-Socialista se definía, al igual que el Partido Nacional Fascista italiano, como esencialmente representante de la clase trabajadora. Es decir, nuevamente el fascismo cosechaba sus resultados entre los sectores más desfavorecidos de la sociedad europea tras la I Guerra Mundial y la Gran Depresión, a quienes también en Alemania se presentó como la panacea para los padecimientos del proletariado, que se resumía en la siguiente máxima: el fascismo encarnaba la única solución posible para la crisis, que se materializaría en un gobierno fuerte, capaz de crear puestos de trabajo invirtiendo en la industria de guerra. El objetivo estaba claro: vengar la afrenta que había significado para el país la Paz de Versalles. La capacidad de persuasión de los dirigentes del NSDAP fue tal que tanto los miembros de la burguesía ilustrada germana, como las masas trabajadoras, le dieron masivamente su confianza en los comicios de 1932. Así se explica que el partido nazi obtuviera un 37,27% de los votos, lo cual representó un respaldo de hasta 14.000.000 votantes, que le granjearon 230 escaños en el Reichstag (Gallego 2001; Speer 2003).

Tal y como había sucedido en Italia, el nazismo alemán comenzó su gobierno en coalición con otros partidos de signo similar, básicamente conservadores y nacionalistas, pero en el mismo año de 1933 imprimió un giro de timón autoritario, motivado por el incendio del Reichstag, sede del Parlamento, por el comunista holandés Marinus van der Lubbe, y suspendió los derechos constitucionales, esgrimiendo el peligro de una revolución alentada por el Partido Comunista. De hecho, la escalada autoritaria y personalista llevó a Hitler a enfrentarse a los cuadros del propio NSDAP que le habían aupado al poder en 1933. Concretamente fueron los llamados «camisas pardas», integrantes de las «unidades de asalto» o SA (*Stürm Abteilung*), comandados por Ernst Röhm, quienes defraudados por el personalismo mal disimulado del Führer, alejado de su objetivo inicial de acometer una verdadera resolución social, intentaron apartarlo del poder mediante un atentado fallido. Para librarse de ellos, el canciller inició una purga interna durante la conocida como Noche de los Cuchillos Largos en 1934, que culminó con el juicio sumarísimo contra los líderes de las SA, entre ellos el propio Röhm. Además, la Noche de los Cuchillos Largos posibilitó la supremacía de otro cuerpo armado concebido como un escudo defensivo del propio Hitler, las SS, encabezadas por Heinrich Himmler.

El programa político y económico del nazismo resultó bastante ambiguo: de un lado, la supresión de los derechos fundamentales, entre ellos la libertad de expresión, eliminaba cualquier atisbo de actividad sindical, restringiendo claramente los derechos esenciales de la clase trabajadora; de otro lado, fomentó la creación de puestos de trabajo a través de la inversión pública en la industria pesada y en las obras públicas. Como en Italia, se adoptó un modelo corporativo que armonizase los intereses de los patronos y los obreros en el seno del NSDAP, dado que se prohibía cualquier militancia disidente, considerada indicio de alta traición (Gallego 2001). Las conquistas expuestas en estas líneas fueron posibles gracias al apoyo popular cosechado merced a una muy eficaz labor de propaganda, que convenció a los trabajadores germanos de que todo sacrificio de las libertades individuales estaba más que justificado porque Hitler había devuelto a Alemania al lugar que históricamente le correspondía en el panorama internacional. Tal fue la eficacia de la propaganda, que el común de los alemanes incluso estuvo tácitamente de acuerdo en mirar hacia otro lado cuando la minoría judía comenzó a sufrir las consecuencias de las

Leyes de Núremberg de 1935, cuya peor expresión se materializó en los campos de exterminio, donde se perpetró la Solución Final, nombre con el cual el régimen se refirió al Holocausto (Goldhagen 1993; Kershaw 2008).

5. Dos casos de estudio fascistas en Europa meridional: Portugal y España

Aunque Italia y Alemania son los casos más representativos del éxito del fascismo entre la clase trabajadora, el movimiento en realidad había arrancado en paralelo en Europa meridional, concretamente en Portugal y España, en contextos muy similares. Portugal había vivido bajo una democracia estable entre 1911 y 1926, cuando el ejército promovió un golpe de estado que dio lugar a regímenes corporativos, en los que las carteras se repartían entre militares y civiles. Fue uno de estos últimos, Antonio Oliveira y Salazar, quien asumió el poder en 1933 para no abandonarlo hasta 1974, en la que fue la dictadura más larga de la historia reciente de Europa occidental. Individuo de marcado carácter ultracatólico y ultraconservador, Salazar fue el adalid del corporativismo en su país, suprimiendo los derechos fundamentales de la población e invirtiendo en obras públicas para intentar sacar a su nación de la crisis económica en la que estaba inmersa. La clase trabajadora juzgó positivamente sus iniciativas, encaminadas, según creía, a devolver a los obreros el estatus que el capitalismo y la democracia liberal les habían arrebatado (Kay 1970).

En España la situación económica, motivada por la crisis posterior a la I Guerra Mundial y el impacto de la Gran Depresión, empeoraba conforme el país se adentraba en el recién estrenado siglo xx. En tal clima de efervescencia social la leva de soldados para la Guerra de Marruecos, que debían embarcar en el puerto de Barcelona, originó a finales de julio de 1909 los sucesos de la Semana Trágica de Barcelona, caracterizada por una fuerte protesta social que se encontró con la respuesta violenta de las fuerzas del orden. La Gran Guerra solo alivió la conflictividad social levemente, gracias a que España, en su condición de neutral, aprovisionó de productos agrícolas e industriales a las naciones beligerantes. Así y todo, los abusos de los empresarios, deseosos de aprovechar la coyuntura para aumentar sus beneficios a costa de los sueldos de los trabajadores, provocaron brotes huelguísticos dispersos. El empeoramiento claro de la situación se vivió, no obstante, a partir de 1918, cuando la Paz de Versalles cortó la demanda internacional de productos españoles, incidiendo en el descenso de los salarios y el aumento del desempleo. La inestabilidad y los enfrentamientos a pie de calle entre trabajadores y policía llegaron al extremo de conocerse el periodo comprendido entre 1918 y 1921 como «Trienio Bolchevique» (Brenan 2017, 54-121).

En tal coyuntura el general Miguel Primo de Rivera, veterano de guerra y ultraconservador, encabezó un golpe de estado en septiembre de 1923 que contó con el beneplácito de Alfonso XIII, como Víctor Manuel III había respaldado a Mussolini en 1922. Considerando que la corrupción y el sistema caciquil estaban en el origen de los males del país, además de anhelar la restauración del orgullo español herido en Marruecos, Primo de Rivera encabezó una dictadura dividida en dos fases: el Directorio Militar (1923-1925) y el Directorio Civil (1925-1930). En 1930, desilusionado ante la imposibilidad de concitar el apoyo popular en su programa de gobierno, por lo demás muy limitado en su alcance, el dictador abandonó el poder en manos del almirante Dámaso Berenguer. Correspondió a este encabezar los últimos meses de vida del régimen de la Restauración Borbónica (1875-1931), que expiró al compás de los comicios municipales del 12 de abril de 1931, que se saldaron con la victoria mayoritaria de las candidaturas republicanas en las principales capitales de provincia y, por tanto, con la proclamación de la II República (1931-1939) el día 14 de abril.

Las principales características de la dictadura de Primo de Rivera fueron el unitarismo político y administrativo; la concentración de poderes y de la soberanía en el Estado, liquidando así el principio de soberanía nacional; el apoyo a la monarquía; el respaldo, correspondido, del catolicismo como única confesión oficial; y el corporativismo e intervencionismo estatal en materia económica. En este terreno, sus vías de acción no difirieron en absoluto de las trazadas previamente por la Italia fascista, y después por la Alemania nazi. La producción quedó planificada, merced a la labor del Consejo de Economía Nacional, que después se convirtió en Ministerio, al tiempo que se implantó el monopolio estatal de determinados servicios básicos, entre ellos la Compañía Telefónica Nacional o CAMPSA (Compañía Arrendataria del Monopolio de Petróleos, Sociedad Anónima). En lo laboral, su apuesta por el corporativismo fue también clara, pues compartía con Mussolini la convicción de que obreros y trabajadores debían armonizar sus intereses en el seno de organizaciones que representaran los interses de ambos, eliminándose así el germen de la lucha de clases. Por ello se fundó también un partido político único, la Unión Patriótica, y se toleró un único sindicato: la socialista UGT. Entre sus acciones, ha perdurado en la memoria la inversión en obras públicas para generar puestos de trabajo, sobre todo en proyectos hidrográficos que dieron lugar a las Confederaciones Sindicales Hidrográficas. Concienciado sobre la necesidad de fomentar el ahorro entre la clase trabajadora, impulsó la Confederación Nacional de Cajas de Ahorro, y pomovió diferentes formas de ocio y diversión que permitieran a los trabajadores disfrutar de su tiempo libre; entre ellas, cabe destacar el fútbol, los toros, o la zarzuela (Brenan 2017, 54-121).

El modelo comunista

1. La revolución bolchevique

El horizonte práctico para la materialización del modelo de revolución que Karl Marx tenía en mente se situaba lejos de Rusia, de hecho en Gran Bretaña y Alemania, dos naciones que entonces se encontraban a la cabeza de la industrialización mundial y donde, por consiguiente, el proletariado se hallaba consolidado (Marx 1990). Si tanto él como Friedrich Engels descartaban Rusia como escenario de la revolución proletaria era por la combinación de varios factores: en primer lugar, porque Rusia era un país aún inmerso en una estructura socioeconómica plenamente medieval, donde el desarrollo fabril, la configuración de una sociedad de clases y la formación de un movimiento obrero parecían realmente lejanos en el tiempo; a continuación, porque la monarquía zarista rusa era la máxima responsable del inmovilismo político, económico y social descrito, de manera que constituía el último vestigio de la monarquía absoluta de derecho divino en Europa; en tercer lugar, porque la mayoría de la población rusa estaba constituida por el campesinado sin tierras, que vivía en la miseria más absoluta y, por tanto, no había experimentado el proceso de proletarización y conciencia de clase requeridos para que ocurriese una revolución obrera; por último, y derivado de lo anterior, porque desde la perspectiva de Marx y Engels el campesinado jamás podría erigirse en protagonista de una revolución emancipadora de la clase trabajadora y defensora de la colectivización de los medios de producción. Ambos pensadores sostenían que los campesinos sin tierras no ansiaban la emancipación de su clase, sino el acceso a la propiedad, emulando el estilo de vida de quienes les habían sometido durante siglos. Siguiendo con su posición ideológica, para ambos filósofos solo el obrero industrial, absolutamente desarraigado y falto de interés alguno por la propiedad, más allá de la disposición de su propia mano de obra, podía iniciar una rebelión verdaderamente emancipadora y encaminada a la supresión de la propiedad privada de los medios productivos.

La Historia se encargaría de contradecirles, puesto que, como se indicaba, la primera revolución obrera conocida se produjo precismente en Rusia, en octubre de 1917. Para entender y explicar el estallido revolucionario es preciso conocer el contexto del país, insostenible en la última década como consecuencia de las protestas campesinas, motivadas por la miseria y el hambre, y la humillación padecida en la guerra contra Japón en los primeros años del siglo XX, que motivó un primer ensayo revolucionario en 1905. Consecuencia de la revolución de 1905 fue una paulatina emancipación de los campesinos sometidos a la servidumbre, además de una reforma de la monarquía de Nicolás II inspirada por principios hasta cierto punto liberalizadores; de hecho, después de la revolución se convocaron las primeras elecciones en la historia rusa, que posibilitaron la composición de un parlamento liberal, conocido como Duma. La revolución había estallado a raíz de la matanza indiscriminada de los manifestantes congregados ante el Palacio de Invierno en enero de 1905, cuya intención no era otra que demandar reformas al zar, quien les recibió ordenando a la guardia cosaca que disolviese a los allí congregados a cualquier precio (Hasegawa 1981). La dura represión favoreció que los trabajadores y campesinos rusos fueran organizándose, de modo que aparecieron los primeros partidos políticos, entre los cuales ha de subrayarse el KDT (liberal), los mecheviques (de naturaleza obrera, cuyo nombre significa «minoría») y los bolcheviques (también de naturaleza obrera, cuyo nombre significa «mayoría»). Sin embargo, los ánimos de los trabajadores quedaron aplacados por el estallido súbito de la I Guerra Mundial, que concentró los esfuerzos nacionales en la campaña exterior y acalló, temporalmente, las protestas y fracturas internas de la sociedad rusa.

Desafortunadamente, la Gran Guerra fue una oportunidad que Nicolás II y sus colaboradores vieron para justificar el final de la apertura del régimen y el regreso al autoritarismo, sobre la base de la necesidad de un mando unificado y fuerte que garantizase la victoria del bando al que Rusia pertenecía: la Triple Entente (Francia, Gran Bretaña y Rusia). Su maniobra fracasó en esta ocasión, porque si bien es cierto que la conflagración mundial habría justificado el uso de la mano dura en el interior, también lo es que el esfuerzo de guerra no hizo sino empeorar las condiciones de vida de los trabajadores y campesinos del país, llamados a sacrificarse aún más por un gobierno que no les había tratado precisamente con benevolencia en los últimos tiempos. En un clima tan agitado se fue imponiendo poco a poco la perspectiva de los bolcheviques, formación obrera con representación mayoritaria en la Duma, que explotaron un mensaje: el pueblo ruso seguía padeciendo por una guerra que no obedecía en absoluto a sus intereses, sino a las ambiciones de las potencias imperiales, dirigidas por unas élites totalmente ajenas a los anhelos de la clase trabajadora mundial. Esta, por consiguiente, debía abstenerse de participar en conflictos de tales características y unir sus esfuerzos a escala global para conseguir su emancipación. Dicho mensaje convenció a la población de algo: si apoyaba a los bolcheviques, estos harían lo posible por traer la paz a Rusia y, de esta forma, los padecimientos de la clase obrera cesarían.

El año de 1917 marcó el inicio del ocaso del zarismo en Rusia, que se aceleró en apenas unos meses (Hobsbawm 1994, 54-65). En febrero la guardia del zar debió afrontar una nueva manifestación de mujeres y trabajadores de Putilov, llegados ante el Palacio para reclamar pan y paz, pero en aquella ocasión la actitud de las fuerzas del orden fue distinta: además de renunciar a atacarlos, acabaron confraternizando con los manifestantes. Puesto que el suceso evidenciaba la rápida pérdida de apoyos del zar entre sus pilares sustentantes tradicionales, Nicolás II abdicó y en su lugar ocupó el poder un gobierno provisional, bajo la presidencia de Alexandr Kerensky. Considerando que la ocasión era propicia para hacer valer sus reivindicaciones, la izquierda socialista decidió organizarse en consejos revolucionarios que, aprovechando la extensión del territorio ruso y la dificultad de controlarlo en su totalidad desde Moscú o San Petersburgo, se hicieron con el control efectivo de varias ciudades y del campo. Aquellos consejos recibieron el nombre de *soviets*, que en su mayoría estuvieron controlados por la facción bolchevique de la movilización obrera. A efectos prácticos, el cambio de gobierno no supuso alteración alguna respecto al papel de Rusia en la Gran Guerra, pero en junio se vio obligado a reclamar un nuevo esfuerzo material de la población para mantener al país activo en el conflicto, algo que las masas rechazaron de pleno. Tal fue así que hasta los soldados decidieron abandonar el frente y volver a sus hogares; en el caso de los soldados de origen campesino, su retorno coincidió con el inicio unilateral de un proceso de colectivización de las tierras, mientras el gobierno era incapaz de frenarlos. De hecho, la pérdida de fuerza del ejecutivo quedó clara en agosto, cuando un golpe de estado amenazó su permanencia en el poder y, para neutralizarlo, debió pedir ayuda a los propios consejos revolucionarios obreros. De hecho, el gobierno provisional estaba reconociendo que eran estos últimos quienes controlaban verdaderamente la situación dentro de Rusia.

Así se explica que, desposeído de toda autoridad real, una nueva revolución acontecida el 7 de noviembre de 1917 (25 de octubre según el calendario juliano) acabó precipitando su caída. La revuelta comenzó con el bombardeo del Palacio de Invierno desde el Acorazado Potemkin, que incrementó la presión sobre un ejecutivo presto a renunciar al poder, que los bolcheviques dirigidos por Vladimir I. Lenin tomaron de inmediato. Este último había permanecido los últimos años exiliado en Suiza, pero ante la inminencia de la revolución regresó a Rusia (según algunas investigaciones gracias al apoyo económico de Alemania, principal interesada en el estallido de la revolución en el país) (Kershaw 2019, 82), pronunciando a su llegada a la Estación de Finlandia la máxima que se convertiría en emblema de los revolucionarios: «pan, paz y todo el poder para los soviets». Según Hobsbawm, lejos de encabezar un golpe de estado ellos mismos, los bolcheviques más bien tomaron de manera efectiva un poder que les pertenecía a todas luces desde la revolución de febrero. El historiador británico justifica irónicamente su afirmación alegando que, sin ir más lejos, hubo más heridos en la filmación de la película *Octubre*, de Serguei Eisenstein, que en el bombardeo real del Palacio de Invierno por la tripulación del Potemkin (1994, 62). Nada más tomar el poder, los bolcheviques se aprestaron a cumplir uno de sus objetivos: la retirada de Rusia de la Gran Guerra, conseguida tras el armisticio firmado el 15 de diciembre de 1917 con Alemania, que dio lugar cinco días después a las negociaciones de la paz, ratificada en el tratado de Brest-Litovsk de 1918. Rusia pues podía consagrarse a la causa mayor, desde la perspectiva de Lenin y de los bolcheviques: la revolución proletaria (Kershaw 2019, 57-58).

Lejos de traer la paz definitiva, la revolución originó una cruenta guerra civil que se prolongó entre 1918 y 1920, y que enfrentó al ejército «rojo», bolchevique, con los llamados «rusos blancos», contrarrevolucionarios que contaban con el apoyo de varios países occidentales, temerosos de que la mecha revolucionaria prendiese en otros territorios del continente. Las tropas bolcheviques acabaron alzándose con la victoria en aquella guerra fratricida, lo cual Hobsbawm ha explicado por tres motivos: la fuerza del Partido Comunista, con más de 600.000 afiliados; la condición del PC como única alternativa posible para que Rusia permanciera unida y libre frente a las injerencias externas, o frente al fantasma del regreso del zarismo, lo cual le granjeó el respaldo incluso de los oficiales del ejército, poco o nada propensos a la ideología socialista de entrada; y la capacidad de respuesta inmediata a las demandas de los campesinos, procediendo a la redistribución y la colectivización de tierras (1994, 64-65).

2. La contradicción del régimen comunista soviético

La Guerra Civil en Rusia (1917-1923) revistió dureza y drama para la población rusa, porque implicaba la consolidación de la revolución a sangre y fuego contra sus opositores en todo el territorio ruso, al tiempo que significaba una lucha fratricida entre sectores del pueblo que representaban intereses económicos y políticos incompatibles. Las exigencias de la guerra civil, subsiguiente a la revolución, obligaron al recién constituido gobierno bolchevique, encabezado por Vladimir Lenin, a establecer una rígida planificación económica sujeta al esfuerzo bélico, en la que el racionamiento para combatir la carestía, y las requisas para aprovisionar al ejército ruso, se convirtieron en la tónica común, materializándose así un modelo que se conoció como «comunismo de guerra». Lenin quiso que el año de 1921 marcara un punto de inflexión en la historia de Rusia, y para ello puso en marcha la Nueva Política Económica (NEP) en la cual se mezclaban elementos de la economía de libre mercado con otros propios de la planificación socialista. El dinero volvió a utilizarse como medio de cambio en las transacciones económicas, al tiempo que se liberalizó el comercio, junto con las empresas industriales de menos de veinte empleados. Las mayores iniciativas liberalizadoras, encaminadas a liberar al campesinado tradicional de la sujeción a la tierra, se concentraron en la agricultura, que todavía era la principal fuente de ingresos.

Las últimas iniciativas descritas reflejaban la voluntad de Lenin de incentivar la productividad del campo para vender más productos agrarios, favoreciendo de este modo las fluctuaciones de precios conforme a la lógica capitalista. De esta forma, aspiraba el líder bolchevique a maximizar el beneficio, demandando únicamente de los campesinos una contribución territorial proporcional al tamaño de las tierras que cultivaban, en una estructura que imitaba en muchos puntos la existente en época zarista. Por su parte, los sectores industriales estratégicos (industria de guerra, transporte…) fueron objeto de nacionalización y de planificación económica centralizada, aunque se les dejó cierto margen de libertad para asociarse entre sí y optimizar sus recorsos: solo deberían rendir cuentas de su actividad mediante el abono de otra contribución proporcional a su tamaño, como sucedía en el campo. Estas características heterogéneas llevan a Zamagni a definir el modelo económico de la NEP como un primer ejemplo de economía mixta (Zamagni 2001, 169-181). Gracias a todas estas medidas el crecimiento económico de Rusia durante la década de 1920 fue relativo, pero pronto aparecieron contradicciones internas que obligaron a una rápida reformulación de sus principios básicos. Por ejemplo, la posibilidad de las asociaciones de industrias y empresas para fijar los gastos llevó a que convencionalmente estos fueran altos, de modo que los campesinos carecían de incentivo alguno para vender el producto de su trabajo en el mercado e intercambiarlo por productos industriales. Ello, a su vez, redundó en la subida del precio de la producción agraria, originando prácticas especulativas que los bolcheviques aborrecían.

A ello debía de añadirse el hecho de que la existecia de sectores económicos y empresas al margen del control del Estado estuvo unida a las fluctuaciones de precios por estas últimas, que desembocaron necesariamente en inflación y paro. Finalmente, los comunistas ortodoxos se opusieron desde el principio a la autonomía y los «favores» a los agricultores y empresarios beneficiados por la dinámica del libre mercado, que, a su juicio, se convirtieron en defensores de su interés individual y, en consecuencia, en «enemigos del pueblo» (Zamagni 2001, 172-174; Feliu y Sudrià 2013, 231-237). A la muerte de Lenin en 1924 estalló un intenso debate sobre el rumbo que la economía rusa debía seguir, triunfando la versión conservadora que representaban Bujarin y el sucesor de Lenin, Josef Stalin. Ambos coincidían en la convicción de que la única forma de evitar el estancamiento económico, los problemas derivados de la anterior NEP, y finalmente la carestía derivada del boicot internacional a los productos rusos, era un recrudecimiento de la planificación económica estatal, centrada en la industria.

Este fue el contexto en el que Stalin aplicó el primer Plan Quinquenal, instaurado en octubre de 1928. Para hacer frente a la crisis del cereal, Stalin colectivizó la totalidad de las tierras de Rusia. Los trabajadores del campo fueron los grandes perjudicados: gracias a la NEP de Lenin pudieron ser propietarios de tierras, su gran objetivo desde antes de la revolución, pero ahora su sueño comenzaba a diluirse, ante la sombra del *octopus* estatal que se cernía sobre ellos. Similar situación vivieron muchos trabajadores urbanos, que habían protagonizado un gran éxodo rural en los años precedentes y seguían manteniendo un estrecho vínculo personal y económico con el campo. Con el fin de acallar cualquier protesta que cuestionara su política, Stalin recurrió a la violencia policial para implantar su programa político por la fuerza. Además del recurso a las fuerzas del orden, los planes quinquenales contaron con un mecanismo adicional, y nada despreciable, de aplicación: el *Gosplan*, Comité Estatal de Planificación, que se había creado en los años veinte pero que ahora adquirió la consideración de máxima autoridad económica.

Mediante la intervención del *Politburó*, máximo órgano de dirección del Partido Comunista de la Unión Soviética (PCUS), el *Gosplan* fijaba los objetivos económicos y fijaba los criterios para su seguimiento. También se encargaba de distribuir las materias primas y fijar los precios. Así se explica que los precios de los productos de la URSS perdieran toda relación con la demanda, generándose coyunturas de exceso de oferta y de demanda, que siempre se combatía igual: mediante el racionamiento, que provocaba las colas en los comercios y hambre (Zamagni 2001, 175). Además la planificación debía afrontar un problema esencial: la imposibilidad real de planificar el 100% del futuro, de modo que los objetivos fijados eran frecuentemente irreales (de hecho, en los planes quinquenales de 1928-1932 y 1933-1937 solo se alcanzó el 70% de los objetivos planteados). Para alcanzarlos, fábricas y empresarios recurrieron al mercado negro y a acciones ilegales, y no siempre tuvieron éxito en la empresa. Finalmente, lo más reseñable para el interés de este libro es el empeoramiento más que evidente de las condiciones de los trabajadores: forzados a trabajar sin parar durante horas y horas, «a mayor gloria de la revolución», vieron cómo su poder adquisitivo decrecía.

Tampoco fueron menores los problemas derivados de la mecanización, que hasta la II Guerra Mundial se desarrolló gracias a la maquinaria estadounidense y los ingenieros alemanes. Las nuevas máquinas sustituían la mano de obra física, además de perjudicar a unos obreros poco o nada formados en su empleo, dado que la mayoría de los nuevos trabajadores fabriles estaba compuesta por antiguos trabajadores rurales analfabetos y no cualificados. El boicot de los obreros a la maquinaria fue constante en las décadas venideras, mientras la respuesta de las autoridades no fue menos contundente, identificándose a los saboteadores como «enemigos del pueblo» (Zamagni 2001, 176-177). Además, la apuesta declarada a favor de la industria y en contra de la agricultura generó fuertes desequilibrios estructurales entre el campo y la ciudad, favoreciendo la desertización del entorno rural y el desabastecimiento urbano. La coyuntura descrita se agravó visiblemente a partir de la II Guerra Mundial: mientras debían redoblarse el esfuerzo para defender y reconstruir el país, las pérdidas humanas y materiales derivadas de la conflagración se multiplicaban. Stalin reaccionó, como era de esperar, imprimiendo un giro autoritario a su gobierno y justificando la represión de las masas sobre la necesidad de devolver a la URSS a su antiguo esplendor. Este mensaje se explotaría tras la II Guerra Mundial, durante la Guerra Fría.

Esto es, el stalinismo fomentó la imagen de la URSS como «fortaleza asediada», que para garantizar su seguridad frente a los ataques desde fuera y desde dentro debía recortar las libertades y los derechos básicos de la población. La clase trabajadora pues no tuvo más remedio que obedecer cietamente a los mismos principios en los que se le había adoctrinado durante décadas, cuyo cuestionamiento acarreaba graves consecuencias para quien osaba llevarlo a cabo (Armstrong 1961). Como se puede deducir, el sometimiento del pueblo ruso a la aristocracia y la élite zarista antes de 1917 dio paso a la obediencia ciega a una nueva élite, sobre el papel al servicio del pueblo, pero de hecho preocupada por consolidar su estatus privilegiado y perpetuarlo. Tal fue el grado de enajenación mental de la población rusa, convencida de la lealtad a los principios de la revolución, que los sacrificios a mayor gloria de la patria se concibieron como gestas heroicas. En el entorno laboral, cuyo análisis corresponde a esta obra, el ejemplo más claro lo representó Alexey Stajanov, minero nacido en la actual Ucrania, quien en 1935 batió el récord de extracción de carbón: 105 toneladas en apenas seis horas. Considerado por las autoridades como la encarnación del «buen trabajador libre», cuyo objetivo no debía ser cumplir las expectativas, sino superarlas, Stajanov fue becado para estudiar ingeniería industrial, se convirtió en trabajador del Ministerio de la Industria del Carbón y tuvo un sillón de diputado en el Soviet Supremo de la URSS. Además, su figura originó el concepto «estajanovismo», definido como el ansia de trabajador por aumentar la producción y servir a la patria, a cambio de convertirse en un «héroe» del pueblo (Schmemann 1985, 2).

Para evidenciar las limitaciones del crecimiento económico soviético se presenta la siguiente tabla, en la cual se comparan las estimaciones de crecimiento del PIB de la URSS según las estadísticas oficiales de Moscú, las estimaciones de la CIA y el recálculo del economista ruso Grigori Khanin:

Tabla 4. Comparación del crecimiento del PIB de la URSS entre 1928 y 1987 conforme a las estimaciones de los organismos y observadores previamente citados

	URSS	CIA	Khanin
1928-1940	13.9	6.1	3.2
1940-1950	4.8	2.0	1.6
1928-1950	10.1	4.2	2.5
1950-1960	10.2	5.2	7.2
1960-1965	6.5	4.8	4.4
1965-1970	7.7	4.9	4.1
1970-1975	5.7	3.0	3.2
1975-1980	4.2	1.9	1.0
1980-1985	3.5	1.8	0.6
1985-1987	3.0	2.7	2.0
1950-1987	6.6	3.8	3.8
1928-1987	7.9	3.9	3.3

Fuente: Harrison, Mark. 1993. Soviet Economic Growth Since 1928: The Alternative Statistics of G.I. Khanin. *Europe-Asia Studies* 45, n° 1: 146.

3. El «efecto Gorbachov»: la *perestroika* y el *glásnost*

Pese a que en el presente epígrafe se exceden los límites cronológicos que atañen al capítulo en el que se incluye, es preciso desarrollar su contenido para llegar hasta el final del estudio de la Unión Soviética, analizando las implicaciones que su desmoronamiento tuvo sobre la realidad económica y laboral de aquellos territorios. Así pues, ha de continuarse el relato con la muerte de Stalin en 1953, seguida de un periodo de «deshielo» presidido por Nikita Khruschev (1953-1964), que dio paso a una fase de recrudecimiento de las tensiones con el mundo occidental, conforme a los dictados de Léonidas Brezhnev (1964-1982). Con Brezhnev murió la era de la grandeza militar y estratégica soviética, condenada a desaparecer por causas naturales: sus líderes eran ancianos cuyo estado de salud era precario y, por consiguiente, poco dispuestos a iniciar grandes empresas, ni en política interior ni en asuntos externos. Yuri Andropov, sucesor de Brezhnev, se mantuvo en el poder apenas dos años, entre 1982 y 1984, y su sucesor, Andrei Chernenko, ni siquiera pudo presidir el funeral de Estado de Andropov, falleciendo en 1985. En este año alcanzó el liderazgo de la URSS un personaje diferente: Mikhail Gorbachov, no solo más joven que sus antecesores, sino también formado en el extranjero y, por ello, con un talante mucho más aperturista y dispuesto a la reforma que la Unión Soviética precisaba.

Ya cuando tuvo lugar su nombramiento como nuevo presidente de la URSS Gorbachov anunció que era su deseo poner fin al aislamiento del país con respecto al resto del mundo, así como a la sujeción de la población soviética, cuyos derechos debían restaurarse paulatinamente. Si él ya estaba convencido de la justicia de su empresa en 1985, un año después un dramático acontecimiento le convenció de que las reformas eran inevitables y, lo más importante, de que no cabía marcha atrás alguna. Dicho acontecimiento fue el accidente nuclear de la central de Chernóbil, ocurrido el 26 de abril de 1986 (Alexievich 2015b). La investigación posterior, obstaculizada por las autoridades de la URSS hasta límites insospechados, acabó demostrando que la explosión del reactor 4 de la central nuclear había sucedido por una reacción provocada por el grafito, material básico en la fabricación de la infraestructura, como en otras muchas centrales nucleares soviéticas, por su carácter más económico en comparación con otros materiales, más caros, pero más seguros. Puesto que la radiación se detectó en Europa occidental y la

URSS no pudo ocultar el accidente al resto del mundo, tampoco fue posible mentir sobre sus causas, lo cual evidenció a ojos de todo Occidente que la Unión Soviética no era sino un gigante militar y económico con pies de barro, cuya economía se había resentido considerablemente como consecuencia de una onerosa política de defensa que había diezmado las arcas públicas, condenando además a la clase trabajadora a la miseria.

Decidido, ante tales circunstancias, a reformar y actualizar el régimen desde dentro, Gorbachov se aprestó a liderar un proyecto que definió como «comunismo eficiente», que debía edificarse sobre dos pilares básicos, además de complementarios entre sí (Judt 2010, 597 y ss.): por una parte, la *perestroika*, traducida como «reforma», que aludía a las transformaciones económicas necesarias y contundentes para alcanzar el comunismo eficiente. Para ello, junto con la preservación de las bases económicas del sistema de economía planificada, debía implementarse paulatinamente la apertura al comercio exterior, además de permitirse la libre competencia. Por otra parte, el *glásnost*, o «apertura», que permitiría el debate interno en la URSS como llave para abrir la puerta de la democratización. La consecuencia más llamativa fue la celebración de elecciones municipales en 1987, a las que pudieron concurrir otras alternativas políticas distintas al PC, por primera vez desde 1918. Las consecuencias inmediatas de estas reformas fueron dos: primeramente, la sociedad soviética pudo tomar contacto con el mundo del libre mercado y con los avances del Occidente capitalista, lo que la llevó a ansiar la consecución de dicho modelo y el abandono del sistema comunista de una vez por todas, precipitándose así la disolución de la URSS en 1991. Por otra parte, en lo laboral, las relaciones comenzaron a regirse por los principios legales y derechos propios del contexto laboral en Occidente; dicho de otro modo, los trabajadores dispusieron de un amplio abanico de derechos y libertades que debían respetarse, desde las instituciones y desde sus empleadores. Se cerraba así una etapa de casi ocho décadas de economía planificada y predominio del modelo comunista en la Europa del este (Alexievich 2015a).

Haciendo frente a la crisis económica: del *New Deal* y el *Fair Deal* a las Políticas de Ajuste Estructural

1. La Gran Depresión de 1929

Para entender la gestación del Crac de 1929 es preciso aproximarse a Estados Unidos, país que se convirtió en el epicentro del cataclismo financiero internacional como consecuencia de su evolución económica posterior a la I Guerra Mundial. La conflagración había terminado con la victoria de la Triple Entente (Gran Bretaña, Francia y Estados Unidos), de la cual la nación norteamericana fue la principal beneficiada: por una parte, porque no participó en la Gran Guerra hasta 1917 y nunca fue invadida; en segundo lugar, porque una vez firmada la Paz de Versalles en 1918, Estados Unidos se erigió el garante de la estabilidad económica y de la reconstrucción de Europa en la posguerra. En efecto, una vez sentadas las bases de la paz, apoyada la creación de la Sociedad de Naciones (SDN) como su garante, y proclamados por el presidente Woodrow Wilson los Catorce Puntos sobre los cuales debía construirse la convivencia pacífica en el futuro, Estados Unidos se mantuvo fiel a su principio de dejar la gestión de los asuntos europeos a quienes habitaban el continente, ocupándose de nuevo de las prioridades propias de su país en el entorno americano (Hobsbawm 1994, 31, 34, 37). Ahora bien, el gobierno de Washington solo abandonó Europa en lo político y lo social, puesto que en lo económico Estados Unidos prestaría dinero en adelante a los países beligerantes para garantizar su pronta recuperación, focalizándose su auxilio en Francia, Gran Bretaña, Italia y Alemania.

Habida cuenta de que las cantidades prestadas a los países previamente citados se habían gravado con una tasa de interés, la devolución futura de los préstamos de guerra y el pago pertinente de los intereses generados permitieron que el Tesoro estadounidense ingresara sumas ingentes de dinero, que se reinvirtieron fundamentalmente en la industria. Así se explica el asombroso crecimiento de la productividad fabril, que a su vez influyó en el incremento de la producción y de la demanda, centrada en los productos duraderos, sobre todo los electrodomésticos y los automóviles. El desarrollo tecnológico en la electricidad y el transporte se reflejó claramente en la construcción, que aceleró su ritmo de producción de viviendas a raíz del movimiento de los ciudadanos estadounidenses, buena parte de los cuales abandonó el centro de las ciudades para mudarse al extrarradio. De ello se derivaba la necesidad de mejorar la infraestructura de transporte y, además, el aumento de la demanda de mano de obra por los sectores en auge. Se generó así un clima de optimismo, favorecido por la prosperidad económica, que consolidó la convicción de que la estadounidense era la economía más poderosa del mundo, y los ciudadanos del país los que tenían un nivel de vida más alto. Dicho optimismo se reflejó en el mercado de valores, dado que las acciones de las compañías más relevantes veían subir su valor de manera progresiva, en una escalada que parecía no tener fin y que animó a invertir incluso a los ciudadanos de a pie, convencidos de que la compra de acciones solo podía reportarles beneficios y jamás pérdidas, habida cuenta del crecimiento sin precedentes de la economía norteamericana (Feliu y Sudrià 2013, 239-240).

En medio del optimismo generalizado nadie previó algo muy simple: en el mercado, la capacidad de crecimiento de la demanda está limitada por el límite físico que representa el total de consumidores. Dicho de otro modo, una vez superada la capacidad de demanda de los consumidores, el mercado se colapsa, los productos se almacenan y pierden su valor, desencadenando un efecto dominó que tiene repercusiones en los beneficios de las empresas, los salarios, etc. El motivo es bien sencillo: en un contexto de contracción de beneficios, los dueños de las empresas han de reducir costes de producción para intentar maximizar el margen de beneficio adquirido; y entre todos los costes de producción, el que desde su perspectiva permite mayor flexibilidad es el salario de los trabajadores. Este fue objeto de recortes primero, hasta que en segunda instancia las empresas debieron recurrir a la reducción de la plantilla, condenando así a masas ingentes de población al desempleo. El mismo proceso afectó al valor de las acciones de las compañías que cotizaban en bolsa, que se desplomó ante la contracción de la demanda, de modo que los inversionistas, grandes, medianos y pequeños, perdieron su dinero invertido en cuestión de horas o de días, viéndose sumidos en la más absoluta ruina, y lo que era peor, sin posibilidad alguna de revender unas acciones que, objetivamente, ya no valían nada (Hobsbawm 1994, 84-108).

Pese a que las condiciones económicas del país fueron positivas entre 1918 y 1929, lo cierto es que los trabajadores estadounidenses no vivieron una mejora de sus condiciones laborales, acorde a la bonanza económica de los años veinte. Por ejemplo, los trabajadores rurales se vieron perjudicados por varias circunstancias desgraciadas que confluyeron en su contra: la competitividad del trigo extranjero, más barato, que obligó a fijar aranceles proteccionistas sobre este producto importado; el endeudamiento derivado de la modernización y ampliación de las explotaciones para atender la creciente demanda que llegaba de la Europa de la posguerra, cuyos beneficios no se recibieron hasta tiempo después, obligando a los agricultores y ganaderos a moverse en un complejo equilibrio presupuestario para mantener sus explotaciones en funcionamiento; etc. Así y todo, sus condiciones de vida y trabajo fueron mucho mejores que las disfrutadas por los agricultores de los campos sureños, emancipados de la esclavitud en teoría desde 1865, aunque vivían aún sometidos a regímenes de arrendamiento y vejaciones personales muy lesivos a corto plazo (Feliu y Sudrià 2013, 240-243). La situación de la industria no era mucho mejor: la mayor productividad, en una economía de libre mercado radical en la que no existía mecanismo regulador alguno sobre la oferta y la demanda, se consiguió a costa de las condiciones de los trabajadores. Los salarios fueron bajos, hasta el punto de que entre 1920 y 1929 la masa salarial apenas creció un 7%, si bien la mayoría de los trabajadores se mostraba satisfecha con sus condiciones de vida: poco a poco, los empresarios mejoraron las condiciones de trabajo en las factorías y redujeron la jornada laboral; el precio de los productos básicos bajó, de modo que el proletariado estadounidense podía vivir con cierto desahogo; y finalmente las mujeres se incorporaron al mercado laboral después de la I Guerra Mundial, o más bien preservaron su puesto en las fábricas, a las que habían acudido para sustituir a los hombres que marcharon al frente desde 1917 (Feliu y Sudrià 2013, 242).

Cuando el mercado se bloqueó al inicio de la recesión, los empresarios intentaron mantener las condiciones salariales y de trabajo de los obreros, con el fin de que estos últimos pudieran seguir consumiendo bienes duraderos, aunque tuviera que ser mediante el recurso a la compra a plazos, de modo que el consumo se mantuviese, acelerando la recuperación económica. Pronto la realidad les empujó a reducir los costes de producción, comenzando por los salarios, hasta que toda la actividad económica se colapsó (Feliu y Sudrià 2013, 243-244). La contracción tuvo como primeros escenarios el sector de la construcción y la producción de bienes de consumo duraderos, cuyo estancamiento se trasladó a las industrias y empresarios proveedores de materiales y de materia prima. Poco a poco las empresas debieron transitar de las rebajas salariales a los despidos, y la proporción de trabajadores desempleados creció. Estos, por consiguiente, no se hallaban en disposición de consumir más bienes duraderos, sintiéndose más bien inclinados a ahorrar en lugar de gastar. Se generó de este modo un círculo vicioso que degeneró en una espiral recesiva, en la cual una demanda limitada bloqueó la producción, que repercutió en un incremento de desempleo, que a su vez contrajo la demanda, ralentizando aún más la producción... y así hasta el colapso total de la economía de Estados Unidos. En el campo la situación llegó a ser peor, dado que la mayoría de empresas de este sector económico era de carácter familiar, de modo que no podía despedir a sus trabajadores. En estos casos, los empresarios intentaron paliar la recesión produciendo más y sacando más productos al mercado, pero ello no hizo sino acentuar la caída de los precios, conforme a un principio básico de la ley de la oferta y la demanda: a mayor oferta, menor valor de los productos ofertados.

Gráfico 3. Evolución porcentual del desempleo en
Estados Unidos entre 1930 y 1945

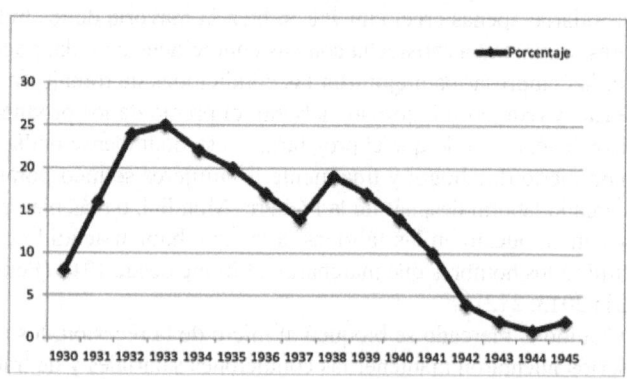

Fuente: Bureau of Labor Statistics. Ed. 2022. *Historical Statistics of the United States. Colonial Times to the 1970. Part I.* US Government: Series D 85-86, 135.

La crisis económica no tardó en comunicarse a los países europeos que recibían los fondos de Estados Unidos para la reconstrucción de la posguerra. Así, si la tasa de desempleo estadounidense alcanzó el 25%, en Alemania llegó a representar el 33% de la población activa, sentando las bases para el triunfo del nazismo, como se analizó en capítulos precedentes. Estados Unidos, por su parte, optó por una salida liberal a la crisis, reforzando la democracia e implantando la convicción de que la regulación, si bien en su mínima expresión, es necesaria para evitar un colapso similar al padecido durante la Gran Depresión.

2. El *New Deal* de Franklin D. Roosevelt y el *Fair Deal* de Harry Truman

En noviembre de 1932, cuando la crisis llevaba tres años instaurada en el escenario estadounidense, ganó las elecciones presidenciales el candidato del Partido Demócrata, Franklin Delano Roosevelt, que juró el cargo en marzo de 1933, concidiendo con el momento álgido de la Gran Depresión. Toda su campaña se había construido sobre una idea fundamental: el *New Deal*, su programa de recuperación económica. En él, Roosevelt y su equipo partían de la convicción de que el Crack de 1929 había puesto de manifiesto que Adam Smith estaba en un error cuando sostuvo que el mercado podía regularse por sí mismo (2003): la intervención del Estado era necesaria para evitar ciclos de optimismo excesivo que deviniesen, a medio y largo plazo, en profundas recesiones. El nombre de su programa constituía un juego de palabras, dado que la expresión «new deal» inglesa, que se puede traducir como «nuevo trato», también alude en el mundo anglosajón al acto de volver a repartir durante un juego de cartas (Feliu y Sudrià 2013, 252). Por consiguiente, lo que Roosevelt y sus asesores transmitían a la población con el nombre dado al programa de reformas económicas era que el «juego» empezaba desde cero.

El *New Deal* abarcaba un amplio abanico de medidas cuyo fin era resolver problemas específicos de la economía americana. La inclusión del intervencionismo estatal, limitado, en la economía representaba una novedad, pero en realidad el alcance de las medidas propuestas por la administración Roosevelt era limitado. De hecho, si se pudo llevar a la práctica su programa fue porque era compatible con el grado de injerencia estatal en economía que las grandes compañías e individuos de negocios estaban dispuestos a tolerar. Al mismo tiempo, con el objetivo de aliviar las condiciones de vida de los sectores sociales que más habían sufrido el impacto de la Gran Depresión, que sumaban aproximadamente un tercio de la población total del país, el *New Deal* concentraba su actuación en tres ámbitos diferentes: el saneamiento económico que frenara la escalada especulativa identificada como el origen del Crac de 1929; revivir el consumo, que a su vez provocaría una reactivación de la economía, mediante la inversión de fondos estatales en obras e infraestructuras públicas, que generaría puestos de trabajo y, con ello, la posibilidad de que los trabajadores volvieran a tener ingresos, que podrían invertir en el consumo, favoreciendo la circulación monetaria imprescindible para la reactivación económica; y las medidas sociales, que aspiraban a paliar la desigual distribución de rentas entre la población (Berstein 1970; Feliu y Sudrià 2013, 253).

En el campo, la promulgación de la *Agricultural Adjustment Act* (AAA) fue esencial para regular el ritmo de producción y distribución de los cereales, y al mismo tiempo para proceder a la destrucción de los *stocks*, colaborando así al aumento de los precios, al reducirse la cantidad de cereal disponible para su venta en el mercado; previamente se estipuló la indemnización económica a los agricultores que se verían obligados a aplicar esta medida. En lo tocante a los trabajadores urbanos, la *National Recovery Act* (NRA) reguló los convenios colectivos entre empresarios y trabajadores, animando a la colaboración entre empresas del mismo sector para sentar las bases de una competencia leal y de la defensa de sus intereses comunes. Aparte, puesto que la situación dramática de los trabajadores exigía medidas de urgencia, se procedió a la reducción del gasto público, recortando las plazas del funcionariado y las pensiones de los veteranos de guerra (que en algunos casos cayeron hata un 40%). Así el gobierno pudo disponer de dinero para invertir en otras partidas, como las ayudas a los desempleados, o la sanidad, que se financió mediante un sistema mixto (entre el Estado y el paciente). Todo ello implicaba una profunda transformación cultural en un país acostumbrado a que los ciudadanos se costeasen incluso sus servicios básicos, puesto que el ejecutivo no intervenía en materia económica. Finalmente, para fomentar el empleo de la población joven, Roosevelt apoyó la creación de empleo público que absorviera la mano de obra que la industria no podía ocupar.

Las acciones y medidas descritas se aplicaron gracias a la puesta en marcha de la *Federal Emergency Relief Administration* (FERA), culminando en una medida que, si bien reviste un carácter más bien anecdótico en el terreno de lo cotidiano, fue fundamental en la reforma económica: la supresión de la Ley Seca, en vigor entre 1920 y 1933, para que el Estado pudiera recibir ingresos de los impuestos sobre las bebidas alcohólicas. Estos últimos, no obstante, serían reducidos, puesto que los principales consumidores serían los trabajadores. Así y todo, elementos esenciales quedaron sin reformar, en buena medida porque habrían chocado con la oposición frontal de los magnates y grupos de presión del país; por ejemplo, se dejó de lado el sistema impositivo, que se había querido reformar mediante una modificación de la tarificación progresiva que garantizara que los ricos pagasen más impuestos que los pobres (Bernstein 1970; Feliu y Sudrià 2013, 257-258).

2.1. Estados Unidos de nuevo al rescate: el Plan Marshall

El éxito de las iniciativas de Roosevelt para restaurar la economía estadounidense ayuda a explicar, en buena medida, su reelección para una tercera legislatura, algo inusual, puesto que la Constitución de 1787 prohíbe que un presidente pueda servir más de dos legislaturas (consecutivas o no). Además, la recuperación de finales de la década de 1930 convirtió al país en la superpotencia económica que sería durante el resto del siglo xx, cuyo liderazgo se evidenció en el *European Recovery Program* (ERP), también conocido como Plan Marshall. El programa tomaba su nombre de George Marshall, secretario de Estado del sucesor de Roosevelt, Harry Truman, tras la II Guerra Mundial, que además se desempeñó como uno de los generales más destacados durante la conflagración.

El Plan Marshall se desarrolló entre 1947 y 1952 y significó el aporte estadounidense de hasta 13 billones de dólares para la reconstrucción del continente europeo después de la caída del III Reich (Judt 2010, 91). En puridad, la ayuda económica de Estados Unidos no fue un préstamo, sino una medida pionera que permitía a los beneficiarios (hasta dieciséis países) decidir cómo emplear los fondos recibidos: en reconstrucción de infraestructuras, en la compra de materia prima, en el desarrollo de nuevos proyectos empresariales, etc. Más allá de las supuestas intenciones altruistas de Estados Unidos, ciertamente su economía se beneficiaba del auxilio al continente europeo, dado que la inmensa mayoría de materias primas y productos precisos para la reconstrucción debía importarse de Norteamérica (Hobsbawm 1994, 240-242; Kershaw 2019, 512-518). Se repetía así la situación posterior a la Gran Guerra, cuando Estados Unidos había actuado ya como principal prestamista y acreedor del mundo occidental. No obstante, en esta ocasión la posguerra también supuso un nuevo desafío para la economía estadounidense, que no estaría exenta de problemas ni contradicciones, pese a su liderazgo de la recuperación occidental.

2.2. Los desafíos de la economía de posguerra en Estados Unidos: el *Fair Deal*

Tras el fallecimiento de Franklin D. Roosevelt en 1945, semanas antes del final de la II Guerra Mundial, le sustituyó en la presidencia el también demócrata Harry Truman, que se mantuvo en el puesto durante dos legislaturas, hasta la victoria de Dwight Eisenhower, héroe de la II Guerra Mundial y del Desembarco de Normandía, en los comicios de 1953. Al inicio de su mandato, Truman debió afrontar dos decisiones arriesgadas: la primera atañía a la guerra en sí, cuyo final aceleró mediante el bombardeo atómico de Hiroshima y Nagasaki en agosto de 1945, que provocó la rendición incondicional de Japón; la segunda tuvo que ver con la crisis económica que siguió en Estados Unidos al final de la conflagración mundial. A diferencia de la Gran Guerra, la II Guerra Mundial tuvo un mayor coste en vidas humanas para la potencia norteamericana (Clodfelter 2002, 582). Es cierto que, en términos comparativos, las bajas humanas quedaban lejos de las cifras registradas en Europa, del mismo modo que la infraestructura nacional estadounidense no se había visto dañada directamente por el enemigo, con la única (y dramática) excepción de la base de Pearl Harbour en diciembre de 1941.

Pese a ello, la economía estadounidense se resintió de manera clara tras el conflicto, puesto que durante cuatro años el país había crecido en buena medida a partir de su industria de guerra, que había funcionado a marchas forzadas para abastecer a los aliados y favorecer la derrota de los fascismos. Ello había posibilitado la creación de muchos puestos de trabajo, redundando en un incremento de la productividad y de la producción, lo cual abría la puerta a una nueva era de optimismo que tenía demasiadas reminiscencias a la expansión desmesurada previa a la Gran Depresión. Sobre todo, la sombra de la crisis planeó de nuevo sobre la economía de Estados Unidos cuando el final de la guerra provocó la caída de la demanda de productos de la industria pesada, de modo que el crecimiento del país se estancó, para poco después contraerse. Ahora bien, al miedo a la crisis se sumaba un elemento nuevo, que no había estado presente en la década de 1920: el miedo al comunismo, triunfante en Rusia en 1917, que había dado el gobierno a los trabajadores. De hecho, nada más concluir la II Guerra Mundial se abrió una nueva era en la historia mundial, la Guerra Fría, en la cual se activó un conflicto de nuevo cuño entre dos modelos políticos y económicos antagónicos: la democracia liberal y la dictadura comunista. Con el fin de combatir la crisis económica, y de ahuyentar además el peligro de que el comunismo prendiera entre los trabajadores estadounidenses, la administración de Truman concibió una actualización del *New Deal* de Roosevelt, que se conoció como *Fair Deal*.

El *Fair Deal* significó la reincidencia en iniciativas que ya se habían aplicado durante los años treinta, a saber, la competencia leal entre empresas, la garantía de las negociaciones colectivas para regular los salarios y las condiciones de trabajo, la inversión en obras públicas como fuente de creación de empleo, etc. Junto a ellos, aparecieron otros elementos novedosos: la industria de guerra afrontó un largo y complejo proceso de reconversión que, entre otros ejemplos, movió a la industria de carros de combate a transformarse para producir automóviles; el salario mínimo subió, con el fin de mantener, o incluso mejorar, el poder adquisitivo de los trabajadores, que así podrían adquirir productos de consumo, contribuyendo a la circulación monetaria que evitaría el estancamiento; el precio de los productos bajó, para favorecer igualmente el consumo; se reformó el sistema tributario, con el fin de atenuar la presión fiscal sobre la población más desfavorecida; por último, las ayudas a los pequeños empresarios facilitaron que la producción se mantuviera estable, contribuyendo así a la recuperación económica del país (Smith 2012, 210-221). Desafortunadamente, el miedo al comunismo hizo que las medidas de recuperación económica se acompañasen de una iniciativa lesiva de los derechos de los trabajadores: la *Taft-Hartley Act* de 1947, también conocida como *Labour Management Relations Act*. Su aprobación fue posible gracias a la mayoría republicana del Congreso y del Senado, que el presidente no pudo contrarrestar con su derecho de veto, aunque se lamentó posteriormente en público por la aprobación de una medida que, como se decía, perjudicaba seriamente a la clase obrera.

Inspirados en la convicción falsa de que el comunismo podía prender, y de hecho estaba prendiendo ya, en la clase trabajadora estadounidense, el senador republicano Robert A. Taft y el congresista también republicano Fred A. Hartley concibieron este conjunto de iniciativas, encaminadas a limitar la capacidad de acción de los sindicatos y las organizaciones de los trabajadores en el país. Además de vigilar cualquier acto de reunión o asociación de los trabajadores, considerándolo como potencialmente peligroso, se procedió a ilegalizar las manifestaciones y acciones colectivas, así como la huelga y cualquier otro tipo de protesta obrera. Por si ello fuera poco, los trabajadores se vieron en la obligación de negar, bajo juramento, su pertenencia al Partido Comunista, si querían conservar su empleo (Millis y Brown 1950). Como se ha señalado, estas medidas han de entenderse en el contexto de la paranoia anticomunista, que convenció a la mayoría de miembros del Partido Republicano de que la Unión Soviética contaba con agentes secretos entre los trabajadores de Estados Unidos. El delirio escaló hasta desembocar, en la década de 1950, en la Caza de Brujas, nombre con el que se conoce a la persecución indiscriminada de cualquier sospechoso de militar en el partido comunista, que abanderó Joseph McCarthy, senador republicano por Wisconsin. El giro ultra conservador que McCarthy imprimió a la política y la justicia del país, sustituyendo el principio básico y democrático de la presunción de inocencia por la presunción de culpabilidad, solo comenzó a remitir cuando el presidente Eisenhower lo cesó de sus funciones en 1953, aunque los procesos judiciales se prolongaron aún hasta 1956 (Hobsbawm 1994, 235-249).

3. El neoliberalismo actual y su reflejo en las relaciones laborales

El paradigma liberal se reinterpretó en las décadas de 1970 y 1980, al calor de los dos *shocks* del petróleo y sus consecuencias económicas para todo Occidente, por iniciativa de las dos principales superpotencias: Gran Bretaña, dirigida por Margaret Thatcher desde 1979, y Estados Unidos, encabezado por Ronald Reagan a comienzos de la década de los ochenta. Ambos dirigentes alentaron además la exportación del modelo neoliberal a otros escenarios mundiales, bien a países occidentales que acababan de vivir un profundo proceso de transición política, como España o la antigua Unión Soviética, o bien a naciones del hemisferio sur, a cuyos gobiernos se convenció de que el neoliberalismo era la clave para abandonar su postración económica tradicional. La premisa de la que partía la Escuela Económica de Chicago, cuna del modelo neoliberal, era que la intervención estatal en la economía conllevaba ineficacia en la gestión y gasto innecesario en las cuentas gubernamentales. Para evitarlo, argumentaba, era preciso que el mercado actuase en ausencia de toda regulación externa, puesto que se regularía conforme al juego libre de la oferta y la demanda. Como se señalaba, más allá de sostener la necesaria liberalización económica en sus propios países, Thatcher, Reagan y sus respectivos consejeros decidieron trasladar el modelo al Sur Global, constituyendo para ello las Políticas de Ajuste Estructural (PAEs).

Conforme a la realidad que se analizará en el próximo capítulo, tanto los países del hemisferios sur, como las antiguas colonias en general, y algunos países occidentales que acabanan de vivir profundas transformaciones políticas, económicas y sociales debían afrontar el reto de equilibrar el presupuesto estatal. En el mundo poscolonial, por añadidura, era preciso saldar la deuda externa, que no era sino el precio que debieron pagar por la independencia. De manera similar, los territorios de la antigua Unión Soviética o la España salida del franquismo representaban serios retos para el mercado global, al cual se incorporaban con décadas de desfase, de modo que amenazaban con romper el equilibrio económico del mundo capitalista. Además, la subida del precio del petróleo, el aumento de las tasas de interés de la deuda externa y la recesión global de la década de 1970 y de principios de 1980 no favoreció en absoluto a los países y regiones citados. Mientras la espiral de recesión económica se retroalimentaba, afectando especialmente a estos territorios, el Fondo Monetario Internacional (FMI) y el Banco Mundial (BM), junto a otras instituciones supranacionales, evidenciaban su incapacidad para reactivar, por sí solos, la economía. Fue este el contexto en el que las PAEs se impusieron al mundo subdesarrollado o en vías de desarrollo, como una condición indispensable para recibir los fondos y préstamos exteriores precisos para su recuperación (Willis 2014, 304-307).

Entre las medidas esenciales de las PAEs ha de señalarse las siguientes: la liberalización absoluta del comercio, favoreciendo las importaciones en condiciones arancelarias ventajosas para los países vendedores; la exportación de productos esencialmente agrícolas, los «cultivos comerciales», y otros productos primarios, sobre todo minerales y metales; la devaluación de la moneda, con la finalidad de incentivar las exportaciones y reducir las importaciones, fomentando el desarrollo del mercado nacional; la privatización de todos los sectores industriales que, en su caso, hubieran sido previamente nacionalizados; la reducción del gasto presupuestario del gobierno, sobre todo en lo tocante a servicios sociales, que son objeto de privatización; la austeridad, relacionada con la medida anterior, que se suele combinar con el incremento de la presión fiscal indirecta sobre la población, perjudicial especialmente para las capas sociales desfavorecidas; la privatización de los servicios básicos, como se indicaba, fundamentalmente la educación y la salud; la supresión de los subsidios y el control de los precios. Cierto es que este abanico de medidas posibilitó el llamado «Milagro Asiático», a saber, el despegue económico de Hong Kong, Taiwán, Singapur y Corea del Sur; como también es cierto que el *take off* fue posible a cambio del aumento de las desigualdades sociales, alimentando una brecha social que los gobiernos no podían atenuar ante su imposibilidad de intervenir en la economía. A la larga, los intelectuales y expertos críticos con este modelo vieron confirmarse sus peores temores durante la crisis financiera de 2007, que alimentó los desequilibrios intra e interregionales, pese a que los indicadores macroeconómicos fueron favorables cuando se superó el nuevo bache económico (Willis 2014, 304-307).

La descolonización y el Tercer Mundo

1. Definiendo la descolonización

El concepto de descolonización alude al proceso por el que los territorios que cayeron bajo el dominio de los grandes imperios coloniales desde finales del siglo xv alcanzaron la independencia, algunos en el siglo xix, pero en su mayoría durante el periodo transcurrido entre 1945 y 1974. En esos años varias docenas de países, en su mayoría en el hemisferio sur, conquistaron la independencia gracias a dos factores combinados: por una parte, la toma de conciencia de su población sobre la pérdida de la cultura propia por la aculturación impuesta por los colonos, que esgrimían como argumento para suplantar la cultura local la supuesta superioridad de la cultura occidental; por otra, la imitación del sistema de valores democrático de los colonos, por parte de algunos miembros de la élite de las colonias que pudieron educarse en Occidente y, de regreso a su lugar de origen, aplicaron aquellos principios para apoyar la lucha de su pueblo por la independencia. Valgan como ejemplos ilustrativos de esta realidad Mahatma Gandhi, que estudió derecho en Londres, o Ho Chi Minh, educado también en el ambiente universitario de París (Fernández 1988, 749-771; Kershaw 2019, 67-84).

El primer uso del término «descolonización» se llevó a cabo en el manifiesto del periodista francés Henri Fronfrede, «De la descolonización de Argelia», que vio la luz en 1837, en el momento en el que Francia apenas comenzaba a expandir su dominio imperialista sobre el continente fricano. Tras la I Guerra Mundial el concepto reapareció de nuevo, puesto que en el noveno de los Catorce Puntos del presidente estadounidense Woodrow Wilson se hallaba al reajuste de las fronteras italianas conforme al principio de nacionalidad. Seguidamente, en el décimo punto se reconocía la posibilidad de los pueblos sometidos hasta entonces al Imperio austrohúngaro a desarrollar su independencia. Wilson abría así la posibilidad de reivindicar el derecho de soberanía sobre un territorio específico, fundada sobre el sentir de pertenencia nacional común de todos sus habitantes. Además de favorecer las independencias de los territorios balcánicos y centroeuropeos, la proclama del mandatario norteamericano sirvió para inspirar a movimientos independentistas y soberanistas, como por ejemplo el Irish Republican Army (IRA) que reclamaría la unión de Irlanda del Norte a la República de Irlanda (Heckscher 1991).

El periodo de entreguerras marcó un hiato en el debate intelectual sobre el derecho de los pueblos a la independencia, más allá de las alusiones del líder comunista indio Roy del mismo modo que la II Guerra Mundial aparcó la discusión hasta su conclusión en 1945. Fue entonces cuando, amparados fundamentalmente en la Declaración Universal de los Derechos Humanos (1952), sancionada por la recién nacida Organización de las Naciones Unidas, los pueblos que se sentían oprimidos reivindicaron su emancipación y el final inmediato de las constantes violaciones de sus derechos fundamentales (Kershaw 2019, 67-84). Ahora bien, la duda surgía sobre la manera en que debía abordarse la descolonización: para el mundo occidental, cuya perspectiva podía resumirse en las reflexiones del experto francés en asuntos coloniales Robert Delavignette, la independencia de las colonias era un proceso necesario y consustancial a su «mayoría de edad». Además de partidario de la solución pacífica, Delavignette afectaba una postura claramente paternalista, considerando que las colonias eran entes menores de edad e incivilizados, que solo habían progresado y crecido gracias a la tutela de Occidente, de la que podían librarse cuando estuviesen en condiciones de iniciar su andadura como países independientes. La posición de los pueblos colonizados, opuesta a la ofrecida por Delavignette, halló en Franz Fanon, médico natural de Martinica, uno de sus máximos valedores. La argumentación de Fanon era sencilla: puesto que la colonización había sido un proceso violento para quienes la habían padecido, viéndose sometidos a un gobierno extranjero y violador de sus derechos elementales, cabía a las sociedades dominadas sacudirse la violencia también con violencia, indispensable, a su juicio, para conquistar la independencia efectiva (Fanon 1961).

Partiendo de dicho estado de cosas, llegado el año de 1945 varios elementos confluyeron para apoyar el camino de las antiguas colonias hacia la independencia: la población nativa había crecido más que la población colonial, lo cual volvía especialmente controvertido el hecho de que la minoría foránea gobernarse sobre la mayoría local; la irrupción de los medios de masas abrió en las sociedades coloniales una ventana a Occidente, cuyo nivel de vida elevado contrastaba con la miseria de buena parte de aquellos territorios, moviendo a sus nativos a preguntarse por las causas de esa desigualdad, y a indagar las vías que debía transitarse para resolverla; finalmente, en buena parte de las sociedades coloniales se alumbró una corriente nacionalista local defensora de las costumbres propias frente a la imposición de la cultura foránea por lo colonizaores. Esta orientación nacionalista localista y excluyente convivió con otra versión, relativamente más moderna, favorable a la integración solo de los elementos culturales occidentales que resultaran útiles, sin que ello obstaculizara la reivindicación activa de la cultura propia.

El anhelo de independencia además había protagonizado ya un conato de eclosión tras la I Guerra Mundial, a la cual las colonias habían aportado combatientes que apoyaron a los gobiernos de sus respectivas metrópolis. Concluida la guerra esperaban alguna compensación a cambio, que no llegó, entre otros motivos, por la crisis económica subsiguiente y el ascenso de los totalitarismos, que marcó el camino de la II Guerra Mundial. No obstante, una vez concluyó esta segunda conflagración global, en la que las colonias no solo aportaron individuos, sino también su suelo como escenario del conflicto, exigieron la independencia sin solución intermedia alguna, puesto que consideraban que las penurias sufridas al servicio de los gobiernos occidentales habían alcanzado su punto álgido (Fernández 1988, 749-771).

2. El paradigma hindú en Asia y el modelo argelino en África

Considerando su posición geoestratégica en Asia, así como la riqueza de sus recursos naturales, entre los cuales destacó el algodón, la India fue desde su colonización en 1858 una posesión muy preciada para el Reino Unido, que la sometió a un régimen de protectorado: sobre el papel, el control de las intituciones correspondía a los colonizadores, pero las autoridades y costumbres locales se conservaron. En realidad, las autoridades británicas procedieron a una sobreexplotación de la población local para satisfacer la demanda metropolitana de algodón, crucial para la industria textil, a su vez un sector clave en la infraestructura fabril del Reino Unido. Además, determinados ritos y costumbres locales quedaron abolidos por las autoridades británicas, sobre todo aquellos que se consideraban bárbaros y lesivos de los derechos fundamentales desde la óptica occidental, como por ejemplo el «sati», o la costumbre de sacrificar a la mujer aristócrata en la pira en la que sería cremado el cadáver de su esposo difunto (Hobsbawm 1994, 219-220). El progreso importado por la administración británica, conocida con el nombre de «raj», fue provechoso para la economía local, pero un nutrido setor de la población entendía que el precio a pagar a cambio de dicho progreso era demasiado elevado, resumiéndose en la conculcación de sus derechos fundamentales, la pérdida de la cultura propia y la miseria absoluta de la clase trabajadora.

Pese al descontento latente, se aventuraba difícil constituir un frente común contra la colonización, dado que la convivencia de diferentes grupos étnicos en el territorio indio, sin apenas vínculos entre sí ni intereses comunes, además de la existencia de comunidades locales autosuficientes, dificultaba la construcción de un imaginario nacional colectivo aglutinante. Para intentar combatir esta difícil condición de partida aparecieron dos personalidades históricas de relevancia capital en la historia india: Mahatma Gandhi y Jawarharlal Nehru. Frente al modelo nacionalista «civilizado» de este último, partidario de convertir a la India en un país independiente que imitase el modelo de la democracia occidental, postura que defendió desde el partido del Congreso Nacional Indio, Gandhi encarnaba una postura conservadora: defendía los valores tradicionales indios, cuya recuperación reivindicaba y él mismo ejemplificaba en sus hábitos cotidianos (Fernández 1988, 749-771). A la sombra de ambos líderes el nacionalismo hindú se fue forjando poco a poco, azuzado por hitos de lucha contra las autoridades británicas desde principios del siglo xx. Por ejemplo, en diciembre de 1920 Gandhi inspiró una huelga basada sobre el principio de no cooperación, esto es, de resistencia pasiva a las autoridades metropolitanas. Gandhi se mantenía fiel así a su defensa de la lucha no violenta y de la resistencia pacífica. Una década después, el líder volvió a protagonizar el enfrentamiento de la población india contra Londres, reclamando el derecho local a producir sal propia, prohibida en 1930 por la metrópoli para obligar a los locales a consumir la que el gobierno colonial producía, en régimen de monopolio.

Lo visto hasta ahora permite identificar a la India como un ejemplo de la división internacional del trabajo, por la cual las colonias se convertían en el proletariado mundial, asumiendo los países colonizadores el rol de empresarios capitalistas y explotadores, que deseaban exprimir sus recursos y materias primas al máximo, obligándoles además a consumir los productos manufacturados que la metrópoli les vendía, normalmente a precios excesivos para una población que vivía en la miseria (Guha 2019, 73-74, 330-333). La Marcha de la Sal, a la que se aludió en las líneas precedentes, congregó a decenas de miles de manifestantes en apoyo de la postura de Gandhi, de abstención en la colaboración con la administración británica. El saldo de la represión fue de 60.000 detenidos y fue fundamental para convencer a los locales de que la independencia era la única solución posible a sus penurias. La ruptura definitiva se inició con la revolución de 1942, que concluyó con alrededor de un millar de muertos y 160.000 prisioneros, entre quienes se contaba el propio Gandhi, que aprovechó para iniciar una huelga de hambre. Concluida la II Guerra Mundial, habida cuenta de lo insostenible de la situación, el gobierno británico estuvo de acuerdo en dar comienzo a las negociaciones para la independencia de aquel territorio, que se reconoció y se proclamó en 1947.

La Argelia francesa constituyó otro buen paradigma de la división internacional del trabajo que se había originado como consecuencia del imperialismo colonial, así como de la enorme brecha social entre la reducida élite gobernante y metropolitana, por una parte, y la inmensa mayoría de la población local, por otra (Durkheim 1987; Marx 1990, 470-480). Además de ser la piedra angular del imperio colonial francés en África, Argelia fue siempre una inagotable fuente de recursos para la metrópoli, a la que proporcionaba cobre, hierro, cinc, y posteriormente petróleo y gas. Tal fue así que el gobierno de París consideró a Argelia no como una colonia, sino como una provincia más del Estado. Por añadidura, su relevancia económica para las arcas francesas la llevó a convertirse en una metáfora de la tierra prometida, que atrajo a ingentes cantidades de franceses, conocidos como *pieds noirs*, para encontrar trabajo y construir su vida lejos del continente europeo, donde la fortuna les había sido esquiva. Fueron los años de la II Guerra Mundial los que vieron aparecer los primeros síntomas de descontento de la población argelina, dispuesta a reconocer las bondades de la administración francesa, pero hastiada de las violaciones y abusos de las autoridades galas para exprimir al máximo los recursos de la zona. Ferhat Abbas se puso al frente de las reivindicaciones locales, y ni siquiera la llamada del gobierno francés a la élite de Argelia para que se aculturase ella misma, sentando así la base de una aculturación generalizada en todos los habitantes del lugar, dio resultado (Fanon 1961).

La explosión aconteció tras la II Guerra Mundial, cuando la población argelina se mostró dispuesta a no cejar hasta conseguir la independencia, considerada como el justo pago al respaldo de Argelia a Francia durante el conflicto, no solo en forma de armas y hombres, sino también como escenario de algunas batallas cruciales. Francia, en cambio, no tenía la menor intención de dejar ir a Argelia: el país estaba totalmente debastado tras la guerra, y dependía de los ingresos procedentes de esta provincia para que su recuperación económica fuera rápida y efectiva. Además, la población francesa se hallaba muy apegada a Argelia, a la que consideraba el símbolo máximo de su poderío colonial, y donde vivían muchos franceses que habían construido su vida allí, y que veían con temor la perspectiva de la independencia. Por estos motivos la primera revuelta de 1945 fue aplastada con dureza. Una década más tarde el primer ministro Guy Mollet visitó Argel, pero le recibió una lluvia de fruta podrida que movió al ejecutivo galo a recrudecer su posición respecto a aquel territorio, designando al coronel Massu como jefe de la administración de Argelia. A la violencia de las fuerzas del orden representadas por Massu respondieron los independentistas con la violencia del *Front de Libération Nationale* (FLN). Mientras tanto, en Francia se configuró una organización terrorista de extrema derecha, dispuesta a recurrir a cualquier medio preciso para preservar Argelia: la *Organization de l'Armée Secrète* (OAS). Surgido en 1959, el OAS canalizó la indignación de los sectores más radicales de la sociedad francesa, que llegaron a acusar al propio Charles de Gaulle, presidente de la República, de traición por haberse manifestado partidario de iniciar el tránsito hacia el reconocimiento de la independencia de Argelia. Tras perpetrar un intento frustrado de atentado contra él, y cuando la violencia en Argelia llegó a su punto más álgido, el gobierno francés y la facción representada por Ferhat Abbas iniciaron en 1960 las conversaciones para la paz. En 1962 las negociaciones culminaron con los Acuerdos de Evian, que abrieron la puerta al referéndum del día 1 de julio, en el que la población argelina votó mayoritariamente a favor de la independencia (Judt 2010, 285-289).

3. Tercer Mundo, deuda externa y teoría de la dependencia

El concepto «Tercer Mundo» fue acuñado por vez primera por el sociólogo francés Alfred Sauvy (1952), quien quiso incluir a los países pobres, en su mayoría en el hemisferio sur, bajo esta denominación, estableciendo un paralelismo con el Tercer Estado o pueblo llano en la Francia prerrevolucionaria: el grupo social desheredado que quedaba al margen de los privilegios de nobleza y clero, pero que debía someterse a sus dictados (Fernández 1988, 749-771). Como se ha dicho, la mayoría de estos países se localiza en Sudamérica, África y Asia, y en ellos se combinan varios factores negativos, a saber: el hambre, el analfabetismo y la ausencia de infraestructura industrial. El Tercer Mundo acoge aproximadamente a dos terceras partes de la población global, la cual habita en estas regiones con una baja renta per cápita, una elevada tasa de mortalidad infantil, conviviendo con enfermedades endémicas, dependiente de una agricultura tradiconal y orientada a la exportación, y finalmente subyugada por gobiernos corruptos.

Cuando el proceso de descolonización estaba ya en marcha, varios países del Tercer Mundo acordaron unir sus esfuerzos para presentarse como una tercera vía en el conflicto bipolar de la Guerra Fría; en otras palabras, frente a la disyuntiva entre el bloque capitalista o el bloque soviético, ellos decidieron unirse para defender sus propios intereses, muy alejados de las ambiciones estratégicas de Estados Unidos o la Unión Soviética. Tras una primera conferencia, celebrada en Colombo en 1954, a la que concurrieron Ceilán, India, Indonesia, Birmania y Pakistán, un año después, entre el 18 y el 24 de abril de 1955, se celebró la Conferencia de Bandung (Hobsbawm 1994, 358). Con alrededor de una treintena de países participantes, entre sus principales acuerdos destacó: la defensa de los Derechos Humanos en el ámbito de soberanía de los países participantes; el respeto a la soberanía del resto de países firmantes, sobre todo en materia de defensa; la negociación con los demás integrantes en términos de igualdad; la no intervención en los acuerdos y tensiones militares entre potencias; la priorización de la resolución pacífica de los conflictos y de la colaboración mutua; la obligación de respetar los acuerdos adoptados.

El principal obstáculo para el despegue económico de las naciones del Tercer Mundo ha sido tradicionalmente su dependencia económica de las antiguas metrópolis, así como de otras potencias occidentales, que han controlado las economías locales de aquellos países. Para ello, las superpotencias han jugado la baza de convertirse en principales proveedoras de productos elaborados y de infraestructura industrial en los antiguos dominios coloniales, limitando la posibilidad que estas naciones tienen de desarrollar su infraestructura propia. Como consecuencia de la realidad descrita, y gracias a la complicidad de los gobiernos locales, afines a las grandes multinacionales foráneas, el crecimiento de las antiguas colonias depende en lo esencial del sector primario y de sectores económicos tradicionales. Se trata de las llamadas «economías de exportación», cimentadas sobre la venta de un producto concreto al extranjero, que las provee de todos los demás medios precisos para la supervivencia. De este modo, se constituye un círculo vicioso que condena a las antiguas colonias a la postración económica. Además, la casi inexistente infraestructura industrial se explota con capital extranjero, marchando los beneficios que se generan directamente al país de origen del capital invertido, por lo que la economía local apenas percibe beneficio alguno de esa relación bilateral, que resulta totalmente asimétrica (Gunder Frank 1967).

Recurriendo, pues, a la teoría de la dependencia, se genera una compleja relación entre los países del Tercer Mundo, o de la periferia, y los países desarrollados, ricos, o del centro. Aquellos dependen de estos para abastecerse de productos esenciales y manufacturados, y estos se benefician de la dependencia de aquellos para reforzar su control sobre las economías locales, consolidando un nuevo colonialismo económico. Esta dinámica se acrecentó a partir de los *shocks* del petróleo sufridos a lo largo de los años setenta, pues a raíz de la crisis muchos países del Tercer Mundo, dirigidos por gobiernos corruptos o directamente dictatoriales en su mayoría, debieron endeudarse por encima de sus posibilidades para garantizar su acceso a las fuentes de energía. Precisados pues de créditos bancarios internacionales, que se comprometieron con abusivas tasas de interés, los países pobres vieron como su situación empeoraba, mientras la de sus acreedores no hacía sino mejorar.

4. La peor herencia del imperialismo: la esclavitud contemporánea

El trabajo no libre, una de las mayores lacras de la sociedad actual, constituye una herencia directa del imperialismo colonial, además de ser un daño colateral necesario del incremento permanente de la demanda de productos en el mercado global. Es por ello que debe convertirse en un elemento que mueva a la reflexión sobre nuestros hábitos de consumo, y sobre la vigencia del modelo de dependencia económica que se analizó en el epígrafe precedente. Según los datos de 2016, alrededor de 40 millones de personas trabajaban en el mundo en régimen de esclavitud, de los cuales 25 millones lo hacían en calidad de víctimas de trabajo forzado, y 15 millones como sujeto y objeto de matrimonios no consentidos. La inmensa mayoría de quienes sufrían tal condición, en un 71%, estaba constituida por mujeres, correspondiendo un 25% a niños (ILO 2017, 5).

Los dos sectores más sensibles al empleo de mano de obra esclava son el cultivo del cacao, esencialmente en Costa de Marfil y Ghana, en el continente africano, y el sector textil, en la India y Bangladesh, en Asia. Como se puede constatar, la distribución geográfica de la esclavitud corresponde en lo básico al área que se ha denominado como Tercer Mundo. En el caso del cacao, los explotadores se benefician de lo barata que resulta la mano de obra, y de conceder préstamos a sus empleados con una tasa de interés que con frecuencia supera el 100%. El 47% de los trabajadores del sector no tiene acceso a agua potable, el 26% carece de baño en su puesto de trabajo, el 24% no tiene electricidad, más de la mitad vive agobiada por las deudas, y casi el 60% no puede ahorrar; de hecho, alrededor del 15% sufre la retención de sus ingresos por los empleadores. Esta situación absolutamente dramática contrasta con los beneficios anuales generados por el cacao en el mercado internacional, que en 2013 ascendían a 38,84 billones de dólares (Pinto Tortosa 2020, 423-443).

En el continente asiático, por su parte, el sector textil evidencia las ventajas que ofrece a las grandes multinacionales la «competencia a la baja», es decir, la explotación de las posibilidades de los países subdesarrollados para abaratar los costes de producción, sobre todo gracias a la mano de obra barata, el precio bajo del suelo para ubicar la infraestructura industrial, la laxa legislación laboral, etc. Los niños se suelen emplear como mano de obra en la siembra, el recogido y el hilado del algodón, siendo Uzbekistán el país que mejor ilustra la situación, con hasta dos millones de niños dedicados a esta labor. En 2011 la comunidad internacional dejó de comprar algodón hilado a este país, que tres años más tarde debió admitir observadores internacionales en el sector para garantizar que se respetaban los derechos esenciales de la población, de modo que el tráfico con Uzbekistán se pudiera reanudar desde Occidente con normalidad, lo cual sucedió en 2016.

El gráfico que sigue muestra la distribución de las ganancias anuales en el mercado mundial directamente derivadas del trabajo no libre:

Gráfico 4. Beneficios mundiales derivados del trabajo no libre,
estimados en miles de millones de dólares

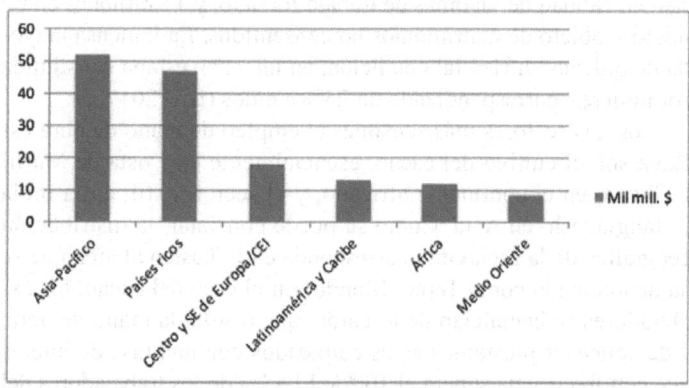

Fuente: OIT. 2014. Ganancias y pobreza: aspectos económicos del trabajo forzoso. Última
consulta el 13 de diciembre de 2022. https://www.ilo.org/wcmsp5/groups/public/---ed_norm/---
declaration/documents/publication/wcms_243422.pdf.

Para finalizar, las mujeres representan el colectivo vulnerable
por excelencia, dado que su explotación en el entorno laboral tras-
ciende fronteras y sectores económicas. Por ejemplo, en la India se
emplea a las adolescentes de las castas más pobres para abusar de
ellas, bajo la promesa de un contrato a tres años que les reportará
dinero suficiente para pagar su dote. Cuando llegan a su destino, las
niñas encuentran una realidad dramática: cientos de niñas y adolescentes deben vivir hacinadas en barracones contiguos a su puesto
de trabajo, donde pasan jornadas laborales de más de doce horas
sin acceso alguno a las condiciones higiénicas básicas. Tampoco
pueden acceder a la asistencia sanitaria, lo cual se torna en especialmente grave porque suelen ser objeto constante de violaciones por
sus explotadores. Así se explica que el 80% de la mano de obra en
el sector siga siendo femenina, pudiéndose hablar, recuperando el
concepto acuñado por Hernández Peribáñez, de una «feminización
de la pobreza» (2017, 181-211).

VI. CAPITALISMO Y ESTADO DEL BIENESTAR: (APARENTE) CONTRADICCIÓN EN LOS TÉRMINOS

La puerta de atrás del estado del bienestar: negociación colectiva y actores independientes

1. La cristalización del capitalismo a través del «estado del bienestar»

Los complejos avatares de la primera mitad del siglo XX hicieron que, una vez concluida la II Guerra Mundial, los principales dirigentes internacionales adoptasen medidas encaminadas a evitar un desenlace similar en el futuro. En términos económicos, el objetivo era evitar que el proletariado volviese a padecer una ruina similar a la de la Gran Depresión, que le arrojó en brazos del fascismo. Por eso desde los estados individuales y desde diferentes organizaciones supranacionales nacidas a partir de 1945, entre ellas la ONU, se buscó la posibilidad de proporcionar a los trabajadores instrumentos que los alejasen de la marginalidad, y del extremismo ideológico que se asocia a ella. El resultado fue el llamado «estado del bienestar», concebido como un modelo estatal liberal que pudiera intervenir en la economía para atenuar los efectos de las crisis venideras, garantizando al mismo tiempo un nivel de vida aceptable para toda la población (Judt 2010, 72-77; Feliu y Sudrià 2013, 310-311).

Los pilares sobre los que se construyó el estado del bienestar fueron los siguientes: la configuración de un sistema de seguros sociales obligatorios, en los que se incluirían las pensiones de jubilación, orfandad, viudedad, incapacidad y desempleo; la elevación necesaria del sueldo de los trabajadores, para aumentar su poder adquisitivo e incentivar así el consumo; una red de asistencia sanitaria gratuita; un sistema educativo también gratuito, o concertado (privado, pero con subvención del gobierno); la construcción de viviendas de protección oficial, de acceso preferencial para individuos y/o familias que cumplan unas determinadas condiciones de renta y residencia; la habilitación de zonas de recreo urbanas de libre acceso; el desarrollo de una red de transporte público, bien financiado directamente por el Estado, o bien subvencionado y de tutela privada; por último, la garantía del acceso público y gratuito al arte y la cultura. Si bien es cierto que el alcance de las medidas fue limitado y varió en cada país, existiendo además una dotación disímil de herramientas para su aplicación efectiva en cada escenario nacional, también lo es que la combinación del estado del bienestar y del Plan Marshall permitió que toda una generación mejorara significativaente sus condiciones de vida en el mundo occidental: su dieta era mejor, su esperanza y calidad de vida aumentó, sus viviendas eran de mejor calidad, y la ropa y accesorios a los que pudo acceder eran también de mejor calidad.

Para ello fue esencial la puesta en práctica de una política fiscal redistributiva, basada en impuestos progresivos que compensaban las diferencias salariales entre las clases bajas y desfavorecidas, por una parte, y la clase media y la clase alta, por otra, gravando con mayor presión fiscal las rentas más elevadas. Gracias a los impuestos directos y progresivos, los estados pudieron disponer de fondos suficientes para pagar los servicios públicos reseñados con anterioridad. Ello posibilitó que la clase obrera no se viera en la obligación de destinar todos sus ingresos al ahorro, temerosa de que la enfermedad o el desempleo menguasen sus finanzas: la garantía de los servicios básicos permitió que una parte sustancial de los ingresos del proletariado se pudiera orientar hacia el consumo. Así se contribuía a la circulación monetaria, se estimulaba la producción y se mejoraba la productividad, de modo que la calidad de los productos aumentaba (Hobsbawm 1994, 267; Judt 2010, 72-77; Feliu y Sudrià 2013, 310-311). Pese a lo indicado, las desigualdades aún existirían, aunque la elevación del nivel de vida de las capas sociales más desfavorecidas neutralizó, de momento, la posibilidad de su deriva ideológica totalitaria. La comparación, no obstante, con los niveles de vida de los años de entreguerras o de la II Guerra Mundial animará a concluir que, por pocos que fuesen los logros del estado del bienestar, eran más que suficientes para permitir que al menos la sociedad occidental experimentase un salto cualitativo.

2. Experiencias nacionales del modelo del estado del bienestar

Uno de los países que debió afrontar la reconstrucción de la posguerra en condiciones más desfavorables fue el Reino Unido, no solo por la destrucción asociada a los bombardeos nazis durante el conflicto, o por la elevada cifra de pérdidas humanas, sino también porque la restauración de su economía debía emprenderse sin una fuente de ingresos esencial y tradicional en el país: la India, independizada en 1947, aunque sacudida por las convulsiones sociales desde el mismo año de 1945. En tales circunstancias debió afrontar el complicado proyecto de compatibilizar el modelo económico liberal con la conversión del país en un estado social. El primer depositario de las esperanzas británicas fue el gabinete del Partido Laborista de Clement Attlee, vencedor de los primeros comicios celebrados tras la paz. Su campaña había estado dominada por un mensaje: había que subir los salarios de los trabajadores, quienes habían padecido en primera persona las consecuencias de la guerra, como ya sucediera en la I Guerra Mundial. A su juicio, para acabar con su penuria atávica era preciso desterrar el modelo económico y estatal de sus rivales conservadores, los *tories*, que se había distinguido por los ajustes presupuestarios y la subida de los impuestos, medidas que condenaba al proletariado británico a la miseria.

El proyecto laborista se inspiraba en el informe del economista William Beveridge, que vio la luz en noviembre de 1942, según el cual la recuperación económica de la posguerra solo sería posible si se garantizaba el acceso gratuito a la sanidad, un sistema de pensiones por jubilación financiado por el Estado, subsidios familiares y la consecución del pleno empleo (Judt 2010, 75). El ejecutivo de Attlee emprendió además la nacionalización de servicios y empresas hasta entonces privados, como el Banco de Inglaterra (1946), la minería del carbón (1946), el transporte interior (1947) o la energía gasística y eléctrica (1948). Además, el primer ministro obtuvo la autorización regia para crear el Servicio Nacional de Salud (National Health Insurance – NHI), lo cual supuso un punto de inflexión, en la medida en que garantizó la asistencia sanitaria gratuita para los trabajadores, que de este modo no debían temer al desempleo como vía hacia la inasistencia médica en caso de necesidad; también se fijaba la cobertura médica gratuita a todo riesgo después de la jubilación (Judt 2010, 73). La culminación de las iniciativas sociales fue la construcción de viviendas de bajo coste para los tra-

bajadores más desfavorecidos, con el fin de acabar con los insalubres *slums* y garantizar unas mínimas condiciones higiénicas en el
ámbito doméstico.

Como puede preverse, este modelo de estado de bienestar debía
contar con la paz social necesaria para su funcionamiento. Esta se
garantizó mediante el fomento de una idea de ciudadanía vinculada
a la identificación de colectivo con la nación, como señalaron T.
Marshall y T.B. Bottomore (1998), que facilitaba la obediencia a
las normas e instituciones liberales. El modelo, empero, no tardó en
manifestar sus inconvenientes, entre los cuales destacó el endeudamiento del gobierno ante el elevado gasto social que debía asumir,
que no se compensaba con unos ingresos similares, ante la perspectiva de la ruina generalizada de Europa y la pérdida de los ingresos de la India. El déficit presupuestario ayuda a explicar, junto a
otros factores, la derrota laborista y la victoria conservadora en las
elecciones generales de 1951. De vuelta en el poder, los *tories* consagraron sus esfuerzos durante varias legislaturas a desmontar el
aparato nacionalizador emprendido por sus predecesores. El regreso de los laboristas, encabezados por Harold Wilson, en 1964 significó la continuación del espíritu reformista del gabinete de Attlee.
El encumbramiento de los conservadores nuevamente en 1979, de
la mano de Margaret Thatcher, marcó una cesura: desde entonces
la solución neoliberal sería la única posible para combatir a la crisis, procediéndose a desmontar la práctica totalidad del estado del
bienestar. Entre las principales acciones de la «Dama de Hierro»
ha de subrayarse la reducción del cuerpo de funcionarios estatales
en hasta 200.000 personas; la privatización de los servicios públicos esenciales (agua y electricidad), atenuada tras la protesta de los
trabajadores en 1987; la desnacionalización de las empresas; y la
venta de los pisos de protección oficial a sus inquilinos.

En lo tocante a la privatización de las empresas nacionales, Thatcher fue suficientemente hábil como para convertirlas en compañías
por acciones, a cuyos trabajadores se brindó la posibilidad de comprar parte de las acciones para convertirse ellos mismos en gestores
de las empresas. No menos hábil fue la venta de los pisos y viviendas de protección oficial, cuya manutención correspondía al Estado
en lo referente al pago de los servicios básicos. A los inquilinos se les
ofreció la posibilidad de quedarse con las viviendas si las compra-
ban, fijándose para ello un precio de venta inferior al del mercado.
La inmensa mayoría de los afectados decidió dar el paso y adquirir
su vivienda en propiedad, de modo que en un año se privatizó un mi-

llón de viviendas. El estado del bienestar se quebró así, dando paso a una nueva cultura individualista y competitiva en consonancia con los postulados neoliberales (Fernández 1988, 657-660).

Si complicada era la coyuntura en la que Gran Bretaña debía afrontar la reconstrucción en la posguerra, no mucho mejor era la situación de Francia, arrasada en el desarrollo del conflicto. Como ocurría con su vecino británico, además, Francia había dejado de ser una superpotencia mundial, lo cual se constató tras su expulsión de Indochina en 1954, tras la derrota de Dien-Bien-Phû, y la independencia de Argelia en 1962. El clima político en el que afrontó la reconstrucción no era ni mucho menos idóneo, pues la situación era tremendamente inestable. La crisis institucional provocada por la guerra, de la que se culpó al gobierno de la IV República, motivó la transición hacia la V República, en la que la autoridad del poder ejecutivo se reforzó, en detrimento de las funciones del Parlamento. Mientras tanto, el contexto laboral del pueblo francés era tremendamente complejo: en las factorías del país, entre las que destacó la Renault, los obreros debían permanecer en su puesto durante jornadas sin fin a cambio de salarios miserables, y los empleadores tenían derecho a despedirlos sin asumir responsabilidad alguna. Este contexto favoreció que unos años después de la independencia de Argelia, en mayo de 1968, la clase obrera francesa, cansada de soportar unas pésimas condiciones aborales y hastiada de su marginación política, se sumara a los estudiantes que protestaban contra las tensiones del mundo bipolar en plena Guerra de Vietnam (1955-1974). La movilización iniciada en Francia se extendió también a Alemania, el Reino Unido, Italia y Estados Unidos. Sin embargo, la contundencia del gobierno para aplacar a los rebeldes generó una sensación de inseguridad que condujo a la victoria de la derecha en las elecciones legislativas de 1968, y en las presidenciales de 1969. Las tímidas reformas ofrecidas por el gabinete de Georges Pompidou apenas contentaron a quienes habían tomado las calles en la primavera del año anterior (Fernández 1988, 661-665; Judt 2010, 409-413).

El triunfo electoral del socialista François Mitterrand en 1981 supuso un punto de cesura respecto a la realidad vivida en Francia hasta la fecha. El nuevo gobierno concitó el apoyo de la clase obrera, que había depositado en él sus esperanzas. En la primera legislatura emprendió acciones encaminadas a ello, más allá de la simbólica abolición de la pena de muerte: aumentó los sueldos, redujo la edad de la jubilación y también recortó la jornada laboral. A ello se sumó un amplio programa de nacionalizaciones de hasta

36 bancos y empresas privadas. No obstante, la falta de una hoja de ruta definida, sumada a la presión internacional coordinada del naciente Mercado Común Europeo y de las principales instituciones financieras, influyeron en el giro de timón de la política económica francesa en 1982. En este año se inició una marcha atrás en buena parte de las reformas previas, procediéndose a la congelación salarial, el recorte del gasto público, el aumento de las cargas impositivas y la lucha sin cuartel contra la inflación, que se desarrolló mediante la renuncia a emitir más moneda (Judt 2010, 549-553). Aún se conservaron algunas conquistas sociales relevantes, como la igualdad de derechos de las mujeres trabajadoras, pero la victoria conservadora en las elecciones legislativas de 1986 hizo que se imprimiese un giro aún mucho más regresivo en política económica, reprivatizándose bancos y empresas privadas. Así y todo, las transformaciones esenciales en materia de derechos de los trabajadores no se derogaron, lo cual explica en buena medida la capacidad de Mitterrand de mantenerse en el poder hasta 1995.

Finalmente, el *take off* de la República Federal Alemana fue posible gracias a la gestión de Konrad Adenauer, a quien Hobsbawm identificó como integrante de la llamada «gerontocracia del poder» (1994, 283, 325). El canciller se rodeó de un nutrido equipo de expertos que consiguió sacar al país de la debastación asoluta en la que se encontraba tras la II Guerra Mundial. Entre sus colaboradores destacó Karl Schiller, padre de la «economía social de mercado», materializada gracias a la combinación de dos elementos: de un lado, la libertad para que el mercado se regule por el libre juego de las leyes de la oferta y la demanda; de otro lado, la definición apriorística de unas pautas generales que debían respetarse de manera indispensable. Sobre el telón de fondo de este marco conceptual, los trabajadores y los empresarios negociaron las nuevas condiciones laborales, que se edificaron sobre dos pilares: el aumento de los salarios y la preservación de las tasas de empleabilidad. Los obreros podrían participar de los beneficios de la empresa, si por su parte se comprometían a reducir la conflictividad social. Y el Estado se encargó de la inversión en sectores clave para la economía del país (Braun 1991). Ahora bien, para que el «milagro alemán» se produjera, además de la combinación de medidas reseñadas en estas líneas, resultó crucial el dinero procedente del Plan Marshall, que permitió a Alemania romper sus vínculos conn sus antiguos aliados, viendo reconocida la soberanía propia en la Conferencia de París de 1954, y participando activamente en la firma del Tratado de Roma de 1957, acta de fundación del Mercado Común Europeo (Fernández 1988, 665-669). Alemania atravesaba así por el periodo conocido como los «Treinta Gloriosos», alusivos al crecimiento experimentado entre 1946 y 1975 (Zamagni 2001, 234-238, 239-258).

También en la República Federal Alemana fue relevante el gobierno del Partido Socialista Alemán, presidido por el exalcalde de Berlín oeste Willy Brandt, entre 1969 y 1974 (Judt 2010, 496-500). Como otros líderes socialdemócratas en Europa, Brandt y su ejecutivo se consagraron al fomento de la educación pública, la mejora del sistema sanitario público, la aprobación de las pensiones de jubilación, la construcción de viviendas sociales, etc. Además de aumentar el gasto público, las medidas del gobierno de Brandt colocaron a la RFA a la cabeza del estado del bienestar. De hecho, a diferencia de Mitterrand, su salida del gobierno no tuvo que ver con una pérdida de popularidad, sino con el estallido del *affaire Guillaume*, por el que se descubrió que su más estrecho asesor, Gunther Guillaume, era en reaiidad un agente soviético infiltrado (Marshall 1990).

3. España como paradigma mediterráneo del estado del bienestar

España fue un anacronismo en Europa hasta mediada la década de 1970 porque representaba el último vestigio del fascismo en el continente. Ha de reconocerse que la dictadura de Francisco Franco (1939-1975), instaurada tras la Guerra Civil (1936-1939), discurrió por diferentes etapas políticas, ideológicas y económicas. En lo tocante a lo ideológico, en los años cuarenta el dictador definió el régimen como un estado fascista y totalitario, que emulaba la senda recorrida por Hitler en Alemania y por Mussolini en Italia. El cambio de rumbo de la II Guerra Mundial obligó a Franco a modificar su posicionamiento respecto a las potencias del Eje, y también conforme a la propia definición del régimen que él había hecho; así, de definir a España como estado fascista y totalitario, pasó a caracterizarlo como un Movimiento Nacional que, además, en lo institucional era una monarquía sin rey. Todo ello constituía una compleja pirueta ideológica cuyo objetivo no era más que obviar la realidad: la dictadura solo respondía a la personalidad y principios personales del caudillo.

En lo económico, la evolución del franquismo fue más ardua y lenta, pues de la autarquía de la década de 1940, obligada por el aislamiento internacional contra España, considerada un régimen fascista, se pasó a la estabilización en la década siguiente, para concluir en el desarrollismo del decenio de 1960. Más allá de los matices económicos de cada etapa, en lo básico el franquismo se consagró a anular la lucha de clases, imponiendo la armonía de los intereses de los trabajadores y de los empresarios, normalmente con la primacía de los segundos sobre los primeros. Aquellos, de hecho, debían afiliarse obligatoriamente a los sindicatos verticales, todos controlados desde Falange Española Tradicionalista y de las JONS, única formación política permitida durante la dictadura, de ideología declaradamente fascista. La respuesta a cualquier intento de dinamitar el orden definido como «nacionalcatolicismo» fue duramente reprimido. Dentro del orden represor, no obstante, ha de reconocerse la relevancia de algunas iniciativas aisladas como la Ley de Bases del 18 de julio de 1938, sobre el subsidio familiar, o la ley del 1 de septiembre de 1939, sobre el subsidio de vejez. En 1942 se regularizó el Seguro Obligatorio, que disponía la creación de una cobertura médica a todo riesgo a todos los españoles, y se aprobó la Ley de Accidentes de trabajo. Al mismo tiempo, en la lógica paternalista de la dictadura, se dispuso que el Estado mediaría en los conflictos laborales a través de la Magistratura de Trabajo, que operaría a favor de los empleadores frente a los empleados (Bahamonde y Martínez 2003, 61-68).

Pese a la mano dura empleada por la dictadura, las huelgas y las protestas ciudadanas comenzaron a sucederse a partir de los años cincuenta. Su origen estaba en el hartazgo por las condiciones económicas impuestas por la autarquía, cuando España se había visto sometida al bloqueo comercial internacional y, por consiguiente, obligada a abastecerse de sus propios productos. En este escenario ganó protagonismo el racionamiento, combinado con la ausencia de productos de primera necesidad, a los que frecuentemente se debió reurrir en el mercado negro y el estraperlo, a precios sorprendentemente elevados, muy por encima de las posibilidades económicas reales de la población. Las circunstancias ayudan a explicar que la protesta obrera, como señaló Jesús A. Martínez (2003, 107-111), no se fundase sobre un programa crítico contra las bases de la dictadura, sino sobre reclamaciones acerca de aspectos prácticos y urgentes en el quehacer cotidiano de la clase obrera, tales como el aumento del sueldo, o la garantía de acceso a productos esenciales. Así y todo, ha de reconocerse que estas primeras protestas proletarias aprovecharon la infraestructura del régimen, sobre todo los sindicatos verticales, para ir ganando poco a poco experiencia de combate, madurando y eclosionando en los años sesenta.

Los años del desarrollismo, en la última década reseñada, permitieron un despegue económico, favorecido esencialmente por la entrada de capital extranjero, centrado en el sector turístico. Sin embargo, las bases del régimen se mantuvieron inalteradas en aspectos primordiales que perjudicaban a la clase trabajadora: por ejemplo, el sistema fiscal era regresivo, gravando a las rentas del trabajo y del consumo, pero no a las grandes fortunas. Por lo tanto, el crecimiento económico del país se debió más a una tendencia global alcista que al mérito del propio gobierno (Molinero e Ysàs 2003, 180-182). La muerte de Franco en 1975 dejó al país en medio de una profunda crisis económica, de la que no se recuperaría hasta mediada la década de 1980, para recaer de nuevo en el decenio siguiente. En los años inmediatamente posteriores a la desaparición de Franco la recuperación se activó por el gabinete de Adolfo Suárez, que posibilitó la puesta en marcha de los Pactos de la Moncloa de 1977, con el respaldo de otras fuerzas políticas. Estos se enfocaron en la rehabilitación de los sectores más afectados por la crisis, sobre todo la siderometalurgia, y también en la subida de los sueldos. Fue entonces cuando se creó también el Impuesto progresivo sobre la Renta de las Personas Físicas (IRPF), que impactaba sobre los contribuyentes en proporción directa a sus ingresos. En el entorno de las relaciones laborales, los sindicatos cedieron en algunos aspectos a cambio de la promesa de la solución del desempleo; el Estado por su parte mejoró la cobertura de desempleo y la Hacienda Pública se hizo cargo de una parte de los gastos de la Seguridad Social (Otero 2003, 367-373).

4. Negociación colectiva: pautas regionales

Según la perspectiva Sping-Andersen (1990, 26-29), los llamados «países ricos» responden esencialmente a tres modelos:

El modelo neoliberal se define por la existencia de ciertos medios asistenciales para los sectores más desfavorecidos de la población, el límite a las transferencias del sector privado al sector público, y un sistema de seguridad social cuyo alcance es igualmente limitado. Quienes se benefician de estos pequeños resquicios suelen ser quienes pertenecen a las capas más desfavorecidas de la sociedad. En los países donde impera este modelo existe una cultura que tiende a asociar el recurso a los servicios sociales con una cierta ociosidad, vertiéndose la crítica contra quienes deben recurrir a esas herramientas para evitar la indigencia absoluta, que se construye sobre el argumento de la meritocracia y de la posibilidad de acceder a mejores servicios si se está dispuesto a trabajar. Los gobiernos en estos países tienden a favorecer la ampliación del radio de acción del sector privado en los ámbitos considerados como sociales, otorgando subvenciones a las compañías que los ofrecen y que liberan al estado de esa responsabilidad. El país que mejor representa este modelo es Estados Unidos.

En el modelo conservador, la tradición intervencionista del Estado se actualiza a las exigencias y condiciones de la sociedad presente, con el fin de atender las demandas y necesidades de la sociedad postindustrial, además de atenuar las tensiones que puedan aparecer. Alemania, Austria o Francia representan este paradigma, según el cual la iniciativa privada jamás ha tenido la posibilidad de gestionar los servicios sociales básicos, pero tampoco existe debate sobre los límites del intervencionismo estatal. No obstante, no ha de entenderse este modelo como un marco político-jurídico que enarbola la bandera de la justicia redistributiva; antes bien, el paradigma consolida las diferencias entre la población fundadas sobre el nivel de renta. Con frecuencia, en estos estados la Iglesia suele ser un actor influyente, en la medida en que intenta perpetuar el *statu quo* social y defiende la perpetuación de la familia tradicional. Así se explica, por ejemplo, que hombres y mujeres gocen de derechos laborales diferentes; además, las circunstancias sociales y económicas actúan como elemento disuasor de las mujeres a la hora de incorporarse al mercado laboral, que optan por centrarse en su papel como madres. Por este motivo el modelo social y asistencial dificulta la conciliación familiar cuando los dos progenitores trabajan. La situación descrita se reflejaba con bastante exactitud también en la España franquista.

Por último, el modelo socialdemócrata corresponde a los países gobernados por partidos de idéntico signo. En ellos los derechos sociales dejan de ser una mercancía que se subasta al mejor postor, restringida normalmente a la población más rica, para pasarse a garantizar la cobertura social del conjunto de los individuos. Aplicado por vez primera en los países escandinavos, la aspiración de este modelo es la de garantizar un estándar de vida aceptable para toda la población. Por este motivo los servicios básicos se actualizaron en aquel escenario, con el fin de que reflejaran la demanda, necesidades y gustos de las clases medias y de las clases desfavorecidas. Estas últimas, además, podrían acceder a varios servicios y derechos que les habían estado vetados hasta entonces, porque su acceso era exclusivo para los individuos adinerados.

En todos y cada uno de los modelos expuestos se da una tensión inevitable entre trabajadores y empleadores, que ha de atajarse de manera constructiva y eficaz. A continuación se presentan los principales modelos regionales de negociación colectiva, centrándonos en los casos de Europa, Estados Unidos y Sudamérica. Asia y África quedan al margen del estudio, puesto que, dejando de lado a los gigantes asiáticos, las sociedades carecen de calidad democrática y, por consiguiente, resulta muy difícil hablar de un marco regulador de los derechos laborales, que además, cuando existe, es constantemente violado. Oceanía, por su parte, sigue un modelo similar a Estados Unidos.

4.1. Europa ante la negociación colectiva

La heterogeneidad de los integrantes de la Unión Europea impide hablar de un único modelo genérico de negociación colectiva (García Laso 1996, 57-76). Pese a ello, las instituciones supranacionales y la legislación internacional ejercen un cierto efecto homogeneizador. Así, la Organización Internacional del Trabajo (OIT) hace que confluyan los diversos modelos de relaciones laborales y negociación colectiva. Todos los estados deben ratificar y cumplir sus convenios en lo tocante a derecho de sindicación, representación en la empresa y negociación colectiva. Asimismo, el Consejo de Europa, a través del Convenio Europeo para la protección de los Derechos Humanos y las Libertades Fundamentales, defiende el derecho de los trabajadores a la negociación colectiva con los empresarios, llamando a los estados a respetarlo y llevarlo a la práctica. Finalmente, la Unión Europea defiende también el derecho a la representación sindical y la negociación colectiva, en concreto en el artículo 28 de su Carta de Derechos Fundamentales (Cruz Villalón 2019, 139-170).

Según Cruz Villalón (2019, 143), en el seno de la Unión Europea se puede distinguir hasta tres modelos diferentes en la negociación colectiva: en primer lugar, algunos sistemas diferencian entre convenios sectoriales (negociados para todo el sector económico, que no responden a la peculiaridad de cada empresa), convenios de empresa (negociados entre todos los actores de cada empresa) y acuerdos de empresa (propuestos unilateralmente por la empresa sobre el derecho a la negociación colectiva). España, Italia, Francia y Portugal, por ejemplo, siguen este modelo. Otros países niegan a la empresa iniciativa alguna en la negociación colectiva, ora porque no existen convenios de empresa, ora porque predominan los convenios sectoriales, o por ambos motivos. Esto sucede en Alemania, Austria, Dinamarca, Bélgica o Finlandia. Para concluir, en otros escenarios predominan casi exclusivamente los convenios de empresa, de modo que el Estado se inhibe de la negociación colectiva, como ocurre en el Polonia, Irlanda o el Reino Unido. Con independencia del modelo, tres son los actores sobre los que puede recaer la representación de los trabajadores: los sindicatos, el actor más frecuente; la representación eleciva de los trabajadores en la empresa; o excepcionalmente otros sujetos señalados por la propia empresa (Cruz Villalón 2019, 147-148). Frente a ellos, la empresa es el único actor representante de sus propios intereses.

4.2. Estados Unidos

El derecho de asociación viene reconocido en la Constitución de Estados Unidos (1787): en la Primera Enmienda, correspondiente a 1791, se previene contra cualquier actividad prohibitiva del derecho de reunión y de asociación; en la Quinta Enmienda también se vela por la garantía del derecho a la vida y la libertad, que entre otros aspectos se refiere a la libre reunión y asociación de personas; para concluir, en la Decimocuarta Enmienda se prohíbe en el conjunto de la Federación la prohibición de los privilegios e inmunidades de los ciudadanos, consagrándose nuevamente el derecho a la vida, la libertad y la propiedad (La libertad de asociación 2000). Por añadidura, el marco normativo de Estados Unidos en relación con el derecho del trabajo se apoya sobre la Ley Nacional de Relaciones Laborales (*National Labor Relations Act*, NLRA). Este documento garantiza el derecho del proletariado a crear orgnaizaciones laborales-sindicales y afiliarse a ellas; a participar en la negociación, colectiva o no, siempre que ataña a sus condiciones de trabajo; a la huelga para reivindicar la mejora de su condición; y a negarse a participar en actividades sindicales.

Hasta aquí todo parecería lógico y justo, pero el matiz se encuentra en el hecho de que las regulaciones indicadas únicamente cubren a los empleados, es decir, excluyen a los trabajadores rurales, a los trabajadores domésticos, a los trabajadores por cuenta propia (autónomos), y a quienes se acogen a la Ley Laboral de Ferrocarriles (*Railway Labor Act*, RLA). En teoría, extranjeros e indocumentados tienen derecho a la misma cobertura, pero en la práctica se les margina del acceso a determinados servicios y derechos. Por ejemplo, quedan exentos del derecho a la restauración del salario cuando se es objeto de prácticas empresariales abusivas (Guía sobre el dercho colectivo del trabajo en Estados Unidos 2022). El *National Labor Relations Board* (NLRB), consejo general independiente, se encarga de garantizar el cumplimiento de las iniciativas legales de las disposiciones constitucionales y de la NLRA. Así, la denuncia de una práctica abusiva de un empleador contra un empleado, o de una práctica desleal por parte de un sindicato, inicia una investigación para dilucidar los hechos y resolver el pleito, a escala regional en primera instancia. Si no es posible y el reclamante presenta una denuncia formal, se inicia el proceso judicial, en un primer momento en el ámbito de lo contencioso administrativo, aunque después puede escalarse hasta la Corte de Apelación de Estados Unidos, si la resolución del primero es rechazada de nuevo por las partes.

A priori el gobierno de Estados Unidos dispone de instrumentos más que suficientes para garantizar el derecho de representación de los trabajadores, cuyo papel en las negociaciones colectivas es esencial (La libertad de asociación 2000).

4.3. América Latina

La situación en Latinoamérica es paradójica en lo concerniente a la regulación de los derechos laborales: por una parte, desde que se consolidó la democracia se ha ido avanzando en la consolidación de modelos de negociación colectiva, que se han asentado de manera asíncrona y asimétrica en los diferentes países de la región. Por otra parte, la necesidad de regular los derechos de los trabajadores ha chocado en la mayoría de los casos con los intereses neoliberales que rigen la economía de países como Chile, Colombia, México, Panamá, Ecuador o Perú, sobre todo tras el *shock* del petróleo de la década de 1970. De hecho, la aplicación de políticas neoliberales en estos y otros escenarios latinoamericanos ha provocado la degradación de los derechos laborales y de la negociación colectiva, algo que se ha consolidado tras la crisis financiera de 2008. Este es el motivo por el cual se ha avanzado poco en materia de derechos del trabajo, pese a lo cual se identifican algunas tendencias comunes: por ejemplo, más allá de las legislaciones nacionales, todos los países han ratificado y cumplido los Convenios Internacionales del Trabajo (CIT), cuyo fin es homogeneizar la legislación de la región. Destaca en este sentido el CIT 87, que defiende el derecho de sindicación, o el CIT 98, que reconoce el derecho de los obreros a participar en las negociaciones colectivas, por lo demás reconocido en todos los países y defendido por diferentes instituciones y organismos.

Las últimas dos décadas han asistido en general a una actualización de los derechos laborales que ha resultado beneficiosa para los trabajadores. Argentina, por ejemplo, vio la promulgación en 2004 de una nueva Ley de Ordenamiento Laboral que anulaba toda restricción del derecho de asociación y negociación de la clase obrera, merced a la lógica neoliberal imperante en la economía nacional hasta entonces. También en México se modificó la Ley Federal del Trabajo (LFT) en 2012 para hacer más transparentes las relaciones entre trabajadores y empresarios, favoreciendo a aquellos en las negociaciones colectivas. Parece imponerse, pues, en toda Latinoamérica una tendencia contestataria, al tiempo que se avanza en la descentralización de las negociaciones, orientada a conceder voz a nuevos actores sindicales y obreros. Además, los gobiernos se han sumado a la tendencia e intervienen cada vez más en la regulación de las negociaciones colectivas (Rosenbaum Rimolo 2015, 281-289), para adaptarlas a las exigencias de los nuevos tiempos.

5. Negociaciones colectivas en Europa: cuatro casos de estudio

La heterogeneidad del contexto europeo anima a analizar de cerca cuatro países ubicados en el sector occidental del continente, que pese a corresponder a una región europea que se caracteriza por la larga tradición de la democracia consolidada y la transparencia de sus regímenes, presentan llamativas diferencias entre sí.

5.1. Gran Bretaña

Este país se caracteriza por la independencia de las empresas y las organizaciones sindicales, motivada entre otros motivos por el escaso intervencionismo estatal, que se fomentó sobre todo durante la legislatura laborista de 1974-1979, decisiva a la hora de reforzar la conciencia social sobre la necesidad de adquirir protagonismo en la toma de decisiones. Según Rojo Torrecilla, se puede distinguir hasta cuatro etapas en la historia sindical del Reino Unido (1981, 91-110):

El periodo inicial arranca con el siglo xx y se prolonga hasta la década de 1960, etapa durante la cual la tónica de una mínima intervención estatal solo se vio interrumpida durante las guerras mundiales. La segunda etapa, protagonizada por el Partido Conservador, estuvo dominada por el intento del gobierno de homogeneizar la representación y la negociación contractual, para lo cual se aprobó la Ley de Relaciones Industriales (*Industrial Relations Act*, IRA) en 1971, pero su éxito para encorsetar las negociaciones fue nulo. En la tercera etapa, con el Partido Laborista de nuevo en el poder, la negociación colectiva volvió a ser impulsada y se reforzaron las atribuciones de los delegados sindicales mediante la Ley sobre Relaciones de Trabajo y Sindicatos (TULRA) de 1974. No obstante, el afán del gobierno por mantener un rígido límite salarial hizo que los sindicatos le restasen su apoyo, conduciendo a la derrota electoral de 1979. En la cuarta etapa, el gobierno conservador de Margaret Thatcher desarrolló un amplio abanico de reformas, desde la legitimidad de la que se creía investido por el apoyo de los trabajadores y los sindicatos durante los comicios. Sin embargo, el ejecutivo creyó que dicha legitimidad le permitiría reducir las funciones de los sindicatos y aumentar el poder de los empresarios, lo cual provocó un descontento obrero masivo. Los gobiernos sucesivos han mantenido la tendencia de sus predecesores, en función de su orientación ideológica.

5.2. Francia

El Estado ocupa un lugar primordial en las negociaciones colectivas en Francia, pues además de legislar y reglamentar asume también las tareas de incitar y enmarcar, conciliar y decidir, insistiendo siempre en el cumplimiento de la ley y de los contratos (Reynaud 1975, 261). Cuatro son los pilares esenciales sobre los que se apoya la negociación colectiva en Francia (Urteaga 2010, 171-211):

La ley, que debe debatirse y aprobarse en las Cortes, además de las normas que ponen en marcha los altos funcionarios. Desde finales del siglo xix, la labor legislativa del Estado francés se ha referido tanto a los derechos laborales, como a las pensiones de jubilación y los seguros sociales. El límite a la intervención estatal viene marcado por el ámbito de la negociación colectiva, donde el derecho de participación de los trabajadores a través de sus representantes es inviolable e inalienable. De ello se deduce que el legislador, pese a definir el marco legal de la negociación colectiva, no puede influir en su desarrollo.

El marco legislativo propio de las negociaciones colectivas, edificado sobre tres leyes: la Ley del 13 de julio de 1971, sobre el derecho de los trabajadores a la negociación colectiva; la Ley del 13 de noviembre de 1982, que define las condiciones para la negociación obligatoria de empresa; y la Ley del 4 de mayo de 2004, que reforma algunos procedimientos de negociación colectiva.

La apertura del sistema hacia la negociación: es difícil aplicar la ley estrictamente, porque el marco de las relaciones laborales es muy heterogéneo. Por ello la legislación se limita a fijar el marco global de las negociaciones, que a posteriori se debe adaptar a la situación concreta de cada sector y empresa.

Por último, pese a los límites a la intervención estatal, este tiene una atribución esencial: la de identificar y legitimar/habilitar a los actores que participan en la negociación.

5.3. Alemania

Las negociaciones colectivas se desarrollan a nivel sectorial en Alemania (Bosch 2003, 179-214), y los convenios colectivos se limitan a fijar las condiciones mínimas, que las empresas pueden mejorar o mantener, en función normalmente de su capacidad económica y su solvencia. En la década de 1960 las empresas compitieron entre sí, ofreciendo salarios elevados a los trabajadores para retenerlos, lo que provocó fuertes desequilibrios entre empresas. Para combatir esta tendencia, y para buscar un mayor protagonismo de las negociaciones colectivas a escala sectorial, veinte años después los sindicatos ejercieron una fuerte presión. Su papel fue muy destacado, pues se les vio como el actor necesario para evitar que las condiciones de los trabajadores se negociaran, en ocasiones, por debajo del mínimo establecido en los convenios colectivos. Aún así el debate sobre la descentralización de la negociación colectiva siguió en vigor, dificultando la definición del papel de cada actor en un país en el que, además, no existe regulación nacional.

A lo sumo, Alemania cuenta únicamente con la Ley de Negociación Colectiva de 1949, cuyos puntos más relevantes son: la exclusividad de sindicatos y empresarios para firmar convenios colectivos vinculantes; la abstención de los agentes sociales respecto a cualquier acción de protesta durante el periodo de vigor del convenio, que se debe cumplir; la imposibilidad de recortar las condiciones que se recogen en él, que solo se pueden negociar al alza en el contexto de cada empresa; la cobertura del convenio sobre todo el sector cuando al menos un 50% del mismo se ve representado en él y, por añadidura, cuenta con la aprobación de un comité de negociación colectiva integrado por seis representanes: tres para los empresarios y tres para los sindicatos; finalmente, la Ley obliga a las empresas a participar en los convenios colectivos sectoriales, de modo que el hecho de que una empresa abandone el sector no acaba con el vigor del convenio colectivo, que se mantiene hasta la firma de uno nuevo. Si el debate sobre la descentralización de la negociación colectiva sigue en pie en Alemania se debe, entre otros motivos, a la elevada tasa de desempleo tras la reunificación, a la globalización de los mercados, a la reconversión industrial, a la flexibilidad horaria, a la aparición de nuevos sistemas productivos, y al estancamiento de las reformas.

5.4. España

Según los datos de Martín Navarro, los convenios de empresa han dominado las negociaciones colectivas en España en una relación de cuatro a uno (Martín Navarro, Ruesga Benito, Pérez Ortiz y Resta Nestares 2004, 287-317), abarcando aproximadamente a un 90% de los trabajadores, algo que se promueve desde el Estado y que cuenta con la aprobación de la patronal y los sindicatos. Normalmente los trabajadores se remiten a convenios laborales colectivos de alcance provincial, que en el Estado de las Autonomías son los más frecuentes y los de mayor aplicación. Poco a poco el peso de los convenios de empresa ha decaído, a la par que los convenios provinciales se han ido ampliando al terreno autonómico, reflejando así mejor el panorama territorial del país.

Gracias a las condiciones de los convenios colectivos pactados entre 1996 y 2003 el poder adquisitivo de los trabajadores, sobre todo en algunos sectores, creció. La tendencia se invirtió a raíz de la crisis financiera de 2008, y a la altura de 2022 la situación no ha vuelto a ser la de comienzos del siglo XXI, lo cual se debe en buena medida al impacto económico de la pandemia mundial de la COVID-19. Sí ha sido constante la distribución del crecimiento económico por sectores, en cambio, correspondiendo las mayores ganancias al sector servicios, y registrándose las mayores caídas en la agricultura, la ganadería y la industria.

Los salarios también se han estancado en el sector público, a raíz de las circunstancias económicas adversas previamente reseñadas. La jornada laboral se ha reducido de manera sostenida en general, en función de los indicadores macroeconómicos, hasta que las últimas reivindicaciones de la izquierda se centran en la jornada de 35 horas semanales, y en el aumento de los días de vacaciones pactados. En definitiva, las negociaciones de los convenios se han centrado en materia salarial, pese a que los aumentos pactados no guardan relación proporcional ni con el salario de partida, ni con el aumento de la productividad. Finalmente, pese a las conquistas de los últimos años, hay que avanzar en algunos terrenos, como la equiparación de los derechos laborales y las oportunidades entre hombres y mujeres.

6. Regulación internacional de las relaciones laborales

La Organización de las Naciones Unidas (ONU) tiene competencias en materia de derecho laboral, recogidas, entre otros documentos, en la Declaración Universal de los Derechos Humanos, y en los Objetivos de Desarrollo Sostenible (ODS) del Horizonte 2020, después 2030. Por su parte, la Organización Internacional del Trabajo (OIT) representa la máxima autoridad supranacional reguladora de las relaciones laborales, aunque la mayoría de sus disposiciones tiene carácter de recomendación y carece de fuerza vinculante.

6.1. La regulación del derecho del trabajo por la ONU

La Carta constitutiva de la ONU quedó aprobada el 24 de octubre de 1945, celebrándose la primera conferencia en enero de 1946 (Judt 2010, 107). En diciembre de 1948, el organismo procedió a aprobar la Declaración Universal de Derechos Humanos, cuyo cometido era recoger por escrito los derechos inalienables del individuo, inviolables por cualquier entidad o autoridad de cualquier naturaleza. Entre los principios y derechos reconocidos en la Declaración, varios atañen al ámbito laboral (ONU 1948):

El artículo 1 reconoce la libertad y la igualdad, tanto en dignidad como en derechos, de todos los seres humanos desde su nacimiento. A este se suma el artículo 2, que elimina cualquier discriminación por raza, color, sexo, idioma, religión, opinión política, origen nacional o social, posición económica, nacimiento, etc.

De igual relevancia es el artículo 4, que subraya la abolición de la esclavitud y la servidumbre, así como de la trata de esclavos. Todo régimen de trabajo en privación de libertad merece, pues, la condena de la ONU. El artículo 7 abunda en el criterio, reconociendo además la igualdad de los individuos ante la ley y el derecho a la protección frente a la discriminación, sobre el cual se sustenta el derecho de representación de los trabajadores.

En el artículo 10 se insiste en la representación laboral del trabajador, subrayando además el derecho a la defensa y audición frente a un tribunal, el derecho a la negociación colectiva y el derecho a la denuncia de abusos. En la misma línea, el artículo 20 reconoce las libertades de reunión y asociación.

En el artículo 23 se cita expresamente el derecho al trabajo: en condiciones de igualdad y libertad, de ejercicio y de elección, y de protección contra el desempleo; la igualdad salarial; la dignidad del sueldo, que ha de ser proporcional a la dignidad humana; y por último la libertad de sindicación. El siguiente artículo reconoce el derecho al descanso y al tiempo libre, y el artículo 25 recalca el derecho a una vida digna, prestando especial atención al cuidado de la maternidad y la infancia.

Para concluir, los artículos 28, 29 y 30 mencionan, respectivamente, el derecho a un orden social que recoja los principios incluidos en la Declaración; la responsabilidad individual respecto a la comunidad; y la condena de cualquier orden que suprima o violente tales derechos.

Como complemento a la Declaración Universal de Derechos Humanos, el 25 de septiembre de 2015 la ONU suscribió un acuerdo de compromiso de sus integrantes, que en el plazo de quince años deberían alcanzar un amplio abanico de metas relacionadas con la lucha contra el cambio climático, la anulación de las desigualdades entre individuos y regiones, el fomento de la innovación y el desarrollo sostenible, y la garantía de la paz y la justicia (ONU 2015). En total, el documento de compromiso consta de 17 objetivos de desarrollo sostenible y 169 metas, entre los cuales ha de subrayarse la relevancia del objetivo octavo: «Trabajo decente y crecimiento económmico», incluido también en la Agenda 2030 del Gobierno de España.

En el último documento reseñado se indica: «Este Convenio [29 sobre el trabajo forzoso] aborda las causas profundas para que la esclavitud pueda ser eliminada de una vez por todas, que es lo que se llama supresión efectiva y sostenida del trabajo forzoso u obligatorio, y actúa en tres niveles: prevención, protección e indemnización» (Gobierno de España 2019; Pinto Tortosa 2020, 423-443). Tanto la Declaración Universal de Derechos Humanos como la Agenda 2030, sin embargo, carecen de carácter vinculante. Pese a ello, en el caso de la primera se han firmado dos convenciones internacionales que se derivan del documento: el Pacto Internacional de Derechos Civiles y Políticos y el Pacto Internacional de Derechos Económicos, Sociales y Culturales, sancionado por la Asamblea General de la ONU en su resolución 2200 del 19 de diciembre de 1966.

La mayoría de constituciones democráticas posteriores a 1947 incorporan la Declaración de Derechos Humanos. Los juristas, por su parte, se consagran a demostrar cómo el ejercicio de los Derechos Humanos ha sentado precedente como derecho consuetudinario, esgrimiéndose como herramienta para denunciar las violaciones que, desafortunadamente, aún se cometen. Concretamente, en lo tocante al trabajo forzoso, mal pagado o en condiciones abusivas, la praxis jurídica ayuda a identificar las actividades susceptibles de sancionarse e iniciar procesos de investigación para denunciarlas, contribuyendo así a paliar esta lacra del siglo xxi.

6.2. La Organización Internacional del Trabajo (OIT)

La OIT se fundó en 1919, conforme a los dictados de la Conferencia de París y el Tratado de Paz de Versalles (1919). Dos años después de la revolución bolchevique en Rusia, la máxima aspiración de la OIT era defender el trabajo humano digno y unas relaciones laborales en términos de dignidad y armonía. Para conseguirlo, apostó decididamente por la paz, que se conseguiría, entre otras vías, evitando la competencia entre naciones en torno a las relaciones y condiciones laborales de sus ciudadanos, garantizándose una protección mínima a todos los trabajadores del orbe. La OIT se asienta sobre tres principios esenciales: solo se puede alcanzar la paz a través de la justicia social; hay que suprimir la injusticia en el contexto laboral; y finalmente, la idea de que la ausencia de condiciones de trabajo digno en una nación perjudica los esfuerzos de las demás naciones para conseguir la paz y la mejora de las condiciones laborales universales.

Conforme al espíritu manifestado en sus orígenes, en 1944 en Filadelfia, mientras se libraban los últimos compases de la II Guerra Mundial, la OIT firmó una declaración cuya principal conclusión era esta: el trabajo no es una mercancía. Así pues, los trabajadores han de ser libres para manifestar su opinión y asociarse. Esta declaración, que se anticipaba a la Declaración Universal de los Derechos Humanos, insistía también en condenar la pobreza, identificada como una amenaza para la prosperidad y la paz mundiales. De hecho, la lucha contra la pobreza acabó convirtiéndose en objetivo universal de todas las naciones. Un año después se fundaba la ONU, y en 1946 la OIT pasó a convertirse en su primera agencia especializada. Actualmente consagra su actividad al estudio de las condiciones de trabajo en todo el mundo y su regulación mediante diferentes protocolos, que han de supeditarse al Sistema Inernacional de Normas de Trabajo (Cano Soler 2015, 285-309).

La OIT marca una clara distinción entre los conceptos de «trabajo» y «empleo», como se indicaba en el primer capítulo del presente libro. Trabajo es cualquier actividad que, sin necesidad de ser retribuida, contribuye al proceso productivo, mientras que el empleo va asociado necesariamente a algún tipo de retribución. El trabajador, asimismo, es toda persona que desarrolla una actividad productiva retribuida, por cuenta propia o ajena, que genere un ingreso para el individuo y favorezca la producción de riqueza (ILO 2017).

Puesto que el trabajo se puede desarrollar en formas y contextos heterogéneos, la OIT ha mostrado una creciente preocupación por el trabajo decente, en línea con la ONU y los ODS de la Agenda 2030. Conforme a la propia definición de la OIT, solo el trabajo digno es decente, y ha de ser la última aspiración de las relaciones laborales en la era global. Como no todos los trabajos reúnen esta condición necesaria, para que los empleos se consideren dignos han de respetar los derechos fundamentales, hacerse a cambio de un salario justo y proporcional al esfuerzo, no incurrir en la discriminación, proteger al trabajador y contemplar el diálogo social y el tripartismo (OIT 2004).

Entre otros rasgos, la OIT se define por su naturaleza tripartita, esto es, anima a la participación de tres actores complementarios en las negociaciones colectivas: los gobiernos, a través de los representantes ministeriales de la cartera correspondiente; los obreros, representados por las asociaciones sindicales; y los patronos o empleadores, cuyos intereses se representan a través de la patronal y las organizaciones empresariales. Todos deben colaborar en armo-

nía para sentar las bases de la negociación y alcanzar acuerdos táci-
tos, en cumplimiento del Sistema Normativo Laboral Internacional.
Además, deben colaborar en pie de igualdad.

Su labor le mereció en 1969 el Premio Nobel de la Paz, y desde
1998 adoptó una declaración de principios y derechos fundamentales del trabajo, para responder a los retos del mundo globalizado, tras
constatar que globalización y progreso humano no necesariamente van
siempre juntos. Por eso, en su declaración de 1998 buscó y obtuvo
el compromiso de sus países integrantes para preservar la libertad de
asociación y sindicación, suprimir el trabajo no libre, abolir el trabajo
infantil y acabar con las discriminaciones en el entorno laboral (Cano
Soler 2015, 285-309). Desde esta fecha se reúne con periodicidad y
redobla sus exigencias a todos los países, con el obstáculo de que no
puede pasar del terreno de la recomendación, puesto que sus propuestas carecen de valor vinculante. Así y todo, los juristas también han
posibilitado la conversión de la normativa de la OIT en derecho consuetudinario que, en el fondo, obliga a los estados y a las empresas.

7. Las ONG en el terreno de la legislación laboral

Para analizar la realidad que nos atañe en este epígrafe es preciso
hacer una distinción de partida, entre ONG que defienden el trabajo
digno de manera global, y ONG que surgen para combatir una situación concreta.

7.1. En defensa de los derechos de los trabajadores
del mundo

La Walk Free Foundation, nacida de la Fundación Minderoo,
tiene como objetivo esencial generar conciencia internacional sobre las diferentes formas en que se manifiesta el trabajo no libre,
detectando y denunciando situaciones de este tipo por los cauces
legales existentes, tanto a nivel nacional como internacional. Para
ello elabora informes objetivos sobre el peso del trabajo esclavo
en el mundo actual, ligado en buena medida a nuestros hábitos de
consumo. En su labor colabora con otras ONG y organismos, tales
como la OIT (ILO et al. 2017, 5).

Similar es el escenario de acción de Anti-Slavery, que se reivin-
dica como heredera de Thomas Clarkson (1760-1846), líder aboli-

cionista británico. Pese a su escala mundial, centra buena parte de su atención en el Reino Unido, donde tiene su sede. A ella corresponde el mérito de haber finalizado la violación de derechos contra la población negra del Congo durante la dominación colonial belga, sobre todo durante el reinado de Leopoldo II (1835-1909). También ha asumido la presión sobre los gobiernos del África occidental para perseguir la explotación laboral, obligándoles a adoptar principios de comercio justo. Finalmente, ha denunciado situaciones de trabajo no libre en la construcción de las infraestructuras para el inminente Mundial de fútbol de Qatar en el invierno de 2022 (Anti-Slavery, consultado en 2022).

En relación con el trabajo no libre, algunas ONG se centran en colectivos especialmente vulnerables a esta práctica, como ocurre con Defence for Children International, creada en 1979 con ocasión de la celebración del primer Año Internacional del Niño. Su objetivo es vigilar el cumplimiento de la Convención sobre los Derechos del Niño, aprobada en 1989 y en vigor desde el año siguiente. Según esta Convención, los niños deben estar amparados por los mismos derchos fundamentales que los adultos, a los que ha de sumarse una protección especial porque no han alcanzado su plena madurez (ONU 1948). Sus acciones se centran en la respuesta a las necesidades específicas de los niños de cada país o región, en torno a cuatro ejes temáticos: los conflictos armados, la migración, la violencia y la justicia (Defence for Children International 1989).

Las mujeres constituyen otro colectivo especialmente vulnerable ante contextos de trabajo en privación de libertad. Para defender sus derechos laborales surgen diferentes ONG, entre las que destaca Coalition Against Trafficking in Women, creada en 1988 para perseguir la prostitución, la pornografía, las violaciones, el incesto, los matrimonios forzosos... siempre desde una perspectiva feminista (Coalition Against Trafficking in Women, consultado en 2022). Englobando a niños y mujeres nació en 1998 Shared Hope International, que busca la rehabilitación de unas y otros si han sido sometidos a violaciones o situaciones de explotación laboral y/o sexual (Shared Hope International, consultado en 2022).

7.2. Acción concreta sobre situaciones específicas

Las organizaciones enfocadas en la solución de problemas concretos presentan, frente a las instituciones y organismos de carácter global, la ventaja de conocer la problemática específica de cada territorio, lo que suele ir asociado a un plan de acción más efectivo. En general, sus iniciativas se cimentan sobre la teoría económica del desarrollo de base, que defiende la necesidad de conocer las demandas de cada cultura y sociedad para fomentar su desarrollo a partir de sus propios medios, en lugar de aportar soluciones desde el exterior que no alientan en absoluto la disponibilidad propia de recursos para responder a la crisis (Willis 2014, 307-309).

En Kenia destaca la actividad de Awareness Against Human Trafficking, constituida en 2010 para denunciar los abusos cometidos contra mujeres y niños en las plantaciones de cacao, además de promover talleres formativos de concienciación. Sus actividades se articulan en torno a cuatro ejes: la prevención de situaciones de abuso en los contextos susceptibles de darles cabida; la protección de quienes hayan sufrido una violación parcial o total de sus derechos como trabajadores; la denuncia de nuevos contextos donde se trabaje en privación de libertad; y finalmente la asociación con otras organizaciones de intereses similares (HAART, consultado en 2022).

Otro sector vulnerable es el textil, dada la presión cada vez mayor para antender la demanda creciente del mercado internacional. Bangladés es uno de los principales escenarios de violación de derechos laborales en este sector económico, sobre todo contra mujeres y niñas, motivo por el que se constituyó el Bangladesh Center for Workers' Solidarity, con más de dos décadas de historia. Sus integrantes la definen como una organización para el fomento del crecimiento de base. Además de denunciar las violaciones de derechos en la producción textil del país, asesora legalmente a quienes desean denunciar abusos y también organiza talleres formativos (BCWS, consultado en 2022). Sus tensiones con el gobierno han sido constantes, hasta el extremo de que en 2010 el ejecutivo del país llegó a acusarla de fomentar disturbios en las fábricas de ropa.

El neoliberalismo llevado al extremo: la terciarización de la economía en el contexto de la crisis global (2008-2022)

1. El legado neoliberal en el siglo XXI y su huella en las relaciones laborales

En el capítulo previo se desglosaba el origen de los postulados económicos neoliberales y su marco de aplicación, por lo que no se insistirá en ello en este punto. Sí conviene, en cambio, retomar el hilo narrativo de aquella otra sección para subrayar que la aplicación de la solución neoliberal en buena parte del mundo fue la acumulación de capital por los gobiernos, a cambio de un elevado precio: la ruptura del compromiso social asociado al modelo keynesiano de la posguerra, según el cual debía prometerse a los trabajadores el pleno empleo, unos salarios conformes a la productividad, y el acceso libre y gratuito a los servicios sociales básicos. Con la caída del Muro de Berlín en 1989 y la ruptura de la Unión Soviética dos años después, el neoliberalismo se presentó además como única solución posible para posibilitar el despegue económico de los países desarrollados o en vías de serlo. Así, el Fondo Monetario Internacional y el Banco Mundial exigieron los recortes del gasto público, las privatizaciones, la contención o rebaja de los salarios, o la apertura a la inversión extranjera, entre otros, como condición indispensable para el préstamo de fondos a las naciones necesitadas de ellos (Macías Vázquez 2003, 479-504; Willis 2014, 304-307).

Como resultado de lo anterior, la globalización acelerada en las últimas tres décadas ha ido necesariamente unida a la victoria del individualismo, que pareciera recuperar los valores y principios económicos decimonónicos, pues el sector financiero marca el ritmo de desarrollo de la economía. El capital y las mercancías circulan a escala global, contribuyendo a la interconexión de todos los países del globo, y a la imposibilidad de adoptar decisiones unilaterales que afecten únicamente a un país. Ello va unido a la internacionalización de los procesos productivos, en una dinámica que ha de definirse como la «deslocalización», por la cual las empresas sienten preferencia por desarrollar la fabricación de sus productos en países o regiones rentables, en detrimento del coste de la mano de obra y del respeto de los derechos humanos fundamentales. Finalmente, el neoliberalismo consolida la convicción de que los mercados no se pueden regular por la intervención del Estado, equilibrándose por sí solos merced al libre juego de la oferta y la demanda (Zamagni 2001, 239-258; Arenas Posadas 2003, 239).

2. El reflejo del neoliberalismo en las relaciones laborales

La puesta en práctica de las políticas neoliberales ha ido necesariamente asociada a una reducción de la demanda de mano de obra por las empresas, y a la reducción de la calidad de los escenarios laborales. La tecnificación progresiva ha hecho que, en los países ricos, la actividad laboral se torne más rutinaria que suele desempeñar gente con cierto tipo de formación en informática. Además, la rutina y la mayor especialización del trabajo en los países desarrollados ha conllevado, paradójicamente, su degradación en los países subdesarrollados, donde los salarios son más bajos, la jornada laboral es más extensa, y con frecuencia se violan los derechos esenciales de los trabajadores. A ello se suma algo común a países ricos y pobres: la incertidumbre unida a la movilidad de los entornos laborales (Macías Vázquez 2003, 479-504).

Salazar Martínez de Iturrate definió la relación laboral como la interacción entre dos partes en conflicto (2019, 89-103): por una parte, los empleadores, cuyo único objetivo es conseguir el mayor beneficio, recurriendo con frecuencia a la reducción del salario para alcanzar esta meta; por otra parte, los empleados, cuyo deseo es disfrutar de un salario más elevado a cambio de una reducción razonable de la jornada laboral. Por encima de convenios y de acuerdos puntuales, los intereses de ambas partes siempre serán antagónicos, aunque otros elementos ayudan también a explicar su interacción: La legislación laboral, que desde 1980 ha flexibilizado el mercado laboral, favoreciendo el empeoramiento de las condiciones laborales y el aumento de la vulnerabilidad de la clase trabajadora. Además, las condiciones económicas impuestas por el neoliberalismo han convertido al desempleo en un motor para la recuperación económica. Piénsese que, en condiciones de pleno empleo, la fuerza de la clase trabajadora como tal es mayor para denunciar cualquier abuso y abandonar el puesto de trabajo, buscando otro mejor; en cambio, en periodos de alta tasa de desempleo el miedo impone una estrategia conservadora a los trabajadores, que tienden a conservar el trabajo y bajar la cabeza ante los abusos. Por eso se establece que el neoliberalismo trae consigo el desempleo estructural (Briales y López Calle 2015, 86-101).

El contexto familiar del desempleado incide directamente en su capacidad de soportar situaciones de sobreexplotación o abusos en la empresa: de hecho, las responsabilidades familiares (hijos y demás familiares a cargo), la situación económica del contexto familiar (especialmente si este es precario y/o vulnerable), etc., condicionan cualquier decisión del trabajador sobre el abandono o permanencia en el puesto de trabajo. De este modo, la política laboral de las empresas se alimenta del contexto, puesto que puede mantener unas condiciones abusivas sobre los trabajadores sin miedo a perderlos. Asimismo, la formación de base del trabajador, o capital incorporado, origina una situación paradójica: aunque los empleados se ven incitados a mejorarla, su formación responde a la demanda de las empresas. De ahí se deriva que, con frecuencia, los candidatos a un mismo puesto parten de una situación formativa idéntica o similar, por lo que la selección de uno u otro no depende del capital incorporado, sino de otras apreciaciones, más o menos subjetivas. Esta situación ha acabado afectando a sectores económicos que hasta ahora parecían inmunes a ella, como la consultoría, la ingeniería o la Educación Superior (Zavala-Villalón y Vidal Molina 2019, online).

De todo lo expuesto se deriva necesariamente la competencia a la baja de los trabajadores, esto es, su lucha por conseguir un puesto de trabajo, a cambio de un salario que no responde a su formación, y de un contrato con frecuencia abusivo (por temporalidad, exceso de horas, etc.). Así se profundiza en el proceso de proletarización de la clase obrera. Asimismo, los empresarios se sienten con impunidad suficiente para forzar la sumisión del trabajador más allá de lo estipulado, sea explícitamente, sea de manera implícita, aprovechando el desequilibrio de poder con respecto a los trabajadores que juega a su favor. Entre las principales formas de sobreexplotación en el contexto laboral, o de subordinación ultracontractual, se puede subrayar los siguientes (Salazar Martínez de Iturrate 2019, 89-103): la presión para que el empleado cumpla cada vez más

horas, sin retribución extra en el salario; la exigencia de disponibilidad plena, más allá de los límites físicos del espacio de trabajo, incurriéndose en la negativa a fijar un horario laboral regular, y
en la violación del tiempo de descanso; los despidos masivos para
recortar gastos salariales, que implican además una sobrecarga de
trabajo sobre los empleados que permanecen en la empresa; la for-
malización de contratos para tareas y funciones por debajo de las
posibilidades reales y la formación del trabajador, con el fin de justificar el salario reducido; y la renuncia del empleado a determinados derechos, como la baja médica, el derecho de asociación, etc.,
por miedo a las represalias (Salazar Martínez de Iturrate 2017).

3. La crisis financiera de 2008

El colapso económico global padecido en este año constató que el
nuevo modelo neoliberal incidió exactamente en los mismos errores
que su precedente, el liberalismo clásico, en la Gran Depresión de
1929. Apenas un año después del inicio de la recesión, Recio Andreu advirtió de que el desenlace no debía sorprender a nadie. Por
añadidura, indicó que resultaría muy difícil justificar la crisis sobre
la base de la corrupción de determinados gobiernos, o afrontarla
con políticas de ajuste aún más severas, sobre todo en los países
ricos, donde una estrategia de este corte chocaría con la voluntad de
los votantes. En tan solo dos años aquello que él juzgaba imposible
acabó siendo posible, para infortunio de la clase trabajadora (Recio
Andreu 2009, 96-117).

Entre las causas de la crisis financiera, el autor citado destacaba la inestabilidad del sistema financiero internacional: una elevada
capacidad de liquidez financiera había provocado la proliferación
de empresas, instituciones y figuras similares cuyas actividades se
fueron tornando cada vez más opacas, de modo que los inversores ponían cada vez más recursos a cambio de un endeudamiento
creciente, materializado en la obtención de créditos bancarios. En
España la repercusión de la crisis fue dramática, puesto que la salida de los *shocks* económicos previos, de 1977-1985 y de 1991-
1994, se había cimentado sobre el binomio construcción-turismo,
que apenas requería innovación. Habida cuenta del amplio volumen
de subsectores, individuos y familias que dependían de él, la súbita
contracción del crédito en el mercado mundial a partir de finales de
2007 golpeó a los dos pilares esenciales de la estructura económica

nacional, arrastrando consigo a los demás sectores económicos y grupos sociales implicados en ellos (Recio Andreu 2009, 111-114).

La dimensión de la crisis fue tal que parecía atisbarse la caída definitiva del modelo neoliberal. No obstante, pese a las señales de muerte que el sistema económico parecía dar, sus mecanismos siguieron operando con la misma fuerza que antes de la crisis. A juicio de Peck, la razón es sencilla: el neoliberalismo se sustenta sobre el respaldo de los gobiernos, las instituciones, las multinacionales y las corporaciones, tan imbricadas en sus reglas del juego que la caída de aquel supondría el colapso de estas. Al principio, en los albores de los años setenta, el modelo neoliberal se proveyó de gobiernos afines, posibilitando la consolidación de diferentes instituciones también a favor de sus intereses. Todo ello, a su vez, se ha visto potenciado por el fomento de una idea de nación desde las instituciones, que deriva en la obediencia de la comunidad gobernada a las instituciones y normas garantes de la «paz social», configurando así un nuevo concepto de ciudadanía, en el sentido en que a ella se refirieron T. Marshall y T. Bottomore, como se aludió previamente (Marshall y Bottomore 1998) . Cuando ha transcurrido medio siglo desde aquel momento, dichos actores han adquirido vida autónoma ya dentro de la lógica neoliberal y la crisis global apenas les ha afectado. Más bien les reforzó, de modo que su apuesta por políticas de austeridad y ajuste apenas halló oposición alguna en las urnas, para sorpresa de parte de la opinión pública y de los analistas políticos. Así pues, son estos actores nacidos al calor del modelo neoliberal los que ahora le devuelven el favor, posibilitando su perpetuación pese a las coyunturas de crisis.

4. El impacto de la crisis en la realidad de los trabajadores

La crisis de 2008 afianzó las dinámicas laborales descritas en páginas precedentes. Un añadido reciente, no obstante, hace que la coyuntura experimentada desde aquel año hasta la actualidad (2022 en el momento en que se escribe este libro) sea más interesante: el incremento del número de pacientes en clínicas y gabinetes psicológicos, dada la combinación de varios factores (Moya Ollé 2017, 45-56):

Primeramente, la dinámica de hiperconsumo e inmediatez implantada por la economía neoliberal ha hecho que los ciudadanos, con su individualidad potenciada desde la primera aparición en escena de los postulados teóricos neoliberales, se hayan acostumbrado a acceder a un rango cada vez más amplio de productos, de forma inmediata. Hiperconsumo e inmediatez combinados han perjudicado el ahorro y la inversión a futuro, por lo que muchas familias o individuos se han visto endeudados, sobre todo por la inversión, no tanto en bienes de consumo, cuanto en productos hipotecarios, más allá de sus posibilidades reales, sobre las que no habían reflexionado.

Lo expuesto con anterioridad redundó, con frecuencia, en la pérdida de poder adquisitivo, en ocasiones del trabajo, y derivada de los dos anteriores en la exclusión social. Quienes pierden su trabajo en medio de la crisis restringen sus espacios y horas de sociabilidad, sobre todo para evitar el reflejo de su propia situación vulnerable y marginal sobre los demás, provocando conmiseración en los otros. Frecuentemente se ha recurrido a la migración a otros países que, por su estructura económica, se convirtieron en polo de atracción para determinada población desempleada (Moldes Farelo y Gómez Sota 2015).

Tabla 5. Evolución de la Encuesta de Población Activa (EPA)
desde 2008 hasta 2022

Trimestre	Activos	Ocupados	Parados	Tasa de actividad (%)	Tasa de paro (%)
3T 2022	23.525,9	20.545,7	2.980,2	58,86	12,67
2T 2022	23.387,4	20.468,0	2.919,4	58,71	12,48
1T 2022	23.259,4	20.084,7	3.174,7	58,50	13,65
4T 2021	23.288,8	20.184,9	3.103,8	58,65	13,33
3T 2021	23.447,7	20.031,0	3.416,7	59,14	14,57
2T 2021	23.215,5	19.671,7	3.543,8	58,58	15,26
1T 2021	22.860,7	19.206,8	3.653,9	57,69	15,98
4T 2020	23.064,1	19.344,3	3.719,8	58,19	16,13
3T 2020	22.899,8	19.176,9	3.722,9	57,83	16,26
2T 2020	21.975,2	18.607,2	3.368,0	55,54	15,33
1T 2020	22.994,2	19.681,3	3.313,0	58,18	14,41
4T 2019	23.158,8	19.966,9	3.191,9	58,74	13,78
3T 2019	23.088,7	19.874,3	3.214,4	58,72	13,92

Trimestre	Activos	Ocupados	Parados	Tasa de actividad (%)	Tasa de paro (%)
2T 2019	23.035,5	19.804,9	3.230,6	58,74	14,02
1T 2019	22.825,4	19.471,1	3.354,2	58,35	14,70
4T 2018	22.868,8	19.564,6	3.304,3	58,61	14,45
3T 2018	22.854,0	19.528,0	3.326,0	58,73	14,55
2T 2018	22.834,2	19.344,1	3.490,1	58,80	15,28
1T 2018	22.670,3	18.874,2	3.796,1	58,46	16,74
4T 2017	22.765,0	18.998,4	3.766,7	58,80	16,55
3T 2017	22.780,9	19.049,3	3.731,7	58,92	16,38
2T 2017	22.727,6	18.813,3	3.914,3	58,84	17,22
1T 2017	22.693,3	18.438,3	4.255,0	58,78	18,75
4T 2016	22.745,9	18.508,1	4.237,8	58,95	18,63
3T 2016	22.848,3	18.527,5	4.320,8	59,28	18,91
2T 2016	22.875,7	18.301,0	4.574,7	59,41	20,00
1T 2016	22.821,0	18.029,6	4.791,4	59,29	21,00
4T 2015	22.873,7	18.094,2	4.779,5	59,43	20,90
3T 2015	22.899,5	18.048,7	4.850,8	59,50	21,18
2T 2015	23.015,5	17.866,5	5.149,0	59,79	22,37
1T 2015	22.899,4	17.454,8	5.444,6	59,45	23,78
4T 2014	23.026,8	17.569,1	5.457,7	59,77	23,70
3T 2014	22.931,7	17.504,0	5.427,7	59,53	23,67
2T 2014	22.975,9	17.353,0	5.622,9	59,63	24,47
1T 2014	22.883,9	16.950,6	5.933,3	59,46	25,93
4T 2013	23.070,9	17.135,2	5.935,6	59,86	25,73
3T 2013	23.173,4	17.230,0	5.943,4	60,04	25,65
2T 2013	23.207,9	17.160,6	6.047,3	60,00	26,06
1T 2013	23.308,4	17.030,2	6.278,2	60,18	26,94
4T 2012	23.360,4	17.339,4	6.021,0	60,23	25,77
3T 2012	23.491,9	17.667,7	5.824,2	60,55	24,79
2T 2012	23.489,5	17.758,5	5.731,0	60,50	24,40

Trimestre	Activos	Ocupados	Parados	Tasa de actividad (%)	Tasa de paro (%)
1T 2012	23.433,0	17.765,1	5.667,9	60,31	24,19
4T 2011	23.440,3	18.153,0	5.287,3	60,29	22,56
3T 2011	23.482,5	18.484,5	4.998,0	60,44	21,28
2T 2011	23.466,2	18.622,0	4.844,2	60,44	20,64
1T 2011	23.347,3	18.426,2	4.921,2	60,16	21,08
4T 2010	23.377,1	18.674,9	4.702,2	60,25	20,11
3T 2010	23.404,4	18.819,0	4.585,4	60,37	19,59
2T 2010	23.406,4	18.751,1	4.655,3	60,41	19,89
1T 2010	23.270,5	18.652,9	4.617,7	60,09	19,84
4T 2009	23.225,4	18.890,4	4.335,0	59,99	18,66
3T 2009	23.219,8	19.098,4	4.121,4	60,05	17,75
2T 2009	23.293,4	19.154,2	4.139,6	60,30	17,77
1T 2009	23.302,6	19.284,4	4.018,2	60,39	17,24
4T 2008	23.262,1	20.055,3	3.206,8	60,35	13,79
3T 2008	23.157,1	20.556,4	2.600,7	60,23	11,23
2T 2008	23.032,6	20.646,9	2.385,7	60,07	10,36
1T 2008	22.810,4	20.620,0	2.190,5	59,67	9,60

Fuente: Instituto Nacional de Estadística (INE). Ed. 2022. Encuesta de Población Activa (EPA). Serie histórica (datos en miles de personas). Última consulta el 13 de diciembre de 2022. https://www.ine.es/prensa/epa_tabla.htm

La coyuntura de crisis deriva, consecuentemente, en una re-flexión sobre la responsabilidad propia en la exclusión social que se padece (Castel 1995, 27-36) . En el entorno personal y familiar abundan los reproches por la pérdida del puesto de trabajo, por un comportamiento financiero poco previsor, y por una escasa cultura del ahorro. Mientras tanto, en el contexto social la reclamación de responsabilidades se vierte sobre los gobiernos, instituciones y de-terminados grupos de presión, culpados de la crisis.

La última consecuencia no es sino el descreimiento sobre la uti-lidad de la democracia liberal para proteger a los gobernados frente a este tipo de circunstancias críticas. Ello hace que el tejido social oscile hacia posiciones políticas cada vez más polarizadas, favore-ciendo el florecimiento de alternativas de extrema izquierda y de

extrema derecha cuyo éxito, en buena medida, se construye sobre
el empleo de estrategias de *marketing* propias del mismo modelo
neoliberal que critican, y que paradójicamente les sirve para ganar
votantes (Cordero Verdugo y Reyero Simón 2021).

5. El neoliberalismo diversifica los escenarios laborales

La estructura ocupacional de los países desarrollados se ha modificado merced a la implantación del modelo neoliberal, eviden-
ciando un claro retroceso del sector primario, en menor medida
del secundario, y un crecimiento evidente del sector terciario.
Las sociedades desarrolladas han dejado pues de producir y ofrecer bienes al mercado para ofrecer y producir sevicios, por lo que
los expertos animan a hablar de una «era postindustrial» o «era
informacional», cuya consolidación ha seguido ritmos diferentes
en cada país (Arenas Posadas 2003, 256-257). El rasgo que define
por excelencia esta nueva era es la «especialización flexible», que
consiste en dos elementos fundamentales: la mecanización progresiva de la producción gracias a máquinas ligeras, de un lado, y el
despido de buena parte de la plantilla para sustituirla por mano de
obra poco especializada y capaz de adaptarse a entornos de trabajo
cambiantes, de otro. Porque el distintivo por excelencia de esta era
novedosa es la fluctuación de los entornos laborales, que demandan flexibilidad de los empleados.

Entre los principales costos del triunfo del modelo posfordista
hay que reseñar los que se exponen a continuación.

5.1. Reconversión de los egresados universitarios

El modelo formativo universitario acaba adaptándose a la demanda
de mano de obra flexible por las empresas. Quizá su plasmación
más evidente sea el modelo de evaluación por competencias, por
el cual el claustro de cada titulación es incentivado a fomentar la
formación del alumnado no tanto en la reproducción de contenidos,
sino en la adquisición de destrezas que las empresas demandan; así
se configura un perfil competencial propio de cada titulación, que
responde aparentemente a lo que el mercado espera de los egresa-
dos. Se rompe así con modelos tradicionales de docencia, enfoca-

dos en la teoría, y se apuesta por la aplicación práctica de conocimientos, en entornos de simulación (Canquiz e Inciarte 2006).

Ahora bien, es preciso buscar (y encontrar) un sano equilibrio entre los modelos tradicionales y los innovadores: aquellos no son negativos por sí mismos, sino que su validez depende del uso que se haga de ellos. Lo mismo sucede con la innovación educativa, que en sí misma carece de sentido, a menos que se sepa orientar a un fin concreto, empleando para ello los recursos idóneos. Igualmente, conviene revalorizar el saber como tal, dado que el énfasis exagerado en los conocimientos prácticos y útiles en el entorno laboral conduce a una depreciación del saber académico, útil en tanto que contribuye a mejorar la formación y el horizonte cognoscitivo de las sociedades.

5.2. Digitalidad y precariedad: ¿un binomio inevitable?

En los últimos años ha crecido exponencialmente el volumen de empresas multiservicios, que en España aparecieron en los años noventa, pero que han eclosionado a partir de la reforma laboral de 2012, recientemente derogada por el gobierno de coalición progresista en 2022. Según el estudio colectivo de la *Gaceta Sindical de Comisiones Obreras* (CC.OO.), la reforma animó a estas empresas a emplear la reducción de los salarios como herramienta competitiva con otros rivales del sector, empeorando además las condiciones de trabajo de sus empleados (2017, 313-324; Salazar Martínez de Iturrate 2019, 89-103). A ello ha de añadirse la transformación de empresas tradicionales en digitales, lo cual ha repercutido negativamente en las relaciones laborales, pues el nuevo contexto digital ha acarreado la precariedad de los empleados.

Precisamente en 1999, cuando la digitalidad manifiesta su avance imparable, se acuña por vez primera el concepto de «trabajo decente», recogido en la Memoria del Director General de la OIT, en la que se refleja la preocupación porque la globalización no implicara una precarización creciente de las condiciones laborales a escala global (OIT, 1999). Fue de hecho la OIT la que impulsó el *Programa de Trabajo Decente* a través de la *Declaración sobre la justicia social para una globalización equitativa* en 2008. Entre sus objetivos destacaba: la promoción del empleo sobre la base de una infraestructura sostenible; la garantía de la calidad del trabajo (libremente elegido, remunerado y seguro); el desarrollo de medidas de auxilio social capaces de atender las necesidades de la sociedad; los acuerdos tripartitos entre empresas, trabajadores e instituciones; y el respeto a los derechos esenciales de los trabajadores (Lenzi 2019).

La digitalización ha redundado en la destrucción del empleo, sobre todo en los trabajos más rutinarios y que requieren menor cualificación. El trabajo personal parece poco a poco restringirse únicamente bien a la gestión, bien a tareas creativas, o bien a otras actividades en las que las relaciones interpersonales sean necesarias. De resultas de ello, la brecha económica entre la población alfabetizada tecnológicamente y la no alfabetizada crecerá. Especialmente vulnerables a la pérdida de empleo serán las mujeres, la población migrante y los colectivos de diversidad funcional. En el caso de las primeras, la circunstancia se explica por su menor presencia estadística en carreras STEM (Ciencia, Tecnología, Ingeniería y Matemáticas), que se va paliando poco a poco, no obstante. En el caso del segundo colectivo mencionado, hay que considerar que la población migrante suele tener una base formativa de partida más baja, que excluye las habilidades digitales, por lo que suele dedicarse a trabajos más precarios y peor pagados en sus países de acogida. Finalmente, las personas y colectivos de diversidad funcional tienen más difícil el acceso a determinados canales educativos (Lenzi 2019).

El conjunto de los trabajadores tampoco se ve a salvo de las prácticas abusivas asociadas a la lógica neoliberal. Frente a la exposición a largas jornadas de trabajo y a un control exhaustivo por los empleadores, quienes pueden empeorar las condiciones de trabajo amparándose en una coyuntura económica adversa, el trabajador digital tiene, y ha de tener, herramientas a su disposición para defenderse frente a los abusos. Entre otros motivos porque las propias empresas deben interesarse en defender el estatus de sus empleados, dado que la violación de derechos esenciales redunda en una mala imagen corporativa de cara a la sociedad, y en una potencial pérdida de confianza de los consumidores (Sierra Benítez 2014, 25-42).

5.3. Los jóvenes

Pese a la apuesta por un sistema formativo universitario centrado en competencias, la transición desde la realidad universitaria al mercado laboral es compleja para la mayoría de jóvenes, si bien es heterogénea la medida en que perciben y experimentan dicha complejidad. En general, la juventud se enfrenta a un elevado riesgo de exclusión, que en España origina la llamada generación de los ninis: jóvenes que ni estudian, ni trabajan. Esta exclusión afectaba tradicionalmente a quienes se habían mantenido al margen de la Educación Superior, si bien la tendencia se ha revertido en los últimos años, cuando la población joven que ha optado por la formación profesional ha experimentado un alza de su tasa de empleabilidad.

Ante todo, el drama de exclusión de los jóvenes se asocia al círculo vicioso en el que entran quienes no encuentran trabajo a edad temprana. Normalmente quedan fuera de la trilogía educación-formación-trabajo, lo cual ahonda en su crisis personal y condena al sujeto a empleos de baja cualificación, derivando en su estigmatización social (Raso Delgue 2016, 59-79). Esta se construye a partir de prejuicios, que se aguantan sobre una iconografía, un lenguaje y una idiosincrasia que el resto de la comunidad les atribuye.

5.4. Las nuevas plataformas virtuales

Las plataformas, que han irrumpido de manera clara en el escenario económico a comienzos del siglo xxi, se definen por dos elementos: el recurso a la tecnología de la información, Internet, algoritmos, geolocalización, etc., para funcionar como un escenario en el que los usuarios se limitan a interactuar, regidos únicamente por la ley de la oferta y la demanda; y por el protagonismo de los usuarios, puesto que las propias plataformas se limitan a ejercer como mediadoras entre el cliente y el producto. Este papel ya existía anteriormente, pero las plataformas de economía colaborativa lo han explotado beneficiándose de una ventaja clara a su favor: Internet, que aumenta las posibilidades de conectividad interpersonal, al tiempo que reduce los costes de cada transacción por la digitalidad del escenario en el que se producen.

Centrándonos en las plataformas que persiguen el máximo beneficio para sí mismas, desarrollan su labor de mediación a cambio de una contraprestación económica que los usuarios abonan, dado que las ventajas que reciben a cambio (información sobre la evolución del envío, plazos de entrega cortos…) aparentemente les compensan (Font-Mas 2018, 3-18). Cuando se instauran en entornos laborales tradicionales, su aparición precariza las condiciones de los trabajadores y redunda en una pérdida de derechos. Se puede citar como ejemplo las empresas de mensajería, hostelería, cáterin, etc., en las que el tipo de contrato imperante de manera general es por obra y

servicio, o en régimen de falso trabajador autónomo, para reducir el
coste del servicio que ofrecen y, así, competir en términos desleales
con otras empresas del sector (Gori 2019, 296-299).

De especial relevancia es el vacío legal en torno al estatus laboral de los empleados de las plataformas, que independientemente de
su operatividad global han de respetar la legislación en materia
de trabajo de cada país donde operan. La labor legislativa para
llenar este vacío es lenta y ardua, pero se va desarrollando poco a
poco. En el ínterin, las violaciones de derechos laborales esenciales
se suceden, mientras los trabajadores no se atreven a denunciar por
diversos motivos explicados en epígrafes precedentes. Las situaciones más frecuentes de violación de derechos fundamentales en el
contexto de las plataformas suelen ser: la sobreexplotación de los
trabajadores, la disponibilidad de los empleados en cualquier momento, la ausencia de cobertura médica en caso de accidente o enfermedad, o la pérdida del salario en alguno de los casos indicados.

6. Una negociación colectiva que debe renovarse

Como se viene constatando en los últimos capítulos, el modelo neoliberal impera en el orden económico mundial, pese a que su supervivencia se consigue a base de crisis sucesivas, cuya consecuencia
más visible para los intereses del presente estudio es la pérdida de
calidad de vida y fuerza reivindicativa de trabajadores y sindicatos.
En efecto, el modelo sindical tradicional colapsó a finales de los
años ochenta, constatándose una pérdida del peso de los sindicatos
en la negociación colectiva, lo cual les llevó a perder militantes.
Mientras tanto, el estado del bienestar se iba desmontando poco a
poco, a medida que las relaciones laborales se descentralizaban y
se «flexibilizaban», generalizándose la deslocalización empresarial,
junto con el desmantelamiento progresivo de los servicios sociales
públicos. En ningún momento las empresas, que operaron conforme a estos parámetros en defensa de su productividad y su beneficio, recibieron demanda alguna de contraprestación a cambio, en
la forma de compromiso para contribuir a configurar trayectorias
laborales sólidas y continuas.

Todo conducía hacia la configuración de un nuevo contexto laboral dominado por la agresividad, ante el cual los sindicatos han
cometido un error de base: ceñir su acción solo al terreno de las
relaciones laborales, mientras el orden neoliberal por el contrario

ha permeado a todos los ámbitos de la vida. A ello hay que añadir la falta de pericia para favorecer la afiliación sindical de nuevas ocupaciones, normalmente en el terreno del autoempleo y en
condiciones precarias, cuya vulnerabilidad ha aumentado, generalizándose una sensación de desamparo de quien la padece. Conforme al diagnóstico de Sánchez Sánchez y Pintor Sandoval (2020,
44-55), si los sindicatos desean recobrar el protagonismo deben
operar en una doble vertiente: primeramente, han de reforzar su
valor como mediadores y agentes de presión en las negociaciones
colectivas; en segundo lugar, considerando que el orden neoliberal genera relaciones de sujeción y explotación que trascienden el
ámbito estrictamente laboral, han de abanderar luchas que vayan
más allá del espacio físico de la empresa. Entre ellas cabe destacar,
por ejemplo, la defensa de los valores feministas, la promoción y
defensa de los colectivos en riesgo de exclusión, o la lucha para
paliar los efectos del cambio climático.

Un terreno en el que los sindicatos deben pugnar por abrirse
camino es el de la «economía de plataformas», en la cual, como se
señalaba previamente, la legislación es difusa, igual que lo es el co-
nocimeinto sobre los límites de acción de los empleadores. Las plataformas experimentaron un innegable auge de su actividad a partir
de la crisis de 2008, que provocó una destrucción masiva de empleo, escenario en el cual ofrecían la ventaja de actuar como mediadores entre el consumidor y el proveedor, aminorando los costes de
los productos distribuidos. Este contexto laboral debe atraer la atención de las organizaciones sindicales y de los legisladores, por dos
motivos: por una parte, porque su expansión ha ido acompañada de
la precarización de las condiciones de sus trabajadores, que prestan
servicios bajo demanda a través de diversos canales y aplicaciones;
por otra, porque es confusa la cobertura de sus trabajadores en términos sanitarios, de su relación legal con la empresa (cuando no
son falsos autónomos), etc. (Rocha Sánchez 2018, 77-94).

En primera instancia, los sindicatos han rechazado el uso del
concepto «plataformas de economía colaborativa», considerando
que esta denominación es errónea porque omite tres realidades: las
plataformas solo persiguen el beneficio, de modo que tienen poco o
nada que ver con otras plataformas claramente colaborativas y sociales; el negocio no se limita a la intermediación, sino que además
coordina, en términos jerárquicos y mediante algoritmos, las relaciones entre clientes y proveedores, siempre en beneficio de aquellos; y además los actores que participan en las transacciones tienen

intereses variopintos. Su atención pues a las plataformas se centra en los últimos años en dos vías de acción: primeramente, el tipo de mercado laboral en el que se prestan los servicios, que puede ser *offline* (presencial, como el reparto de una mercancía) u *online* (íntegramente en línea, como la elaboración de un presupuesto para un servicio concreto). Además, los sindicatos vigilan de cerca el grado de control de las plataformas sobre el trabajo, prestando especial atención a las que reducen el margen de autonomía de sus empleados, llegando a invadir incluso su tiempo de ocio para garantizar la disponibilidad plena (Rocha Sánchez 2018, 80-81).

De manera general, el trabajo en las plataformas se caracteriza por los salarios bajos, la fragmentación de cada tarea en labores más pequeñas (subempleo), el bajo o nulo acceso de los trabajadores a los seguros sociales, la elevada tasa de riesgo para la salud y la seguridad, y un fuerte desequilibrio de poder entre los gestores y los trabajadores, favorable a aquellos. Poco a poco, en toda Europa, por ejemplo, los sindicatos intentan responder a la heterogeneidad de situaciones vulnerables, en torno a cuatro vectores de acción clave:

La vigilancia para el estricto cumplimiento de la legislación laboral, puesto que las plataformas se han impuesto sobre todo en ámbitos en los que la línea divisoria entre lo presencial y lo *online* era tenue, aprovechando unas condiciones preexistentes y amparándose en su carácter multinacional para intentar eludir el estricto cumplimiento de la legislación de cada país donde operan. Las denuncias de los empleados han posibilitado la generación de jurisprudencia sobre su estatuto y su cobertura legal, así como sus derechos básicos.

La regulación de su actividad, también problemática por la diversidad de países donde actúan, y porque su apelación a la innovación hace que se manejen en un terreno donde la legislación escasea. La Confederación Europea de Sindicatos defendió en 2017 la necesidad de una legislación estricta, que llame a las plataformas al compromiso por la transparencia y por la protección de los derechos esenciales de sus empleados.

La generación de una atmósfera laboral que favorezca la cohesión de los trabajadores, que puedan crear organismos representativos por la defensa de sus derechos. Hasta ahora, la ausencia de un espacio físico real donde los empleados se reúnan y compartan tiempo, además del recurso abusivo a los autónomos, ha intentado contrarrestar esta demanda legal, que poco a poco gana terreno a la ambición de muchas plataformas multinacionales.

Finalmente, la necesaria creación de organismos representativos de los trabajadores de las plataformas, si bien la legislación vigente cuestiona la posibilidad de sindicarse de los llamados «falsos autónomos». En este punto especialmente se requiere una urgente actualización de los sindicatos y de la legislación, para frenar los abusos de los empresarios contra sus empleados de una vez por todas.

7. ¿Qué incierto horizonte nos aguarda?

En una reciente investigación, Lafuente Pastor ha anticipado las tendencias que se mantendrán, según los indicadores observados, en el terreno laboral en las décadas venideras (2018, 11-36). Su perspectiva, que no es nada optimista, se articula en torno a tres predicciones básicas: la consolidación de la tendencia de destrucción de empleo; la sobreexplotación de los trabajadores en un contexto digital cada vez más imperante, que llevará acarreada la hiperconectividad; y el recurso a la autorregulación del empleado como herramienta de coerción sobre sí mismo, es decir, el trabajador se exigirá cada vez más para llegar a los objetivos marcados, convirtiéndose en el principal explotador de sí mismo.

A juicio del autor citado, la flexibilidad laboral crecerá igualmente, profundizando la tendencia a la precarización de la mano de obra, y la edad de jubilación se retrasará. Esto último resultará especialmente dramático, pues la posibilidad de accidente laboral crece exponencialmente a partir de los 55 años, en un contexto en el que la cobertura médica no estará garantizada. La población joven no se enfrentará a un panorama más halagüeño, pues su dedicación a trabajos poco cualificados, sobre todo en ausencia de formación profesional o superior, será la tónica dominante. Solo se puede revertir esta tendencia, señala el experto, mediante la regulación estatal: el Estado ha de recobrar su papel como actor esencial para evitar la deriva precaria de la ciudadanía, en una pugna que, no por compleja, deja de ser menos necesaria.

VII. CONCLUSIÓN

Llegado este punto, es pertinente recapitular las líneas argumentales esenciales defendidas a lo largo del libro, que se anticiparon en la introducción, y que se han definido de manera detallada en los capítulos que lo componen. Todo ello dejando claro que la pretensión de esta obra no es aportar una visión innovadora sobre la historia de las relaciones sociales y laborales, desde el origen de la Humanidad hasta la actualidad. Antes bien, como indiqué en las páginas introductorias, mi objetivo ha sido revisar las investigaciones de varios expertos en la materia, además de los datos contenidos en diversos informes y fuentes primarias, para revisitar dicho objeto de estudio desde una perspectiva crítica. Así aspiro a contribuir al debate académico sobre el origen de la estratificación social y la evolución de las relaciones de poder en el contexto laboral. Pese a plantear el estudio que me atañe desde una óptica claramente occidental, intento igualmente destacar la aportación y representatividad de otros espacios mundiales no occidentales en relación con el tema tratado.

En primer lugar, he intentado dejar claro que la estratificación social y la división del trabajo van de la mano de la sedentarización, es decir, están estrechamente ligadas al Neolítico. El hecho de abandonar el nomadismo y optar por asentarse de manera perenne en un espacio implica, por una parte, la ventaja de la ausencia de necesidad de desplazamiento de un lugar a otro para obtener recursos; por otra parte, conlleva un riesgo: ante la eventualidad de que una mala coyuntura, un ataque externo o una catástrofe natural destruya la cosecha, o aniquile a la cabaña ganadera, es preciso generar un excedente de producción. La finalidad del mencionado excedente no es otra que su almacenaje para garantizar el suministro de la comunidad en tiempos de adversidad. Ahora bien, si ya el modo de vida sedentario arroja luz sobre lo innecesario de que toda aldea en su conjunto se dedique a las mismas actividades económicas, posibilitándose la diversificación de su tejido productivo, la aparición de un excedente de producción genera un dilema: ¿dónde se almacena? Y lo que es más importante, ¿quién asume la responsabilidad de su administración y redistribución? Se transita así el paso hacia la jerarquización social, ligada a la aparición del poder temporal, y también del poder religioso.

Porque así como la religión surge, en los albores de la Humanidad, para explicar lo inexplicable, e interpretar las circunstancias en que los seres humanos dejamos de existir en el terreno de lo físico, abriendo la puerta hacia una supuesta existencia espiritual en el más allá, también justifica la existencia de una jerarquía de poder. La aparición de una élite gobernante y/o espiritual cuyo rol sociopolítico está justificado por la divinidad, o las divinidades, en plural, simplifica el proceso de justificación de la autoridad y de su posición de control. Como se observa, en las dinámicas de complejización social, política, económica y religiosa resulta crucial la existencia de un orden imaginado, conformado por un conjunto de creencias que toda la comunidad comparte, gracias al cual se siente cohesionada, y que al mismo tiempo consolida las relaciones de poder. Es lógico que el universo social imaginado se vuelva más sofisticado a medida que el tamaño del aparato estatal crece, circunstancia esta a su vez que corre paralela a la configuración de unas relaciones económicas y sociales también más trabadas. De ahí que las primeras grandes civilizaciones de la Antigüedad compartiesen, en el terreno de las creencias, dos rasgos comunes: la configuración de un panteón religioso más amplio y complejo, consolidado por toda una mitología explicativa del mundo y sancionadora de las relaciones de poder; y la aparición de un sacerdocio a tiempo completo, cuya función se explica en tanto que intermediario entre lo divino y lo humano, intérprete de la voluntad de los dioses ante la comunidad, y justificante del poder temporal de los gobernantes en cada caso, con quienes establece una fuerte relación simbiótica. En efecto, poder temporal y poder religioso llegan a estar tan vinculados que no se entiende la supervivencia de uno sin el otro, hasta el extremo de que los intentos del poder temporal por subvertir el orden imaginado acaban con un desenlace fatídico en su contra, y viceversa (aunque esta situación fue menos frecuente). Valga como ejemplo el cisma monoteísta de Amenofis IV, Akenatón, en Amarna, que suscitó la ira del sacerdocio egipcio, el cual propició la conjura palaciega que concluyó con la restauración de la capital en Menfis y el restablecimiento del culto politeísta bajo su heredero Tutankatón, rebautizado como Tutankamón.

En segundo lugar, la convivencia descrita entre el orden temporal y el orden espiritual condicionará las relaciones sociales y laborales durante la Antigüedad, trascendiéndola hasta llegar a la Edad Media. En esta última alcanzará su sublimación a través de la teoría de los tres órdenes, que constituirá la sanción religiosa de las desigualdades sociales y económicas a partir de la voluntad divina, en un contexto en que el alcance de las grandes religiones monoteístas, y en el caso que nos ocupa el cristianismo, hacía que la sanción del orden temporal por el orden imaginado consolidara las estructuras de poder en todo el mundo occidental entonces conocido. Por añadidura, la teoría de los tres órdenes reviste interés en la medida en que sobrevivirá durante la Edad Moderna, viéndose confrontada únicamente en el inicio de la Edad Contemporánea, como consecuencia del estallido de la Revolución francesa. Ello es así porque la sociedad estamental, contra la que se alzarán las masas de París en las jornadas de julio de 1789, es su heredera directa. Antes de ocuparme, por consiguiente, del inicio de la Edad Contemporánea, me parece necesario subrayar un aspecto relevante que se evidencia también en las centurias y milenios precedentes a la toma de la Bastilla: las desigualdades sociales y económicas, en sus orígenes, precisan de una sanción de la religión y la política para legitimarse ante la población. Como se ha dicho, la inequidad social y la explotación laboral de las masas se entiende solo si se argumenta a partir de una voluntad divina, que dispone del poder de la espada como garante de su cumplimiento en el ámbito de lo terrenal. No obstante, llegado un momento concreto, que coincide más o menos con el tránsito de la Edad Media a la Edad Moderna, la relación de poder entre el orden económico y el orden político comienza a invertirse, hasta tal punto que, si bien en un principio el primero había debido su existencia al segundo, este último ha alcanzado tal peso específico que acaba convirtiéndose en la parte dominante.

Partiendo de los estudios secundarios manejados en este libro, y de las fuentes de información primaria esgrimidas para abordar el contenido de cada una de sus partes, puede argumentarse que el inicio de los viajes de exploración y conquista a finales del siglo xv ayudaría a explicar esa inversión en el equilibrio de fuerzas entre poder político y poder económico. La expansión colonial de la Edad Moderna, como se ha venido argumentando, convierte al mundo en un primer mercado global, por cuyas principales rutas comerciales circulan mercancías altamente demandadas por la población, cuyo valor, por consiguiente, crece de manera exponencial. Ello impacta en el deseo de los estados de participar en la explotación de dichos recursos, así como de controlar las redes de transformación y distribución de tales mercancías, en su mayoría entonces aún materias primas minerales, si bien la composición de los bienes objeto de comercio se diversificó y amplió con el paso de los siglos. Las inversiones y los beneficios generados por cada una de las coronas presentes en el mal llamado «Nuevo Mundo» han de gestionarse por empresas y sociedades financieras responsables no solo de su custodia, sino también de su reinversión en otras empresas económicas y/o viajes de exploración, que permitan aumentar los beneficios de los participantes en este nuevo escenario económico. Aparecen así las primeras compañías comerciales internacionales, que monopolizarán el tráfico comercial de los estados con América y otros enclaves mundiales: tal fue el caso de la Compañía Inglesa de las Indias Occidentales, la Sociedad Holandesa de las Indias Orientales… y así sucesivamente. Como también aparecerá un protomercado de valores, la Bolsa de Amberes, concebida como un mercado o bolsa de materias primas, lejos por tanto de la concepción actual del término. En cualquier caso, veremos a las monarquías fiando sus ingresos a compañías especulativas y asesores financieros que velarán por sus interseses económicos, y que al mismo tiempo accederán a prestar dinero a aquellas cuando deban acometer algún nuevo proyecto (bélico o de exploración) para la cual carezcan de fondos suficientes. Por consiguiente, en el momento en que el poder político deposita su confianza en las entidades financieras, o en prestamistas individuales, para conservar su posición preeminente, o para mantener el equilibro presupuestario, cede su posición de control sobre el orden económico para, poco a poco, verse sometido a este último. De resultas de lo cual, la estructura económica nacida al amparo de las relaciones de poder político transita el camino hacia convertirse en el lado dominante de esta supuesta relación simbiótica. En adelante, la viabilidad de los estados dependerá de su capacidad de gozar de la confianza de quienes controlan las relaciones económicas, y con ello se verá también comprometida su legitimidad.

Ahora bien, en tercer lugar, derivado de lo anterior, no ha de exagerarse el alcance de los procesos de ruptura revolucionaria que en el siglo XVIII provocan el tránsito de la modernidad a la Edad

Contemporánea. En lo tocante a las transformaciones económicas, más que de una revolución propiamente dicha cabría hablarse de unas transformaciones evolutivas lentas y sostenidas desde la centuria anterior, acompañadas de la Revolución científica. El salto cuantitativo y cualitativo del siglo xviii tiene, por tanto, más que ver con la aceleración de dichas transformaciones y su carácter sostenido en el tiempo, que provocan un crecimiento productivo y un desarrollo técnico a escala occidental sin precedentes. En cambio, en lo que atañe a los cambios políticos y sociales, su alcance fue muy limitado y no derivó en absoluto en una apertura de la participación hasta el extremo que reclamaban las masas rebeldes en las jornadas de París, en 1789, o en todo el continente en la década de 1830; ni siquiera la supuesta oleada democrática de 1848 tuvo el alcance deseado por el pueblo llano y las clases desfavorecidas. Esto fue así porque la revolución liberal, siguiendo la lógica del *Gatopardo* de Lampedusa, se limitó a cambiar el equilibrio de fuerzas en la élite de poder para garantizar un cierto *statu quo*. Su protagonista, pues, no fueron las masas, sino la burguesía: ese grupo social alumbrado a lo largo del medievo en el entorno urbano, donde habían llegado los habitantes del agro no solo buscando oportunidades laborales y económicas, sino también la escapatoria frente al yugo señorial. La clase burguesa, amparada por la legislación urbana y la competencia gremial, adquirió un dinamismo económico creciente que la llevó a desempeñar un papel nada menor en el desarrollo del incipiente modelo capitalista durante la Edad Moderna.

Llegado, pues, el último cuarto del siglo XVIII, después de siglos asumiendo el empuje del tejido productivo de sus naciones respectivas, y conscientes de su protagonismo en el despegue industrial occidental, los burgueses europeos y norteamericanos creyeron llegado el momento de reivindicar una traducción de su influencia económica en representación política. Y para ello, al mismo tiempo, resultaba vital la abolición del orden estamental, que impedía sus ambiciones de ascenso social basándose en la preeminencia del derecho de cuna. El cuestionamiento primero, y la abolición después, de la sociedad estamental suponía, asimismo, un ataque al eje propio del orden imaginado construido en el oeste, que justificaba las desigualdades sociales y la pervivencia de un orden político muy concreto sobre la base de la religión. No es casual, de hecho, que buena parte de la burguesía del siglo xviii se identificara con los ideales ilustrados, empeñados en subrayar la fuerza de la razón frente a la tradición, en lo que constituía un paso decisivo para desacreditar los argumentarios eclesiásticos de sustentación del Antiguo Régimen. En definitiva, cuando la burguesía se convirtió en la líder visible de las revoluciones liberales del siglo XIX lo hizo para reivindicar la supresión de las trabas sociales que le impedían convertirse en parte de la élite, teniendo con ello acceso a la representación política. Si recurrió al pueblo llano fue solo como fuerza disuasoria y de choque contra la resistencia de los órdenes privilegiados, puesto que su única ambición era cambiar el orden establecido para participar ella misma del reparto de beneficios y responsabilidades. Así se fraguó su ascenso al poder y su consolidación como clase dirigente, la cual a su vez aprovechó su nueva posición preeminente para consolidar el orden liberal capitalista. Cierto que el pilar sustentante de la prosperidad occidental era la miseria de la clase trabajadora urbana, pero ante el menor conato de protesta la nueva élite esgrimía una doble herramienta de defensa: por una parte, la tiranía de las cifras, muy tozudas en demostrar que, pese a las voces que denunciaban la injusticia social, el mundo estaba viviendo su era más próspera, al menos hasta donde alcanzaba la memoria escrita; por otra parte, la fuerza represiva de los cuerpos de seguridad estatal, ahora en manos de esa nueva clase que ya estaba en disposición de emplearla en beneficio propio.

Precisamente coincidiendo con las revoluciones liberales y las revoluciones atlánticas tiene lugar también la institucionalización del mercado global, fruto a su vez de la creciente interconexión de las diferentes regiones del planeta. El mundo desarrollado capitalista extiende su círculo de acción hasta rincones teóricamente alejados, pero las distancias entre los diferentes puntos geográficos se acortan gracias al avance de los nuevos medios de transporte. La multiplicación de los kilómetros de tendido ferroviario y el aumento de las travesías marítimas obedecen tanto al deseo de conocer y explorar otros territorios, cuanto a la necesidad de dominarlos. Porque así como Occidente está incrementando sus posibilidades productivas para atender a una demanda creciente, se enfrenta a tres necesidades urgentes derivadas de esta transformación económica: primeramente, la urgencia de materia prima y fuentes de energía para mantener el ritmo productivo; en segundo lugar, y no estrictamente por este orden, la necesidad de nuevos mercados a los que vender los productos que se están generando en el «taller del mundo»; y en tercer y último lugar, en lo que constituye la derivada más dramática del progreso industrial, la exigencia de buscar un nuevo destino a los desheredados que, llegados desde el campo a las ciudades, se han encontrado con una infraestructura urbana insuficiente para acoger a las masas que buscan trabajo en las fábricas y talleres, convirtiéndose así en un elemento «incómodo» para las élites gobernantes, que piensan en las colonias como un lugar al que mandar al excedente de población europea, bajo el eslógan de la necesidad de colonizar y culturizar al «buen salvaje» oriental y/o africano. Se sentarían así las bases de la futura crisis subsiguiente a la descolonización, cuando la metrópoli sufra las consecuencias económicas de la emancipación de la fuente de riqueza que habían sido las colonias, y cuando los descendientes de la población europea interpreten el apoyo occidental a la emancipación como una traición, y como un abandono en manos de «el enemigo». La mayor paradoja, sin embargo, de la emancipación residió en su liderazgo por aquel mismo «buen salvaje» a quien se había pretendido civilizar, cuyas élites vinieron a formarse en Europa para aplicar en su región natal los principios de libertad que aprendieron en las aulas universitarias del «mundo desarrollado». No por casualidad líderes independentistas como Gandhi en la India, o Ho Chi Minh en Vietnam, se habían formado en las universidades metropolitanas británicas y francesas, respectivamente.

En cualquier caso, lo que interesa subrayar es la consolidación de un fenómeno de mercado global que, probablemente, alcanzó su máxima expresión en el Imperio Británico, convertido en el vértice del llamado «comercio triangular». La potencia industrial que era el Reino Unido demandaba materias primas y energía de las colonias, entre ellos la seda y el té de la India, que se manufacturaban en la metrópoli para exportarse como producto acabado al resto del mundo. El dinero procedente de la comercialización del té y los textiles se empleaba, entre otros fines, para la compra de esclavos africanos que trabajarían en las plantaciones caribeñas primero, y para el desarrollo de la infraestructura de trabajo «libre» y mecanizado en aquellas, tras la supresión de la esclavitud en territorio británico en 1833. De la comercialización de los productos tropicales por el mercado mundial se obtenían también cuantiosos beneficios, buena parte de los cuales iba a parar a las arcas estatales, para invertir en la compra del té y la seda del Extremo Oriente… y así de forma sucesiva, cerrando el triángulo al que se aludía previamente. La gran contradicción del modelo industrial capitalista radicaba en que, si bien por una parte garantizaba la posición dominante de la nueva burguesía industrial y de los negocios, erigida en élite gobernante, por otra parte se asentaba sobre la explotación de la clase trabajadora.

En cuarto lugar, por consiguiente, conviene subrayar las pésimas condiciones de vida de quienes abandonaron el campo en los albores de la industrialización, movidos por el excedente de mano de obra y por la conversión de las ciudades en supuestos polos de atracción de trabajadores fabriles. Estos mismos individuos, que cargaban literalmente su casa sobre sus hombros, dejando atrás su vida anterior para buscar un futuro mejor en el entorno urbano, despertaban en su destino a la cruda realidad: para empezar, las ciudades estaban creciendo en términos demográficos a un ritmo muy superior al ritmo de dotación de los servicios; para continuar, y como consecuencia de lo anterior, no estaban preparadas para recibir a las ingentes masas de población llegada del campo, que debió asumir unas nuevas condiciones de vida en ausencia de las mínimas garantías de salud, a cambio de salarios de miseria en el mejor de los casos, pues el peor futuro posible era el desempleo y la indigencia social. Quienes disponían solo de lo estrictamente necesario para sostenerse ellos mismos y sostener a su familia, o prole, constituyeron el proletariado urbano, o clase trabajadora. En cambio, quienes ni siquiera tenían tales posibilidades adquisitivas ínfimas engrosaron las filas del lumpen y de los desheredados. Auxiliados en primera instancia por unos sindicatos y organizaciones obreras entendidas como cajas de resistencia y de socorro mutuo, aún tardarían en disponer de una conciencia de clase. Entre otros motivos, porque los partidos radicales burgueses, casi inexistentes, que se mostraban dispuestos a luchar por ellos en el fondo defendían también los intereses de su misma clase, inclinada a conservar el orden vigente. Además, quienes habían intentado teorizar sobre la miseria de la clase trabajadora hasta entonces lo habían hecho no desde el análisis de su condición real para, identificando los males concretos, proponer su solución. Antes bien, Robert Owen o Charles Fourier pusieron el punto de atención no en el presente, sino en un futuro hipotético cuyas condiciones de posibilidad eran difícilmente materializables. El marxismo, o socialismo científico, supuso un punto de inflexión porque, desde la publicación del *Manifiesto Comunista* en 1848, centró su estudio en el sufrimiento real de la clase proletaria y los medios para remediarlo, destruyendo las bases del orden establecido para proponer un orden antagónico.

Así se explica el despegue del movimiento obrero a partir de la segunda mitad del siglo XIX. Un movimiento obrero que, aparte de contribuir a la toma de conciencia de proletariado sobre su miseria real, sus causantes y las herramientas para invertir el equilibrio de poder, dio un paso más, recogido en el propio *Manifiesto comunista*: extrapolar la condición del proletariado a los dominios coloniales, caracterizados como la case proletaria del mundo, explotada por la élite capitalista occidental. La fuerza real de la clase trabajadora para hacer valer sus reivindicaciones aún será relativa, puesto que los primeros partidos obreros tendrán muchas dificultades para romper la resistencia de las élites de la burguesía laboral y conseguir la ampliación definitiva del espectro electoral, cristalizada en el sufragio universal. Así y todo, ni siquiera este último se tradujo en un riesgo real de pérdida del poder para la casta burguesa, que continuó en el tiempo sus sueños de consolidación política, social y económica, y de expansión imperialista. Para conseguir la adhesión popular a sus inciativas gubernamentales en todo Occidente, las élites explotaron en las últimas décadas del siglo XIX un nuevo código de identidad que intentó implantarse sobre la sociedad en su conjunto, con el fin de eliminar las diferencias de clase y crear la ilusión de la cohesión comunitaria en torno a un ideal compartido: la nación. La explotación del sentimiento nacional exacerbado, traducido las más de las veces en las políticas exteriores expansionistas, condujo necesariamente a la I Guerra Mundial. Y en plena Gran Guerra tuvo lugar el fenómeno que habría de definir la política exterior occidental durante buena parte del siglo XX: la Revolución rusa de 1917, que significó el triunfo del comunismo y su conquista del poder por vez primera en la Historia de la Humanidad.

En quinto lugar, recuperando la idea que se anticipaba también en la introducción, e insistiendo en su desarrollo en el cuerpo de la obra, resulta fundamental refutar la idea de «crisis de la democracia» y/o «crisis del modelo liberal» que cundió en la opinión pública occidental en los años de entreguerras. En el florecimiento de las ideologías totalitarias de extrema derecha confluyeron dos fenómenos que se retroalimentaron: por una parte, la conciencia de que la Gran Guerra había demostrado no solo hasta qué punto estaba dispuesta la democracia a llegar en la consecución de sus objetivos individuales, pervertida por las ideologías nacionales antagónicas, sino también, como consecuencia de ello, su fracaso como sistema capaz de gobernar a los pueblos en paz; por otra parte, la sucesión de una depresión económica sin precedentes, que sacudió los cimientos de un mundo ya convulsionado por los efectos del conflicto bélico, llevando a la ciudadanía hasta situaciones extremas para garantizar su supervivencia. De nada servía explicar que las principales potencias mundiales se habían enfrentado como consecuencia de la escalada bélica, motivada a su vez por unas ambiciones expansionistas de las que los últimos responsables eran sus autores políticos, así como la base electoral que les había votado.

Como también era inútil convencer a la población alemana de que su humillación tras Versalles, a todas luces injustificada desde la perspectiva actual, no era fruto de una «puñañada por la espalda» de la República de Weimar, que había firmado la rendición contra la voluntad de los oficiales. Antes bien, los orígenes de la tragedia germana debían buscarse también en los proyectos pangermanistas alumbrados por Otto von Bismarck, y materializados por oficiales de la talla de Helmuth von Moltke o Paul von Hindenburg, cuya única salida posible era la confrontación con otras potencias europeas, poco dispuestas a tolerarlos. Finalmente, como se puede deducir con facilidad, era asimismo inútil emprender una labor pedagógica para explicar por qué la lógica ascendente del libre mercado, cristalizada en la prosperidad de Estados Unidos en los años 1920s, tenía como límite la capacidad de demanda del propio mercado. A menos que se pusiera remedio con urgencia a la dinámica productiva y de consumo alcista desenfrenada, esta amenazaba con provocar una burbuja especulativa que estallaría de manera inminente, llevando su onda expansiva hasta el mismo continente europeo que se había convertido en dependiente de los fondos norteamericanos para la reconstrucción de la posguerra. Porque en plena Gran Depresión, los otrora ricos especuladores, ahora desheredados, y los ya antes humillados trabajadores y ciudadanos alemanes o italianos, ahora doblemente desgraciados, no estaban en disposición de atender explicación alguna de su miseria, mientras frente a ellos su propia familia moría de hambre. La nueva masa desheredada, producto del desenfreno de los «felices 20», no necesitaba explicaciones, sino respuestas rápidas a su desesperación.

Por añadidura, como es connatural a la concienca humana, si tales explicaciones colocaban el peso de la responsabilidad sobre un agente externo, aparentemente pernicioso para la sociedad, antes que apuntar el dedo acusador a la conciencia de la propia ciudadanía, última responsable real del fracaso de la democracia, mejor que mejor. Dicho de otro modo, era bienvenida cualquier explicación de la crisis que responsabilizase de la misma a un «otro», diferente y ajeno a la comunidad propia, y contra el cual el recelo, la desconfianza, el ostracismo, y en última instancia la violencia represiva, estaban más que justificadas. A la par que se convertía a la democracia liberal en una suerte de persona con identidad y voluntad propia, capaz de cometer errores por sí misma, con independencia de la voluntad de sus gobernados, a quienes supuestamente había decepcionado primero, para acabar traicionando después. En este caldo de cultivo surgió un acerbo de formaciones políticas de ultraderecha caracterizadas por el nacionalismo exacerbado, que explotaron la necesidad de recuperar los valores supuestamente tradicionales de la nación propia frente a cualquier corrupción externa. Y sobre todo, que insistieron en un mensaje muy simple: ante el fracaso de la democracia, que en su intento por favorecer la armonía entre los pueblos había acabado descontentando a todos, la solución no podía ser otra que un gobierno autoritario. Un estado totalitario que dirigiese la voluntad popular hacia la dirección correcta, y que explotando las esencias patrias, supuestamente arraigadas desde un pasado ancestral compartido, orientaría el esfuerzo popular hacia una nueva escalada agresiva frente a los países vecinos, a quienes había de demostrarse la fuerza de la nación propia.

Una constante se mantuvo durante estos años de ascenso de los fascismos, como se infiere de las ideas presentadas en las líneas anteriores: la creación de una identidad colectiva de nación, concebida como unidad de destino de los integrantes de una comunidad específica, que anulaba la conciencia de clase. Por encima de los antagonismos sociales, derivados del desigual reparto de la riqueza y de la inequidad en el acceso a los recursos, la extrema derecha convenció a la sociedad civil de que todos, trabajadores y empleadores, dominantes y dominados, debían permanecer unidos por una causa mayor: la defensa de la integridad y la superioridad de la nación a la que pertenecían. Fue esta una herramienta propagandística que contribuyó a una terrible desmovilización social de la clase trabajadora occidental, a la par que impuso la paz social desde arriba, en lo que no era sino una inteligente maniobra de las nuevas élites para copiar los vicios de las élites de siempre, explotando la docilidad de las masas para perpetuarse en el poder. Desafortunadamente, la espiral de violencia y agresión hacia el exterior en que devino la política revanchista y expansionista de los fascismos europeos provocó una nueva confrontación mundial, esta vez de alcance mucho mayor que su precedente, en su extensión temporal, pero sobre todo en el coste material y humano. Todo ello sin perder de vista el grado de sofisticación en la comisión del mal, que se materializó, entre otros escenarios, en los campos de exterminio del Tercer Reich.

En sexto y último lugar, interesa constatar cómo el final de la II Guerra Mundial tuvo también una derivación crucial sobre las relaciones sociales y laborales en el bloque occidental: la configuración del estado del bienestar. Un estado del bienestar cuya finalidad era garantizar un nivel de vida medio, digno y estable a la mayor parte de la población, para lo cual los diferentes gobiernos estuvieron de acuerdo en asumir el coste de determinados servicios sociales básicos. Tal fue el caso de la educación o de la sanidad, que en escenarios como el Reino Unido, Francia o Alemania se convirtieron en caballo de batalla entre la derecha conservadora, contraria al incremento de gasto estatal en tales partidas, y la izquierda progresista. El empeño de los diferentes ejecutivos por elevar el nivel de vida de la población, engrosando las filas de la clase media, se explica en parte por el deseo de ganar la batalla cultural y dialéctica al modelo comunista, triunfante en el bloque del Este. En efecto, con él se dirimía durante la Guerra Fría un combate por decidir una cuestión esencial: entre los dos sistemas antagónicos existentes, la democracia liberal capitalista, de un lado, y el socialismo real comunista, de otro, ¿cuál era el mejor para gobernar a los pueblos, y el que más adeptos podía conseguir a escala global? Al menos durante casi tres décadas las cifras y la historia parecieron dar la razón al modelo occidental, hasta el extremo de que incluso la derecha conservadora se vio en la obligación de asumir como propias en su programa algunas iniciativas de las consideradas «sociales». Esto fue así porque la evidencia del éxito de tales políticas, y su consolidación como derecho adquirido de la población, tornaron en impopular cualquier intento por anularlas en lo sucesivo.

El punto de inflexión llegó, por desventura, en el decenio de 1970, de la mano de la Crisis del petróleo, que tuvo dos hitos o *shocks* destacables: el primero, en 1973, como consecuencia del corte del suministro de petróleo a la industria occidental por parte de los países del Golfo Pérsico y Oriente Próximo, en represalia al apoyo del Oeste a Israel en el transcurso de la Guerra del Yom Kippur. El segundo, en 1979, ocasionado por la Revolución iraní y el inmediato inicio de la primera Guerra del Golfo (1979-1989), además de a invasión soviética de Afganistán. El primero de los fenómenos históricos descritos supuso un desabastecimiento global de petróleo, en un momento en el que la industria, los transportes y la economía doméstica occidental eran altamente dependientes de esta fuente de energía. El segundo devino en un incremento de la inseguridad de Oriente Próximo, con el consiguiente incremento de los costes de extracción y comercialización del barril de petróleo, que impactó necesariamente en la economía del Oeste otra vez. El *New Deal* de Franklin D. Roosevelt, esencial para superar la Gran Depresión en Estados Unidos, y el *Fair Deal* de Truman, artífice de la reconversión económica del país en una economía de posguerra, recomendaban fomentar la confianza de los ciudadanos en el mercado para contribuir a la circulación monetaria. No obstante, los asesores económicos de la Escuela de Chicago, de ideología conservadora y fervorosos creyentes en el libre mercado sin regulación, contraviniendo las tesis de Keynes, alumbraron un nuevo modelo económico para salir de la crisis: el paradigma neoliberal.

El neoliberalismo no solo supuso un giro de timón de la política económica occidental, en un momento en que el descontento social, ligado a la crisis, amenazaba con ganar más adeptos al comunismo en el Oeste, cuando los ecos de Mayo del 68 aún resonaban en los oídos de los gobernantes. Implicó además la adopción de una contundente estrategia de emergencia económica para consolidar el modelo occidental en el mercado mundial, ante la eventualidad de que las masas trabajadoras, decepcionadas por una nueva crisis global, se sintieran tentadas a oscilar hacia las posiciones afines a la URSS. El neoliberalismo desmontó el estado del bienestar en aquellos países en los que se adoptó el eje central de su argumentario, bien para posibilitar el despegue económico, o bien para colaborar a la reconversión económica de los países que acababan de vivir un convulso proceso de transición hacia la democracia (u otro proceso político de tintes igualmente dramáticos). Para hacerlo, transformó la perspectiva desde la cual se había abordado la Gran Depresión: si bien la escuela keynesiana estimaba que solo incentivando el consumo, mediante iniciativas económicas y sociales que restaurasen la confianza de los ciudadanos en el mercado, la economía podía reactivarse, la Escuela de Chicago puso el foco en la imagen de fiabilidad que el Estado, en tanto que institución, ofrece al exterior en periodos de depresión. Es decir, el objetivo de los países sumergidos en la crisis ha de ser no conservar, o intentar elevar, el nivel de vida de sus gobernados: por el contrario, deben poner sus miras en mostrar una imagen fiable hacia el exterior. En especial hacia las instituciones financieras internacionales, como el Banco Mundial o el Fondo Monetario Internacional, además de otras corporaciones foráneas, dispuestas a invertir su dinero en ellos para contribuir a la reactivación económica.

Para que un país sea fiable en términos económicos de cara a sus inversores, o lo que es lo mismo, para que estos perciban que puede devolverles el dinero prestado, más los intereses correspondientes, dicho país debe sanear sus cuentas. Y esto último solo es posible maximizando los ingresos y reduciendo el gasto público, de modo que el déficit presupuestario sea nulo. El camino que había de recorrerse para alcanzar este objetivo no era nada sencillo, pero se presentaba no solo como necesario, sino también como el único remedio posible. Para facilitar la persecución de este objetivo de fiabilidad económica hacia el exterior, los teóricos de la Escuela de Chicago facilitaron una enumeración de las principales medidas económicas que las naciones debían adoptar, con su conveniente benepácito, que se agruparon bajo el acrónimo de PAE (Políticas de Ajuste Estructural). Entre sus iniciativas estrella figuraba el favorecimiento de la inversión extranjera directa, la privatización de antiguos servicios públicos, el incremento de las cargas impositivas, la rentabilización de la actividad de las empresas mediante la congelación o la reducción de los salarios, o la maximización de los beneficios empresariales mediante la reducción de los costes, significativamente el coste de la mano de obra, recurriendo a reducciones drásticas de plantilla. Es decir, la consecuencia última de las PAE era el aumento de la tasa de desempleo, pero desde la óptica de la Escuela de Chicago y de sus principales apoyos en la escena internacional aquella estaba más que justificada si contribuía a equilibrar la balanza de pagos del país.

Así pues, el orden neoliberal que se fraguó en Occidente ante el miedo al comunismo, y que sobrevivió a este último, aprovechando su hundimiento para campar a sus anchas por el exespacio soviético, poco a poco destruyó las bases sustentantes del estado del bienestar. Porque de pronto el bienestar ciudadano era secundario, si antes no se garantizaba que el país podía demostrar su solvencia ante sus demás socios, vecinos o clientes. Es más, desde la perspectiva de la Escuela de Chicago, y de sus máximos adalides en Occidente, Thatcher y Reagan, la democracia puede incluso ser un objetivo secundario de todo país que previamente no aplica los principios neoliberales para priorizar su solvencia económica hacia los demás. Así se demostró en el caso de Chile, donde el golpe de estado contra Salvador Allende trajo consigo una dictadura que, pese a su violación flagrante de los Derechos Humanos, contó con el beneplácito occidental generalizado en la medida en que abrió la puerta de Chile a las reformas neoliberales. Siguiendo la misma lógica, los intereses de los trabajadores también se marginan a la luz de la dinámica neoliberal, argumentándose que las reclamaciones de la clase obrera deben quedar en segundo plano, cuando lo verdaderamente importante es «el bien común»: la prosperidad de la nación, concepto que vuelve con la misma fuerza que ya había revestido en el periodo de Entreguerras, pero con la diferencia de que ahora el elemento agresivo hacia el exterior parece tener un peso secundario.

En efecto, la nación no se concibe ya en términos expansivos hacia el exterior, sino como una colectividad humana que comparte intereses y valores. Ahora bien, por paradójico que parezca, dicha conciencia de colectividad se cimenta sobre el primer valor que toda la comunidad parece compartir, porque se fomenta desde las instituciones de poder: el individualismo. En el orden neoliberal, es muy importante que el trabajador crea que existe la movilidad social suficiente como para garantizar el éxito seguro a quienes trabajan duro para conseguirlo. Paradójicamente, pues, el elemento aglutinador de los miembros de esta nueva «nación neoliberal» no es otro que su convicción compartida de que, por encima del bienestar común, lo que interesa es garantizar el comfort propio, e intentar crecer y prosperar, no entre los demás ni con los demás, sino frente a los demás, y en ocasiones hasta por encima de los demás. El nuevo concepto de nación, por consiguiente, es doblemente espurio: para empezar porque, al igual que el concepto moderno de nación, aspira a disolver la conciencia de clase esgrimiendo la unidad de destino de todos los integrantes del grupo nacional, al margen de su posición social; y para continuar, porque la nueva nación lo es de individuos aislados, que solo parecen estar de acuerdo en compartir el ideal de «yo y los míos primero», y que únicamente en ocasiones muy concretas, de manera significativa en eventos deportivos, sienten verdaderamente el poder cohesionador de la bandera, que no exige ya más compromiso que unirse en los buenos momentos, aspirando a la supervivecia individual a toda costa cuando vienen mal dadas.

La consecuencia final en el terreno de las relaciones sociales y laborales, que es el que atañe a este libro, es la desmovilización de la clase trabajadora. Ante la sublimación de la individualidad se pierde el hábito de recurrir a espacios y eventos en los que se refuerza la cohesión grupal y la identidad colectiva. En el terreno de lo laboral, la realidad descrita se traduce en la elevación del instinto de conservación a la máxima potencia, de modo que ante cualquier mínimo conflicto en el entorno laboral cada individuo preferirá guardar silencio y aceptar las circunstancias tal cual se dan, sin llegar a considerar el posible impacto de una relación laboral injusta sobre la vida cotidiana del resto de compañeros. Ello aisla a todos los actores integrantes de la masa de trabajadores, que pierden el hábito de la acción colectiva y quedan, de este modo, desarmados ante prácticas empresariales abusivas, catapultadas en los últimos tres lustros como consecuencia de tres factores concatenados: la consolidación de las plataformas de distribución de bienes y servicios; el aislamiento del trabajador en la plataforma, incapaz de comunicarse con otros compañeros e iniciar una acción reivindicativa colectiva, por falta de espacios, de tiempo, de respaldo institucional, y de hábito; y finalmente la memoria de la crisis financiera de 2007, cuyos ecos resonaron hasta 2013, con una ingente cantidad de mensajes que no por ser reiterados dejan de ser menos manidos, tales como «más vale lo malo conocido que lo bueno por conocer», o «fuera también hace frío». El miedo al desempleo de larga duración, sobre todo entre un perfil concreto de edad, hace que se acepten condiciones que habrían parecido inhumanas apenas dos décadas atrás.

Todo ello en ausencia, como se ha dicho, de un espíritu de clase que facilite la acción colectiva, contribuyendo a frenar la espiral neoliberal que amenaza con convertir, nuevamente, al trabajador en una mercancía más, retrotrayéndolo a los inicios de la Segunda Revolución Industrial. Y empeorado, si cabe, por un fenómeno político que conviene reseñar como colofón al libro que me atañe: la adopción de la «tercera vía» o «socialdemocracia» por una parte nada despreciable de la izquierda occidental. Esta izquierda asumió el poder en numerosos países del Oeste en las décadas de 1970, 1980 y 1990, enfrentándose a una situación sin precedentes: el desmoronamiento de la URSS y el descubrimiento de que el supuesto «paraíso soviético» no era tal. La conciencia de las atrocidades cometidas por los líderes comunistas del bloque oriental, que se pusieron en conocimiento de todo Occidente, contribuyó a atenuar el discurso marxista de buena parte de las formaciones socialisas de la región. Una suavización que fue definitiva en plena crisis de los 70 y 80, cuando los primeros gabinetes socialistas que gobernaban en España o Noruega, entre otros países, se vieron obligados a asumir el programa económico de la Escuela de Chicago para acceder a los fondos extranjeros, precisos para la reconstrucción económica de tales territorios, especialmente golpeados por la quiebra de la economía global. Los partidos de izquierda surgidos de esta reconversión asumieron el distintivo de «socialdemócratas», para significar su lealtad (relativa) a los principios ideológicos del socialismo, conjugada con el seguimiento de una política económica neoliberal, que sus mismos opositores habrían suscrito con gusto.

Ello unido a la vinculación creciente entre los partidos socialistas europeos y las élites económicas y políticas mundiales hizo que algunos líderes de tal signo se vieran involucrados en varios escándalos de corrupción. La población civil entendió mal tanto que la izquierda asumiera el programa económico de la derecha, como que se alejara de los problemas de la clase a la que decía representar, convirtiéndose ella misma en élite económica lucrada por actividades económicas opacas. Rescatada de su desilusión por la derecha, que explotó el individualismo y el derecho de la ciudadanía a la persecución de los sueños propios para intentar prosperar económicamente, la clase trabajadora inició una lenta pero decidida travesía hacia sus antípodas ideológicas, asumiendo posturas claramente conservadoras, cuando no ultraconservadoras. Este proceso, es decir, el desclasamiento ideológico de la clase trabajadora mundial, desde la ilusión de una comunidad nacional que comparte intereses y valores transversales a cualquier cateogría social, constituye el mayor triunfo del modelo capitalista neoliberal.

Referencias bibliográficas

Alexievich, Svetlana. 2015a. *El fin del «Homo sovieticus»*. Madrid: Acantilado.

Alexievich, Svetlana. 2015b. *Voces de Chernóbil. Crónica del futuro*. Madrid: De Bolsillo.

Alvarado Planas, Javier. 2003. «Memoria, mito y realidad de la sociedad de los tres órdenes». En *Memoria, mito y realidad en la historia medieval. XIII Semana de Estudios Medievales*, coordinado por Juan Ignacio de la Iglesia Duarte y José Luis Martín Rodríguez, 263-280. Logroño: Instituto de Estudios Riojanos.

Arenas Posadas, Carlos. 2003. *Historia económica del trabajo (siglos XIX y XX)*. Madrid: Tecnos.

Arendt, Hannah. 1948. *The Origins of Totalitarianism*. New York: Schoken Books.

Aristóteles. 1995. *La Constitución de los atenienses*. Barcelona: Gredos.

Armstrong, John A. 1961. *The Politics of Totalitarianism: The Communist Party of the Soviet Union from 1934 to the Present*. New York: Random House.

Artola, Miguel. 1973. *La burguesía revolucionaria (1808-1874)*. Madrid: Alfaguara.

Awareness Against Human Trafficking (HAART). Última consulta el 6 de junio de 2022. https://haartkenya.org/

Bahamonde, Ángel y Jesús Ángel Martínez. 2003. «La construcción de la dictadura (1939-1951)». En *Historia de España siglo XX. 1936-1996*, coordinado por Jesús Ángel Martínez, 19-68. Barcelona: Cátedra.

Bangladesh Center for Workers' Solidarity. Última consulta el 6 de junio de 2022. https://www.bcwsbd.org/page/mission-and-history/

Banta, Martha. 1993. *Taylored Lives: Narrative Production in the Age of Taylor, and Ford*. Chicago: University of Chicago Press.

Beard, Mary. 2016. *SPQR. Una historia de la Antigua Roma*. Barcelona: Crítica.

Bellagio-Harvard Guidelines on the Legal Parameters of Slavery. 2012. Última consulta el 16 de febrero de 2022. https://glc.yale.edu/sites/default/files/pdf/the_bellagio-_harvard_guidelines_on_the_legal_parameters_of_slavery.pdf

Bensimon, Fabrice. 2019. «Peterloo, la sang des ouvriers de Manchester». *L'Histoire* 46: 32-33.

Bergier, Jean-François. 1979. «La burguesía industrial y la aparición de la clase obrera, 1790-1814». En *Historia económica de Europa (3). La Revolución Industrial*, editado por Carlo Maria Cipolla, 410-463. Barcelona: Ariel.

Bernabéu Aubán, Joan, J. Emili Aura y Ernestina Badal. 2003. *Al oeste del edén: las primeras sociedades agrícolas en la Europa mediterránea: agricultores, cazadores y pastores*. Barcelona: Ariel.

Bernstein, Irving. 1970. *The Turbulent Years: A History of the American Worker, 1933-1941*. New York: Doubleday & Company.

Bhabha, Homi K. 1994. *The Location of Culture*. Londres: Routledge.

Bloch, Marc. 1987. *La sociedad feudal*, 2 vols. Madrid: Akal.

Boldizzoni, Francesco. 2008. *Means and ends: The idea of capital in the West, 1500-1970*. New York: Palgrave MacMillan.

Bonilla, Luis. 1975. *Breve Historia de la Técnica y del Trabajo*. Madrid: Ediciones Istmo.

Bosch, Gerhard. 2003. «La evolución de la negociación colectiva en Alemania: una descentralización coordinada». *Cuadernos de Relaciones Laborales* 21, nº 1: 179-214.

Bourriot, Félix. 1965. «Las mujeres y su trabajo en la Época Clásica en Grecia». En *Historia General del Trabajo*, vol. IV. México-Barcelona: Grijalbo.

Boutruche, Robert. 1973-79. *Señorío y feudalismo*, 2 vols. Madrid: Siglo XXI.

Braun, Hans-Joachim. 1991. *The German Economy in the Twentieth Century*. London: Routledge.

Bravo, Gian Mario. 1976. *Historia del socialismo 1789-1848. El pensamiento socialista antes de Marx*. Barcelona: Ariel.

Brenan, Gerald. 2017. *El laberinto español. Antecedentes sociales y políticos de la Guerra Civil*. Barcelona: Planeta.

Brezo, Gonzalo. 1959. «El bombardeo de Barcelona por el general Espartero (1842)». *Nuestras Ideas: teoría, política, y cultura* 7, 62-73.

Briales, Álvaro y Pablo López Calle. 2015. «El paro productivo: la crisis como producción de desempleo para la reactivación de la rentabilidad empresarial». *Revista de Economía Crítica* 20: 86-101.

Bureau of Labor Statistics. 2022. *Historical Statistics of the United States. Colonial Times to the 1970. Part I*. US Government: Series D 85-86, 135.

Cabet, Étienne. 1985. *Viaje por Icaria*. Barcelona: Orbis.

Cano Soler, Diego. 2015. «España y la OIT. Unas notas». *Revista del Ministerio de Trabajo, Migraciones y Seguridad Social* 117: 285-309.

Canquiz R., Liliana y Alicia Inciarte G. 2006. «Desarrollo De Perfiles Académico-Profesionales Basados en Competencias». *Taller: Diseño Instruccional y Currículo por Competecias.* Comisión Central del Currículo de la Universidad del Zulia: Línea de Investigación en Currículo y Tecnología Educativa.

Carasa, Pedro. 2000. «La Restauración monárquica». En *Historia de España siglo XX*, coordinado por Ángel Bahamonde, 21-298. Madrid: Cátedra.

Carballo López, Francisco Jesús. 2017. La influencia de *Rerum Novarum* en el catolicismo social español. *Aportes* 94: 41-78.

Cardoso, Fernando Henrique y Enzo Faletto. 1973. *Dependencia y desarrollo económico en América Latina*. Madrid: Siglo XXI editores.

Castel, Robert. 1995. De la exclusión como estado a la vulnerabilidad como proceso. *Revista Archipiélago* 21: 27-36.

Childe, Gordon Vere. 1997. *Los orígenes de la civilización*. México: Fondo de Cultura Económica.

Cipolla, Carlo M. 1997. *Historia económica de Europa 4: el nacimiento de las sociedades industriales*. Barcelona: Ariel.

Clark, Christopher. 2012. *The Sleepwalkers. How Europe went to war in 1914*. London: Penguin.

Clodfelter, Micheal. 2002. *Warfare and Armed Conflicts – A Statistical Reference to Casualty and Other Figures, 1500-2000*. Jefferson – North Carolina: McFarland & Co.

Coalition Against Trafficking in Women. Última consulta el 6 de junio de 2022. https://catwinternational.org/

Collins, James B. y Karen L. Tailor, (eds.). 2005. *Early Modern Europe. Issues and Interpretations*. Oxford: Blackwell.

Cordero, Juan 1997. «Asociacionismo popular, cofradías, hermandades y hospitales». En *La vida cotidiana en la Edad Media. VIII Semana de Estudios Medievales de Nájera*, 149-163. Longroño: Instituto de Estudios Riojanos.

Cordero Verdugo, Rebeca y Laura Reyero Simón. 2021. *Marketing político 3.0: cómo Podemos, Ciudadanos y Vox han cambiado las reglas del juego*. Madrid: Tecnos.

Crouch, Colin. 1993. *Industrial Relations and European State Traditions*. Oxford: Clarendon Press.

Cruz Villalón, Jesús. 2019. «Caracterización de la Negociación Colectiva en Europa». *Revista de Derecho & Sociedad* 53: 139-170.

Defence for Children International. Última consulta el 6 de junio de 2022. https://defenceforchildren.org/es/conocenos-es/

Dodson, Aidan. 2009. *Amarna Sunset: Nefertiti, Tutankhamun, Ay, Horemheb, and the Egyptian Counter-Reformation*. Cairo: American University in Cairo Press.

Droz, Jacques. et al. 1976-1983. *Historia del socialismo*. 4 vols. Barcelona: Destino.

Duby, Georges. 1992. *Los tres órdenes o lo imaginario del feudalismo*. Madrid: Taurus.

Dunlop, John Thomas. 1993. *Industrial Relations Systems. Revised Edition*. Harvard: Harvard Business School Press Classic.

Durkheim, Émil. 1983. *La division social del trabajo*. Madrid: Akal.

Elliott, John H. 2006. *Empires of the Atlantic World. Britain and Spain in America 1492-1830*. New Haven: Yale University Press.

Engels, Friedrich. 1987. *The Condition of the Working Class in England*. London: Penguin Classics.

Espig-Andersen, Gosta. 1990. *The Three Worlds of Welfare Capitalism*. Cambridge: Polity Press.

Estepa, Carlos y Domingo Plácido, (coords.). 1998. *Transiciones en la antigüedad y feudalismo*. Madrid: Fundación Investigaciones Marxistas.

European Commission. 2001. *Green Paper: Promoting an European Framework for Corporate Social Responsibility*. Última consulta el 17 de febrero de 2022. https://ec.europa.eu/transparency/regdoc/rep/1/2001/EN/1-2001-366-EN-1- 0.Pdf

Fanon, Frantz. 1961. *The Wretched of the Earth*. London: Penguin.

Feliú, Gaspar y Carles Sudrià. 2013. *Introducción a la historia económica mundial*. Valencia: Universitat de València.

Fernández, Antonio. 1988. *Historia del mundo contemporáneo*. Madrid: Vicens Vives.

Font-Mas, Maria. 2018. «Plataformas de capital versus plataformas sociales en la economía colaborativa». *CIRIEC International* 12: 3-18.

Galbraith, John Kenneth. 1993. *El crac del 29*. Barcelona: Ariel.

Gallego, Ferrán. 2001. *De Múnich a Auschwitz. Una historia del nazismo, 1919-1945*. Barcelona: Plaza y Janés.

Ganshof, François-Louis. 1985. *El feudalismo*. Barcelona: Ariel.

García Laso, Agustín. 1996. «Modelos de negociación colectiva: aspectos económicos». *Cuadernos de Relaciones Laborales* 9: 57-76.

Gilbert, Martin. 2004. *La Primera Guerra Mundial*. Madrid: La Esfera de los Libros.

Gobierno de España. 2019. *Plan de Acción para la Implementación de la Agenda 2030. Hacia una Estrategia Española de Desarrollo Sostenible*. Madrid.

Goldhagen, Daniel Jonah. 1993. *Hitler's Willing Executioners. Ordinary Germans and the Holocaust*. London: Abacus.

González Segovia, Armando. 2020. «Encomiendas en el Llano de Venezuela: proceso colonial de los siglos XVI y XVII». *Boletín Americanista* 74: 139-162.

Gori, Esteban de. 2019. «Las relaciones laborales en las nuevas plataformas digitales. Entrevista a Cecilia Senén González». *Revista Sociedad* 39: 296-299.

Grafenstein, Johanna von y Laura Muñoz. 2011. «Población y sociedad». En *Historia de las Antillas no hispanas*, coordinado por Crespo Solana, Ana y María Dolores González-Ripoll, 23-50. Madrid: CSIC – Doce Calles.

Guha, Ramachandra. 2019. *Gandhi. The Years that Changed the World 1915-1948*. London: Penguin Books.

Guía sobre el derecho colectivo del trabajo en Estados Unidos. Última consulta el 6 de junio de 2022. https://www.coshnetwork.org/sites/default/ files/%233%20Derechos%20colectivos_0 .pdf

Gunder Frank, Andre. 1967. *Capitalism and Underdevelopment in Latin America. Historical Studies of Chile and Brazil*. London: Penguin Books.

Harris, Marvin. 1998. *Introducción a la antropología general*. Madrid: Alianza.

Harrison, Mark. 1993. Soviet Economic Growth Since 1928: The Alternative Statistics of G.I. Khanin. *Europe-Asia Studies* 45, n° 1: 141-167.

Hasegawa, Tsuyoshi. 1981. *The February revolution, Petrograd, 1917*. Washington: University of Washington Press.

Heckscher, August. 1991. *Woodrow Wilson*. New York: Easton Press.

Hernández García, Ricardo y José Damián González Arce. 2015. «Gremios y corporaciones laborales. Debates historiogáficos y estado de la cuestión». *Revista Internacional de Ciencias Sociales* 34: 7-18.

Hillar, Marian. 1993. «Liberation Theology: Religious Response to Social Problems. A Survey». En *Humanism and Social Issues. Anthology of Essays*, editado por Marian Hillar y H. Richard Leuchtag, 35-52. Houston: American Humanist Association.

Hobbes, Thomas. 2018. *Leviatán o la materia, forma y poder de un estado ecclesiástico y civil*. Madrid: Alianza.

Hobsbawm, Eric J. 1962. *The Age of Revolution*. New York: New American Library.

Hobsbawm, Eric J. 1975. *The Age of Capital, 1848-1875*. New York: Charles Scribdner's Sons.

Hobsbawm, Eric J. 1989. *La Era del Imperio (1875-1914)*. Barcelona: Editorial Labor.

Hobsbawm, Eric J. 1994. *The Age of Extremes. 1914-1991*. London: Abacus.

Instituto Nacional de Estadística (INE). 2022. Encuesta de Población Activa (EPA). Serie histórica (datos en miles de personas). Última consulta el 13 de diciembre de 2022. https://www.ine.es/prensa/epa_tabla.htm

International Labour Organisation (ILO). 1930. *Convention C029. Forced Labour Convention*. Última consulta el 16 de febrero de 2022. https://www.ilo.org/dyn/normlex/en/f?p=NORMLEXPUB:12100:0::- NO::P12100_ILO_ CODE:C029

International Labour Organisation (ILO). 2012. *ILO global estimate of forced labour: Results and methodology*. Geneva.

International Labour Organization (ILO), Walk Fre Foundation y Organization for Migration. 2017. «Global estimates of Modern Slavery: Forced

Labour and Forced Marriage». Última consulta el 31 de mayo de 2022. https://www.ilo.org/wcmsp5/groups/public/--- dgreports/---dcomm/documents/publication/wcms_575479.pdf

ISO 26000. Última consulta el 17 de febrero de 2022. https://www.iso.org/obp/ui#iso:std:iso:26000:ed-1:v1:es

James, Cyril Lionel Robert. 2001. *The black jacobins: Toussaint L'Ouverture and the San Domingo revolution*. London: Penguin Classics.

Jasiakiewicz, Wojciech. 1983. «The British Political Standpoint concerning the January Uprising until April 1863». *Zeszyty Naukowe Wyzszej Szkoly Pedagogicznej w Bydgoszczy: Studia Filologiczne; Filologia Angielska* 21(6): 53-71.

Jones, Steven E. 2006. *Against technology: from the Luddites to Neo-Luddism*. Florida: CRC Press.

Judt, Tony. 2010. *Postwar. A History of Europe since 1945*. London: Vintage Books.

Kant, Immanuel. 2016. *La paz perpetua*. Madrid: Alianza.

Kant, Immanuel. 2018. *Fundamentación para una metafísica de las costumbres*. Madrid: Alianza.

Kay, Hugh. 1970. *Salazar and Modern Portugal*. London: Eyre & Spottiswoode.

Keynes, John Maynard. 2003. *Las consecuencias económicas de la paz*. Barcelona: Crítica.

Kershaw, Ian. 2008. *Hitler, the Germans, and the Final Solution*. New Haven & London: Yale University Press.

Kershaw, Ian. 2019. *To Hell and Back. Europe 1914-1949*. London: Penguin.

Kottak, Conrad Phillip. 2011. *Antropología cultural*. México D.F.: Mc Graw Hill.

La libertad de asociación y la libertad sindical y el reconocimiento efectivo del derecho a la negociación colectiva. 2000. Última consulta el 6 de junio de 2022. http://white.lim.ilo.org/spanish/260ameri/oitreg/activid/proyectos/actrav/edob/ material/declapdft/spanish/ann_rev2/3-2/coll/e4.htm

Lamas, Bruno. 2019. «Modern slavery: superfluity and the global crisis of labour society». Comunicación presentada en *Slavery Present, Past & Future: 4th Global Meeting*, Innsbruck: University of Innsbruck, 17-19 junio.

Lefebvre, Georges. 2004. *La revolución francesa y el Imperio (1787-1815)*. México: Fondo de Cultura Económica.

Lehmbruch, Gerhard. 1977. «Liberal Corporatism and Party Government». *Comparative Political Studies* 10, nº 1: 91-126.

Lenzi, Olga. 2019. «El trabajo decente en la era digital: colectivos más vulnerables». *Cuadernos Electrónicos de Filosofía del Derecho* 39, *online*. Última consulta el 6 de octubre de 2022. https://ojs.uv.es/index.php/CEFD/article/view/14098

León Sanz, Virginia. 1998. *La Europa ilustrada*. Madrid: Akal.

Lerche, Jens. 2007. «A Global Alliance against Forced Labour? Unfree Labour Neo-Liberal Globalization and the International Labour Organization». *Journal of Agrarian Change* 7, nº 4: 425-452.

Linebaugh, Peter y Marcus Rediker. 2007. *The Many-Headed Hydra. Sailors, Commoners, and the Hidden History of the Revolutionary Atlantic.* London – New York: Verso.

Lipset, Seymour Martin. 1959. «Some Social Requisites of Democracy: Economic Development and Political Legitimacy». *The American Political Science Review* 53, nº 1: 69-105.

Lissagaray, Prosper-Olivier. 2021. *Historia de la Comuna de París de 1871.* Madrid: Capitán Swing.

López Chanez, Francisco Javier, Alicia Casique Guerrer y María Teresa de la Garza Carranza. 2010. «La Gestión de las Relaciones Obrero-Patronales: Un estudio de caso». *Observatorio Laboral. Revista Venezolana* 3, nº 6: 85-102.

Loraux, Nicole. 2003. *La Grèce au feminine.* Paris: Belles Lettres.

Macías Vázquez, María Carmen. 2003. «Neoliberalismo y relaciones de trabajo». En *Estudios jurídicos en homenaje al doctor Néstor de Buen Lozano,* coordinado por Patricia Kurczyn Villalobos y Carlos Alberto Puig Hernández, 479-504. México D.F.: Universidad Nacional Autónoma de México.

Maddison, Angus. 1991. *Historia del desarrollo capitalista, sus fuerzas dinámicas.* Barcelona: Ariel.

Malpica, Antonio y Quesada, Tomás, (eds.). 1998. *Los orígenes del feudalismo en el mundo mediterráneo.* Granada: Universidad de Granada.

Malthus, Thomas Robert. 2016. *Primer ensayo sobre la población mundial.* Madrid: Alianza.

Maquiavelo, Nicolás. 1997. *El Príncipe.* Madrid: Óptima.

Marshall, Barbara. 1990. *Willy Brandt: a Political Biography.* London: Palgrave Macmillan.

Marshall, Thomas H. y T.B. Bottomore. 1998. *Citizenship and social class.* Eastbourne: Pluto Press.

Martín Artiles, Antonio. 2003. *Teoría sociológica de las relaciones laborales. Teoría de las relaciones laborales. Fundamentos.* Barcelona: UOC.

Martín Navarro, José Luis, Santos Ruesga Benito, Laura Pérez Ortiz y Carlos Resa Nestares. 2004. «La negociación colectiva en españa: análisis económico». *Temas laborales* 76: 287-317.

Martínez, Jesús Ángel. 2003. «La consolidación de la dictadura (1951-1959)». En *Historia de España siglo XX. 1936-1996,* coordinado por Jesús Ángel Martínez, 71-128. Barcelona: Cátedra.

Marx, Karl. 1990. *Capital. A Critique of Political Economy.* 3 vols. London: Penguin Classics.

Marx, Karl. 2017. *Llamando a las puertas de la revolución. Antología.* Barcelona: Penguin Clásicos.

Marx, Karl y Eric J. Hobsbawm. 1984. *Formaciones económicas precapitalistas*. Barcelona: Crítica.

Marx, Karl y Friedrich Engels. 2015. *The Communist Manifesto*. London: Penguin Classics.

Mill, John Stuart. 2008. *Principios de economía política*. Madrid: Fundación ICO.

Millis, Harry A. y Emily Clark Brown. 1950. *From the Wagner Act to the Taft-Hartley: A Study of National Labor Policy and Labor Relations*. Chicago: University of Chicago Press.

Miquel, Joan. 1987. *Curso de Derecho romano*. Barcelona: PPU.

Mokyr, Joel. 1999. «The Second Industrial Revolution, 1870-1914». En *Storia dell'economia Mondiale*, editado por Valerio Castronovo, 219-245. Rome: Laterza Publishing.

Moldes Farelo, Rocío y Fátima Gómez Sota, (eds.). 2015. *¿Por qué te vas? Jóvenes españoles en Alemania*. Madrid: Catarata.

Molinero, Carme y Pere Ysàs. 2003. «Modernización económica e inmovilismo politico (1959-1975)». En *Historia de España siglo XX. 1936-1996*, coordinado por Jesús Ángel Martínez, 71-128. Barcelona: Cátedra.

Molony, John. 2006. «10: Christian social thought. A Catholic social teaching». En *World Christianities c. 1815-c. 1914*, editado por Sheridan Gilley y Brian Stanley, 142-163. Cambridge: Cambrige University Press.

Momigliano, Arnaldo. 1992. *De paganos, judíos y cristianos*. México: Fondo de Cultura Económica.

Mommsen, Theodor. 2003. *Historia de Roma*, libros I y II. Madrid: Turner.

Montesquieu, Charles. 2015. *Del espíritu de las Leyes*. Madrid: Alianza.

Moya Ollé, Josep. 2017. «Neoliberalismo, crisis económica y sujeto». *Intercambios* 38: 45-56.

Nadal, Jordi. 1983. «Los Bonaplata, tres generaciones de industrials catalanes en la España del siglo XIX». *Revista de Historia Económica* 1: 79-95.

Noah Harari, Yuval. 2011. *Sapiens. A Brief History of Humankind*. New York: Vintage Books.

Oliver Olmo, Pedro y Luis Gargallo Vaamonde. 2020. «Tortura gubernativa y estado liberal». En *La tortura en la España contemporánea*, editado por Pedro Oliver Olmo, 23-84. Madrid: Los Libros de la Catarata.

Organización Internacional del Trabajo (OIT). 2004. «Definición de trabajo digno». *Organización Internacional del Trabajo (OIT)*. Última consulta el 16 de febrero de 2022, https://www.ilo.org/americas/sala-de-prensa/WCMS_LIM_653_SP/lang-- es/index.htm

Organización Internacional del Trabajo (OIT). 1999. *Trabajo decente. Memoria del Director General a la 87ª reunion de la Conferencia Internacional del Trabajo*. Ginebra.

Organización Internacional del Trabajo (OIT). 2004. Última consulta el 6 de junio de 2022. https://www.ilo.org/americas/sala-de-prensa/WCMS_LIM_653_SP/lang- -es/index.htm

Organización Internacional del Trabajo (OIT). 2014. Ganancias y pobreza: aspectos económicos del trabajo forzoso. Última consulta el 13 de diciembre de 2022. https://www.ilo.org/wcmsp5/groups/public/---ed_norm/---declaration/documents/publication/wcms_243422.pdf

Organización de las Naciones Unidas. 1948. *Declaración Universal de Derechos Humanos*. Última consulta el 6 de junio de 2022. https://www.un.org/es/about-us/universal-declaration-of-human- rights

Organización de las Naciones Unidas. 2015. *Objetivos de Desarrollo Sostenible*. Última consulta el 6 de junio de 2022. https://www.un.org/sustainabledevelopment/es/

Organización de las Naciones Unidas. 1989. *Convención sobre los Derechos del Niño*. Última consulta el 6 de junio de 2022. https://www.unicef.es/causas/derechos-ninos/convencion-derechos-ninos

Otero, Luis Enrique. 2003. «La transición económica. Del capitalismo corporativo a la Unión Europea». En *Historia de España siglo XX. 1936-1996*, coordinado por Jesús Ángel Martínez, 365-451. Barcelona: Cátedra.

Pasco Cosmópolis, Mario. 1986. «El salario: su protección y garantía». *Revista PCUP: Revista de la Facultad de Derecho* 40: 213-242.

Patterson, Orlando. 2000. «The Constituent Elements of Slavery». En *Caribbean Slavery in the Atlantic World. A student reader*, editado por Verene Shepherd y Hilary McD. Beckles, 33-41. Oxford: James Currey Publishers.

Paxton, Robert O. 2005. *Anatomía del fascismo*. Barcelona: Península.

Peck, Jamie. 2012. «Neoliberalismo y crisis actual». *DAAPGE* 19: 7-27.

Perlman, Selig. 1962. *Teoría del movimiento obrero*. México: Aguilar.

Pinto Tortosa, Antonio Jesús. 2020. «El trabajo no libre: las multiples caras de una lacra del siglo XXI. Del debate conceptual al análisis de sus manifestaciones y de las iniciativas para contrarrestarlo». En *Estudio interdisciplinar de los desafíos planteados por la Agenda 2030*, editado por C. Florit et al., 423-443. Madrid: Aranzadi.

Prebisch, Raúl. 1950. Crecimiento, desequilibrio y disparidades: interpretación del proceso de desarrollo económico. En *Comisión Económica para América Latina (CEPAL), Estudio económico de América Latina 1949*, 3-89. Nueva York: Naciones Unidas – Departamento de Asuntos Económicos.

Quirk, Joel. 2007. «Trafficked into Slavery». *Journal of Human Rights* 6: 181-207.

Ramírez Goicoechea, Eugenia. 2005. *Evolución, cultura y complejidad. La humanidad que se hace a sí misma*. Madrid: Ramón Areces.

Raso Delgue, Juan. 2016. «Economía globalizada, formas atípicas de trabajo y desregularización ante el fenómeno de la economía sumergida». En *Derecho social y trabajo informal: implicaciones laborales, económicas y de Seguridad Social del fenómeno del trabajo informal y de la economía sumergida en España y Latinoamérica*, dirigido por José Luis Monereo Pérez y Salvador Perán Quesada, 59-79. Granada: Comares.

Real Academia Española. 2021. «Empleador». *Diccionario de la Real Academia Española (DRAE)*. Última consulta el 17 de febrero de 2022. https://dle.rae.es/empleador?m=form

Real Academia Española. 2021. «Empresa». *Diccionario de la Real Academia Española (DRAE)*. Última consulta el 17 de febrero de 2022. https://dle.rae.es/empresa?m=form

Real Academia Española. 2021. «Trabajo». *Diccionarnio de la Real Academia Española (DRAE)*. Última consulta el 17 de febrero de 2022. https://dle.rae.es/trabajo?m=form

Recio Andreu, Albert. 2009. «La crisis del neoliberalismo». *Revista de Economía Crítica* 7: 96-117.

Reynaud, Jean-Daniel. 1975. *Les syndicats en France*. Paris: Seuil.

Redman, Charles L. 1990. *Los orígenes de la civilización: desde los primeros agricultores hasta la sociedad urbana en el Próximo Oriente*. Barcelona: Crítica.

Rioux, Sebastian, Genevieve LeBaron y Peter J. Verovsek. 2020. «Capitalism and Unfree Labour: A Review of Marxist Perspectives on Modern Slavery». *Review of International Political Economy* 27, n° 3: 709-731.

Ritzer, George. 2002. *Teoría Sociológica Moderna*. Madrid: Ed. McGrawHill.

Rocha Sánchez, Fernando. 2018. «La intervención de los sindicatos de clase en la economía de plataformas». *Anuario IET de Trabajo y Relaciones Laborales* 5: 77-94.

Rojo Torrecilla, Eduardo. 1981. «Consideraciones en torno al modelo británico de negociación colectiva». *Revista de Política Social* 129: 91-110.

Romagnoli, Umberto. 1997. *El derecho, el trabajo y la historia*. Madrid: CES.

Rosenbaum Rimolo, Jorge. 2015. «Una mirada sobre la negociación colectiva en América Latina». *Revista de Derecho & Sociedad* 46: 281-289.

Rother, Bernd. 2012. *Die Sozialistische Internationale*. Mainz: Institut für Euroäische Geschichte.

Rousseau, Jean-Jacques. 2012. *Del contrato social*. Madrid: Alianza.

Roux, Georges. 2002. *Mesopotamia. Historia política, económica y cultural*. Madrid: Akal.

Salazar Martínez de Iturrate, Peio. 2017. «La transformación de la relación laboral durante la etapa neoliberal: el neoproletariado y la subordinación ultracontractual». Tesis doctoral. Universidad del País Vasco (UPV).

Salazar Martínez de Iturrate, Peio. 2019. «Relaciones laborales neoliberals: la subordinación ultra-contractual». *Sociología del Trabajo* 95: 89-103.

Sánchez, Alex. 2000. «Crisis económica y respuesta empresarial. Los inicios del sistema fabril en la industria algodonera catalana, 1797-1839». *Revista de Historia Económica* 3: 485-523.

Sánchez Sánchez, Ernesto y Renato Pintor Sandoval. 2020. «Relaciones laborales neoliberales: la subordinación ultra-contractual». *Sapientiae: Cências sociais, Humanas e Engenharias* 6, n° 1: 44-55.

Schmemann, Serge. 1985. «In Soviet, Eager Beaver's Legend Works Overtime». *The New York Times*, 31 de agosto de 1985: 2.

Serrano Carvajal, José. 1978. «Notas para una aproximación histórica al derecho del trabajo». *Revista Política y Social* 119: 33-75.

Sharma, Nandita. 2005. «Anti-Trafficking Rhetoric and the Making of a Global Apartheid». *NWSA Journal* 27, n° 3: 709-731.

Shared Hope International. Última consulta el 6 de junio de 2022. https:// sharedhope.org/

Shaw, Ian. 2007. *Historia del Antiguo Egipto*. Madrid: La Esfera de los Libros.

Sierra Benítez, Esperanza Macarena. 2014. «Buenas y/o "malas" prácticas jurídico-laborales en el teletrabajo como formula de implantación del trabajo remoto en las empresas privadas». En *Buenas prácticas jurídico-procesales para reducir el gasto social (II)*, coordinado por Esperanza Roales Paniagua, 25-42. Murcia: Laborum.

Smith, Adam. 2003. *The Wealth of Nations*. New York: Bantam Dell.

Smith, Jason Scott. 2012. «The Fair Deal». En *A Companion to Harry S. Truman*, editado por Daniel S. Margolies, 210-221. Oxford: Blackwell Publishing.

Sorel, Georges. 2011. *Reflexiones sobre la violencia*. Granada: Comares.

Speer, Albert. 2003. *Inside the Third Reich*. London: Orion Books.

Tannenbaum, Edward R. 1975. *La experiencia fascista. Sociedad y Cultura en Italia*. Madrid: Alianza.

Taylor, Frederic, Winslow. 1911. *The Principles of Scientific Management*. New York: Harper & Brothers.

Termes, Josep. 1977. *Anarquismo y sindicalismo en España. La Primera Internacional (1864-1881)*. Barcelona: Crítica.

Termes, Josep. 2011. *Historia del anarquismo en España (1870-1980)*. Barcelona: RBA.

Thompson, Edward Palmer. 2013. *The Making of the English Working Class*. London: Penguin Modern Classics.

Tocqueville, Alexis de. 2008. *The Ancien Régime and the Revolution*. London: Penguin Classics.

Toynbee, Arnold J. 1939. *A Study of History*. Vol. V. Oxford: Oxford University Press.

Urteaga, Eguzki. 2010. «Los sindicatos en Francia». *Revista de Estudios Políticos (nueva época)* 147: 171-211.

Valdeón, Julio. 2003. *La Alta Edad Media*. Madrid: Anaya.

Vilar, Pierre. 1985. *El Feudalismo*. Madrid: Grupo Axel Springer.

Voltaire, François. 2013. *Tratado sobre la tolerancia*. Barcelona: Espasa.

Vovelle, Miche. 1995. *El hombre de la Ilustración*. Madrid: Alianza.

Wallerstein, Immanuel. 2004. *World-Systems Analysis: an Introduction.* Durham: Duke University Press.

Webb, Beatriz y Sydney Webb. 1920. *Industrial Democracy.* London: Longmans, Green and Company.

Weber, Max. 2012a. *La ética protestante y el espíritu del capitalism.* Madrid: Alianza.

Weber, Max. 2012b. *Sociología del poder: los tipos de dominación.* Madrid: Alianza.

Willis, Katie. 2014. Theories of Development. En *Introducing Human Geographies*, editado por Cloke, Paul, Philip Crang y Mark Goodwin, 297-311. London – New York: Routledge.

Wolf, Eric R. 1982. *Europe and the People without History.* Berkeley: University of California Press.

Zamagni, Vera. 2001. *Historia económica de la Europa contemporánea.* Barcelona: Crítica.

Zavala-Villalón, Gloria y Paula Vidal Molina. 2019. «El trabajo bajo el neoliberalismo: subcontratación en una universidad estatal chilena». *Polis. Revista Latinoamericana* 54: 167-183.